高职院校分类培养
多样成才的探索与实践

潘菊素　张军侠　著

ZHEJIANG UNIVERSITY PRESS
浙江大学出版社

前　　言

中国历史源远流长。自古以来，教育就与人类相伴而生。家教、官学、私学、讲坛、书院、学府、学校、学院、大学等，教育的形态一直在发展、在变化。早在夏商周时代，“官守其业，而有官族”，学在官府、官师合一、政教合一，是夏、商、西周文化教育的特点。教育被王宫及各贵族所垄断，学校设在官府，教育与行政合一，以确保官府的经济、政治地位。但到了春秋时期，孔子提出了“有教无类”思想，即无分贵族与平民，不分国界与华夷，只要有心向学，都可入学受教。孔子开创私学，广收门徒，一时孔子“以诗书礼乐教，弟子盖三千焉，身通六艺者七十有二人”。孔子的“有教无类”思想在中国教育发展史上具有划时代的意义，对于教育公平、提高全社会成员素质起到了积极的推动作用，影响深远。

孔子首先打破了“学在官府”的格局，开创了“有教无类”和“因材施教”的思想。《论语・先进》篇中，子路问：“闻斯行诸?”子曰：“有父兄在，如之何其闻斯行之?”冉有问：“闻斯行诸?”子曰：“闻斯行之。”公西华曰：“由也问，闻斯行诸? 子曰‘有父兄在’；求也问闻斯行诸，子曰‘闻斯行之’。赤也惑，敢问。”子曰：“求也退，故进之；由也兼人，故退之。”由于子路“好勇过人”，遇事鲁莽，孔子就对他有所约束，告诫他凡事要谨慎思考，多听他人的意见；由于冉有胆小怕事，遇事退缩，孔子就鼓励他要果断大胆。在《论语》中，孔子像这样的“因材施教”例子不胜枚举。孔子从“知人”到根据人的智力、年龄、性格、兴趣等开展不同的教育教学方法，对后世影响巨大，后北宋程颐、南宋朱熹注释为“因材施教”思想。

“因材施教”是指根据不同学生的认知水平、学习能力以及学生自身素质，选择适合每个学生特点的学习方法进行有针对性的教学，发挥学生的长处，弥补学生的不足，激发学生学习的兴趣，树立学生学习的信心，从而促进学生全面发展。孔子的“因材施教”思想，对于当前我们充分尊重学生个性特长，促进人的全面发展，进行分类培养分层教学具有很强的指导意义。

高等职业教育中，受教的学生或是普通高考成绩的后段者，或是中考后分流到中职的职校生，或是高职扩招者，文化成绩虽不高，但学生各有特色，活泼、好动，他们不是高考的失败者，而是“闻道有先后，术业有专攻”。我们要让这些学生重振学习信心，发挥自身特长，实现“有教无类”“因材施教”，使他们学有所乐，学有所长，各尽其才，人人成才。

2014 年 6 月全国职业教育工作会议召开之际，习近平总书记对职业教育工作做了重要批示，指出："职业教育是国民教育体系和人力资源开发的重要组成部分，是广大青年打开通往成功成才大门的重要途径，肩负着培养多样化人才、传承技术技能、促进就业创业的重要职责，必须高度重视、加快发展。"同时，国务院颁布的《关于加快发展现代职业教育的决定》也明确指出职业教育要"系统培养、多样成才"。

2018年9月，全国教育大会召开，习近平总书记明确指出"培养什么人，是教育的首要问题"，强调要在党的坚强领导下全面贯彻党的教育方针，坚持马克思主义指导地位，坚持中国特色社会主义教育发展道路，坚持社会主义办学方向，立足基本国情，遵循教育规律，坚持改革创新，以凝聚人心、完善人格、开发人力、培育人才、造福人民为工作目标，培养德智体美劳全面发展的社会主义建设者和接班人，加快推进教育现代化、建设教育强国、办好人民满意的教育。

如何办好人民满意的高等职业教育，一直是我们思考的问题。目前高等职业教育已占据中国高等教育的半壁江山，培养德智体美劳全面发展的高素质技术技能型人才是高职院校的目标和任务，高职教育不仅要让政府满意，而且要让社会满意、学生满意、家长满意、用人单位满意，只有这样才是人民满意的高职教育。

因此，随着国家对职业教育要求、社会对人才需求和学生发展需求的日益多样化，高考招生录取模式的多元趋势，树立正确的人才观，分类培养多样成才，使学生人人皆可成才、人人尽展其才，让每个人都有人生出彩的机会，培养一大批高职优秀杰出人才，为促进经济社会发展和提高国家竞争力提供优质人才资源支撑，已是当前高职院校人才培养的必然选择。

但如何进行分类培养？如何构建和实施分类培养多样成才的培养模式？本书从问题导向入手，通过指出当前我国高职院校人才培养中存在的问题，结合目前国家、社会、市场、学生对职业教育多样化人才培养的需求，提出了"基本＋提升"型的高职教育分类人才培养目标，即在培养德智体美劳全面发展的技术技能型人才这一基本型人才的基础上，按照专业所面向的职业岗位群和培养目标、规格，根据学生的职业生涯发展目标、个性特长、学习态度、学习能力等，提出了技师型、升本型、创新创业型、复合型、国际化型等提升型分类培养目标，同时构建和实施了"分类培养、分层教学、尊重选择、多样成才"的培养模式及与之相适应的课程体系、实施途径和保障体系等，促使学生成长成才，并以宁波城市职业技术学院作为实证构建出了高职院校分类培养多样成才的人才培养模式及其解决路径，努力让每个人都有人生出彩的机会，全面提高人才培养质量，促进我国高等职业教育健康有效发展，而且已经取得了较好的成效。

"争渡，争渡，惊起一滩鸥鹭"；"众里寻他千百度，蓦然回首，那人却在灯火阑珊处"；"看万山红遍，层林尽染；漫江碧透，百舸争流"。这是我们分类培养多样成才培养模式和实施成效的三重境界。第一重境界是希望分类培养模式能引导和激发广大学生的学习兴趣；第二重境界是希望学有所长的学生各尽其美、各尽其才、熠熠生辉；第三重境界是希望每个学生都能成长成才，成就出彩人生。实践证明，分类培养模式自2014年开始实施，5年多来，三重境界正在逐步推进，教风学风明显好转，已经在各类型涌现出了一批优秀的学生成长案例，学有所教、学有所乐、学有所长蔚然成风。

本书是在前期全国教育科学“十二五”规划2013年教育部重点课题“高职院校分类培养模式的实证研究”研究成果基础上，加上课题组及部分教师围绕分类培养的研究成果，以及以宁波城市职业技术学院为实证的创新实践总结成果。今得以出版，既是对分类培养多样成才研究成果的总结，又凝聚了全校师生创新实践的集体智慧结晶。

本书的出版，希望在以下几方面能起到一定的辐射和借鉴作用：

第一，是充分贯彻落实习近平新时代中国特色社会主义思想的需要。习近平总书记在全国职业教育工作会议上指出，职业教育“肩负着培养多样化人才、传承技术技能、促进就业创业的重要职责”，要“树立正确人才观，培育和践行社会主义核心价值观，着力提高人才培养质量，弘扬劳动光荣、技能宝贵、创造伟大的时代风尚，营造人人皆可成才、人人尽展其才的良好环境，努力培养数以亿计的高素质劳动者和技术技能人才”，要“深化教育改革，加快教育现代化，办好人民满意的教育”。我们的高职教育要非常清楚“培养什么人、如何培养人、为谁培养人”，因此分类培养是贯彻落实习近平新时代中国特色社会主义思想和全国教育大会精神，进一步办好新时代职业教育的需要。

第二，是探索以人为本、因材施教新途径的需要。当前高职院校人才培养过程中普遍采用同一人才培养方案，使用同一教学手段，强化同一教学重点，而考虑生源情况的多样性、学生个体的差异性不够。面对高职院校学生个体素质的差异，如何采取有效的手段和方法调动学生的学习积极性，发挥其潜能，使每个学生都可以得到发展？显然实施分类培养是尊重学生个性特长发挥，体现以人为本、因材施教的需要。因此，高职院校各专业必须根据国家职业教育培养目标和教育改革方向及学生实际情况建立适合自身发展需要的分类培养模式。

第三，是选择学习的有效途径。在选择分类培养的类型、岗位工作方向、分层教学课程、学习进程等方面给学生充分的选择学习权，有利于调动学生学习积极性，从而提高分类培养的质量。

第四，有利于全面提升教师的教学能力。分类培养本身引出的思考，学生在分类分层教学中面临的挑战，都需要教师去探究与之相适应的教育教学改革问题，如教学理念的更新，分类分层教学的教学内容、教学方法，信息技术与课堂教学的深度融合，课程考核方式的改革，学生学习评价，教材改革等等，这些都有利于全面提升教师的教学能力，更能增强教师的责任感和爱岗敬业精神。

第五，有利于提高教育教学质量。分类培养最大的特点就是按照学生的兴趣爱好、认知能力进行专业方向和教学班级划分，缩小了同一教学对象的差异性，教学目标和教学方法更适合学生实际，有利于提高教学的质量和效率，有利于教学公平，有利于实现更高质量、更充分的就业。

第六，本书关于高职分类人才培养目标、课程体系、实施途径及保障措施等方面的理论和实践研究成果，对实施因材施教、促进学生成长成才，贯彻实施《国务院关于印发国家职业教育改革实施方案的通知》(国发〔2019〕4号)中提出的“大幅提升新时代职业教育现代化水平，为促进经济社会发展和提高国家竞争力提供优质人才资源支撑”，以及《中国教育现代化2035》中提出要更加注重以德为先，更加注重全面发展，更加注重面向人人，更加注重终身学习，更加注重因材施教，更加注重知行合一等方面具有重要的现实意义，研究成果的推广和实施将为高职院校在人才培养模式改革与创新，培养优秀人才等方面提供可资借鉴的范例。

作者

2019年8月于宁波

目　录

第一章 绪 论

第一节 当前高职院校人才培养中存在的主要问题

我国高等职业教育从20世纪90年代开始发展，历史虽然不长，但发展迅速。根据2019年2月26日教育部发布的2018年全国教育事业发展基本情况，2018年全国共有普通高等学校2663所(含独立学院265所)，其中，本科院校1245所，高职(专科)院校1418所。全国普通本专科院校共有在校生2831.03万人，其中，普通本科在校生1697.33万人，普通专科在校生1133.70万人。可见，高职(专科)已占据了我国高等教育的半壁江山，在推进我国高等教育大众化进程中起到了重要的作用。高职教育发展经历了三个阶段：从规模扩张阶段到内涵发展阶段再到党的十九大后的高质量发展阶段。近几年高职教育发展成就引人瞩目，特别是经过国家示范(骨干)院校建设项目的引领，各高职院校在办学规模、办学质量、服务产业、提升就业等方面极大地满足了经济社会发展的需求，并在当前"互联网+"、"中国制造2025"、云计算、物联网、大数据等方面紧密对接产业、服务产业，极大地促进了我国经济社会的快速发展。高职教育已经走出了一条特色发展之路，尤其在产教融合、校企合作、工学结合、专业设置与产业需求对接、课程内容与职业标准对接、教学过程与生产过程对接、学历证书与职业资格证书对接、职业教育与终身学习对接等方面形成了鲜明的职业教育特色。

但是，高职教育一定程度上还存在着诸多问题，如在培养能满足经济社会和学生发展需要的德智体美劳全面发展的技术技能型人才等方面参差不齐，尚有一定的差距，人才培养模式较为单一，人才培养质量还不能完全满足经济社会发展的需要等，具体体现在以下几方面：

一、高职人才培养目标定位没有很好适应国家和经济社会的需求

长期以来，我国职业教育的人才培养目标一直定位在"技能型人才"，使得中职和高职的培养目标不仅没有定位上的区分，也没有层次上的差异，导致当前高职院

校人才培养目标定位不够准确，中高职衔接也不够理想，直至2014年国务院印发《关于加快发展现代职业教育的决定》(国发〔2014〕19号)，才将高职教育的人才培养目标定位于技术技能型人才。2018年9月，全国教育大会召开，习近平总书记强调，教育是民族振兴、社会进步的重要基石，是功在当代、利在千秋的德政工程，对提高人民综合素质、促进人的全面发展、增强中华民族创新创造活力、实现中华民族伟大复兴具有决定性意义。党的十八大以来，我们围绕"培养什么人、怎样培养人、为谁培养人"这一根本问题，全面加强党对教育工作的领导，坚持立德树人，加强学校思想政治工作，推进教育改革。面对新时代新形势，改革开放和社会主义现代化建设、促进人的全面发展和社会全面进步对教育提出了新的更高的要求，这就决定了我们的教育必须把培养社会主义建设者和接班人作为根本任务，培养一代又一代拥护中国共产党领导和我国社会主义制度、立志为中国特色社会主义奋斗终生的有用人才。同时，习近平总书记又指出，要努力构建德智体美劳全面培养的教育体系，形成更高水平的人才培养体系。因此，目前已经非常清晰，我们的人才培养路线、方针和目标是坚持中国特色社会主义教育发展道路，培养德智体美劳全面发展的社会主义建设者和接班人。但是，到现在为止，高职教育还没有完全建立起与此相适应的人才培养新体系，尤其是对德智体美劳全面发展的技术技能型人才的培养还缺乏研究和具体的实施方案，导致高职教育人才培养目标单一，难以满足社会对职业教育人才多样化的需要。

二、高职人才培养没有形成人人都能成长成才的教育理念

当前高职教育过于强调普适性的培养，专业、课程乃至课堂的培养目标都是面向全体，知识、能力、素质目标统一，而忽视了生源的多样性。尤其在当今高职扩招的新形势下，生源类型多样，招考录取方式多样，而统一的培养理念、培养方案、教育模式却忽略了学生间的个体差异，学情分析不够充分，教学管理制度也缺乏选择教育理念，没有提供给学生可供选择的培养模式，导致一些学生的个性难以发展，特长生的特长难以发挥，优秀学生难以脱颖而出。因此，杰出人才、优秀人才、特长人才的培养还未进入高职教育阶段的培养视角，人人都能成长成才的教育理念还未很好建立，一定程度上影响了学生多元化发展以及学生个性发展和提升发展。

三、高职人才培养模式较为单一

尽管高职院校在校企合作、工学结合人才培养模式改革上走出了一条独具职业教育特色的办学模式，而且成效明显，在培养学生对行业企业的针对性和适应性

等方面走在前列。但是，目前一些高职院校并未考虑到生源情况的多元性、学生个体的差异性，对所有学生采用同一培养目标、同一质量培养标准，实施同一人才培养方案，使用同一教学手段，强化同一教学重点，进行同一考核方式，没有实施因材施教的培养模式，其最终的结果必定是培养模式单一，无法满足社会和学生多样化的要求，导致低质量就业。

四、高职专业人才培养方案“以人为本”体现不够

人才培养方案是高校人才培养实施过程的整体设计，包括人才培养目标和规格、学制、课程体系、实施过程、考核评价和质量保证体系等。近几年，各高职院校在专业建设、课程建设、产教融合、校企合作等方面取得了长足的进步，办学理念、办学思想得到普遍认可，专业设置、专业定位、培养目标、课程体系等在与区域产业、行业企业岗位（群）、职业能力等接轨时，都能得到较好的链接，已呈现出鲜明的职业教育特色。

但是，就人才培养的现实分析，高职院校人才培养方案还普遍存在以下三个方面的弊端：一是专业培养目标（规格）过“大”，把学生毕业工作后若干年才能达到或实现的职业能力目标作为在校期间的培养目标，超越了高等职业教育人才培养目标的应有定位，导致客观上培养目标实现率低，挫伤了教与学的积极性；二是专业职业能力培养过“全”，把行业企业岗位群的所有（或若干）能力作为专业职业能力来培养，目标很全面，但作为学生个体在有限的高职学习年限内难以实现，简而言之就是学生在校学习领域的广泛性及今后工作岗位的不确定性与实际就业岗位的单一性之间的矛盾，反而削弱了学生在某一实际就业岗位上的独立工作能力和胜任力；三是培养对象过“统”，一个专业人才培养方案往往统一面向一届学生，甚至是几届学生，人才培养方案如“模具”，学生难有自主选择的机会，处于“被”培养状态，学习兴趣难以得到激发，个性发展难以体现。因此，当前各高职院校的人才培养方案虽然紧紧抓住了市场对人才职业能力及培养规格的要求，却忽视了培养对象个体多样性的客观实际，忽视了行业企业对高技术技能型人才的需求。其根源在于没有“以人为本”，没有做到“有所为有所不为”。学校主观上虽有“以学生为本”的培养理念，实际操作上却缺乏载体、方案、行动和目标。

针对上述问题，高职院校亟须培养满足经济社会发展需要的德智体美劳全面发展的技术技能型人才，建立满足学生成长成才需要的人才培养模式、培养方案及其实施方法和路径。

第二节 分类培养是当前高职院校人才培养的现实需求

职业教育是面向人人、融入社会、改善民生的行业，既要满足经济社会对职业教育人才的需求，又要满足学生实现充分就业的需求。因此，职业教育的人才培养模式越来越受到政府、社会及学生的高度重视，并深刻地影响到职业教育领域。那么如何构建科学有效并能适合学生发展的高职院校人才培养模式？分类培养多样成才无疑已是当前高职院校人才培养的现实需求。

一、分类培养多样成才是政府对高职院校人才培养的要求

《国家中长期教育改革和发展规划纲要(2010—2020年)》明确提出，要“树立人人成才观念，面向全体学生，促进学生成长成才。树立多样化人才观念，尊重个人选择，鼓励个性发展，不拘一格培养人才”。2014年6月，在全国职业教育工作会议召开之际，习近平总书记对职业教育工作做了重要批示，强调：“职业教育是国民教育体系和人力资源开发的重要组成部分，是广大青年打开通往成功成才大门的重要途径，肩负着培养多样化人才、传承技术技能、促进就业创业的重要职责”；“要树立正确人才观，培育和践行社会主义核心价值观，着力提高人才培养质量，弘扬劳动光荣、技能宝贵、创造伟大的时代风尚，营造人人皆可成才、人人尽展其才的良好环境，努力培养数以亿计的高素质劳动者和技术技能人才”；要“加快发展职业教育，努力建设中国特色职业教育体系”；要“努力让每个人都有人生出彩的机会”。同期，国务院颁布的《关于加快发展现代职业教育的决定》也明确指出职业教育要“系统培养、多样成才”，并指出要“加强职业教育与普通教育沟通，为学生多样化选择、多路径成才搭建‘立交桥’”。

2015年，国务院颁布《关于大力推进大众创业万众创新若干政策措施的意见》(国发〔2015〕32号)，提出大众创业万众创新政策，提出：“推进大众创业、万众创新，是发展的动力之源，也是富民之道、公平之计、强国之策，对于推动经济结构调整、打造发展新引擎、增强发展新动力、走创新驱动发展道路具有重要意义，是稳增长、扩就业、激发亿万群众智慧和创造力，促进社会纵向流动、公平正义的重大举措。”要深入实施大学生创业引领计划，支持大学生创业，并对如何培养创业人才提出了要求。

2018年9月，全国教育大会召开，习近平总书记在会上明确指出“培养什么人是教育的首要问题”，并指出，我国是中国共产党领导的社会主义国家，这就决定了我们的教育必须把培养社会主义建设者和接班人作为根本任务，培养一代又一代

拥护中国共产党领导和我国社会主义制度、立志为中国特色社会主义奋斗终生的有用人才，这是教育工作的根本任务，也是教育现代化的方向目标。强调要在党的坚强领导下全面贯彻党的教育方针，坚持马克思主义指导地位，坚持中国特色社会主义教育发展道路，坚持社会主义办学方向，立足基本国情，遵循教育规律，坚持改革创新，以凝聚人心、完善人格、开发人力、培育人才、造福人民为工作目标，培养德智体美劳全面发展的社会主义建设者和接班人，加快推进教育现代化、建设教育强国、办好人民满意的教育。

如何办好人民满意的高等职业教育？目前高等职业教育已占中国高等教育的半壁江山，培养德智体美劳全面发展的高素质技术技能型人才是高职院校的目标和任务。高职教育不仅要让政府满意，而且要让社会满意、学生满意、家长满意、用人单位满意，只有这样才是人民满意的高职教育。习近平总书记的“人人皆可成才，人人尽展其才”“努力让每个人都有人生出彩的机会”就是十分重要的人生价值导向和职业教育人才观。

《国务院关于印发国家职业教育改革实施方案的通知》(国发〔2019〕4 号)明确提出：“职业教育与普通教育是两种不同教育类型，具有同等重要地位”；“没有职业教育现代化就没有教育现代化”；“经过 5～10 年时间，职业教育基本完成由政府举办为主向政府统筹管理、社会多元办学的格局转变，由追求规模扩张向提高质量转变，由参照普通教育办学模式向企业社会参与、专业特色鲜明的类型教育转变，大幅提升新时代职业教育现代化水平，为促进经济社会发展和提高国家竞争力提供优质人才资源支撑”。

所以，高职院校必须切实转变教育思想观念，树立人人都能成长成才的教育理念，探索多样化人才的培养途径，以满足政府、经济社会发展和学生成长成才对职业教育的需求，为促进经济社会发展和提高国家竞争力提供优质人才资源支撑。

二、分类培养多样成才是社会对高职院校人才培养的要求

教育的一切活动都要适应社会发展，为社会发展服务，这是教育发展的外部规律，也是教育的社会属性。高职教育是以就业为导向的教育，培养的人才要能满足经济社会发展的需要，满足现代化经济体系建设的需要，满足行业企业的需求。当前，用人单位对高职人才的需求越来越呈现多样化趋向，希望毕业生不仅具有良好的职业素质、扎实的专业知识和高超的技能，更重要的是希望毕业生具有可持续发展的能力。这就需要高职院校在培养学生时要具有一定的针对性和适应性，以满足社会对毕业生的要求，而分类培养模式的实施促使学生多样成才正符合了当前社会对高职人才培养的需求，也是服务现代化经济体系建设和实现更高质量更充分就业的需要。

三、分类培养多样成才是学生职业发展的需要

人才培养是大学生存和发展的基础，职业教育在满足社会需求的同时，必须满足学生成长成才的需求。当今时代的学生思想活跃，接触和吸收新鲜事物很快而且适应能力很强，他们更关注自身的发展，对专业发展、职业规划更为重视，希望毕业时能实现自己的人生价值和目标，满足他们的就业需求以及可持续发展的需要，因此对大学阶段的学习要求和期望值也较高。学生希望学校的培养模式不仅能满足他们的个性发展需要，还能满足他们职业发展的需要，同时希望学校能积极创造条件实现他们的理想。这就要求学校运用选择教育理念注重学生的主体地位，对学生进行多样化培养，在学习方面积极创造条件让学生有更多的选择空间，为他们在专业及专业岗位工作方向、任课教师、课程及学习进程等方面提供更多可选择的机会，同时要把选择权尽可能多地交给学生，以进一步激发他们的学习兴趣和主动学习的积极性。因此，分类培养模式是高职院校实施选择教育理念的体现，也是让学生有多种目标、途径选择以满足学生多样成才发展的举措。

四、分类培养多样成才是衔接高考多元录取招生模式的需要

当前，高职招生的生源正呈现多元化趋势，不仅有普高入学，还有来自职高的；职高生源不仅有“3+2”，还有五年一贯制；不仅有自主招生，还有优秀生免试入学等。《国务院关于深化考试招生制度改革的实施意见》指出，我国将“到 2020 年基本建立中国特色现代教育考试招生制度，形成分类考试、综合评价、多元录取的考试招生模式，健全促进公平、科学选才、监督有力的体制机制，构建衔接沟通各级各类教育、认可多种学习成果的终身学习‘立交桥’”。高职院校招考模式的不断改革和深入实施，多元招生录取模式将带来的生源的多元性，以及学生文化水平、知识结构和技能水平的差异性、多样性，导致学生起点层次的不同，势必带来学生需求和职业发展的多样，要求高职院校的人才培养建立起与之相适应的教育模式及教学管理制度，而分类培养正是适应了多样招生选拔、多样成才培养的需要。

五、分类培养多样成才是高职院校人才培养改革与创新的需要

综上所述，我们高职院校要从当前国家、社会、市场、学生等多方位需求出发，培养满足经济社会发展需要的德智体美劳全面发展的技术技能型人才，为我国经济社会发展提供优质有力的人才和智力支撑，要求高职院校能实施满足学生成长成才发展需要的培养模式和培养路径。因此树立和构建分类培养、分层教学、尊重选择、多样成才的人才培养新理念、新模式、新途径，满足学生的多样化发展以及用

人单位对不同人才规格的需求，促进学生全面发展，努力使人人都能成长成才，实现更高质量更充分就业，是当前高职院校自身人才培养改革与创新的必然趋势，也是当前高职院校优质学校建设、高水平学校和高水平专业群建设、产教融合、校企合作、人才培养模式改革、教学工作诊断与改进制度建设的需要。分类培养多样成才培养模式的有效实施，必将探索出一条我国教育现代化进程中既适合构建现代职教体系，又适合高职院校自身高质量发展和适合学生高水平发展的路径。

第三节 高职院校分类培养模式的内涵及基本特征

那怎样进行分类培养？培养什么样的多样化人才？怎样培养多样化人才？

本书在进行分析和调查基础上，提出了“基本＋提升”型的高职分类人才培养目标概念及模式，“基本型”培养目标即培养面向生产、建设、管理、服务第一线的德智体美劳全面发展的技术技能型人才，这是高职院校人才培养的基本规格目标，也就是合格人才培养目标。在这一“基本型”培养规格基础上，对学生再进行“提升型”的培养，即根据当前高职教育发展形势以及社会对人才培养的需求，高职院校可根据专业性质、学生的发展需求及其职业取向、生涯规划、个性特征、兴趣爱好、学习能力等综合因素，对学生根据“技师型、创新创业型、复合型、升本型、国际化型”等五种提升类型目标进行选择培养，以进一步培养优秀人才，同时构建和实施“分类培养、分层教学、尊重选择、多样成才”的培养模式及与之相适应的课程体系、实施途径和保障体系等，促使学生成长成才，让每个学生都有人生出彩的机会。

一、核心概念

(一)培养模式

培养模式是指根据人才培养目标和培养规格以及为实现这些培养目标和培养规格所采取的实施方式方法及实施过程的总和。

(二)分类培养

分类培养就是“基本＋提升”型的高职教育分类人才培养目标及其实施途径，是指按照专业所面向的职业岗位群和培养目标、规格，根据学生的职业生涯发展目标、个性特长、学习态度、学习能力等，在德智体美劳全面发展的技术技能型人才基本培养规格基础上，提出技师型、创新创业型、复合型、升本型、国际化型等提升型分类培养目标，以及为实现分类培养目标而实施的一系列解决路径，以满足学生的不同学习需求和发展，促使学生成长成才。

（三）分层教学

分层教学是指根据学生生源的不同，或知识、能力水平起点的不同，或学生学习需求的不同，或面向教育对象的不同，根据分类培养的目标要求以及实际情况，在分类培养的类型、岗位工作方向模块课程、分类衔接模块课程、公共基础课程、选修课程，以及课程教学过程中，教师根据学生不同学习情况及不同程度的学习能力等实施的分类分层的教学。

（四）尊重选择

尊重选择就是在实施分类培养分层教学过程中，学校充分尊重学生在选择专业、分类的类型、岗位工作方向模块、分类衔接模块、不同层次课程、各类选修课，以及同一课程不同授课教师等方面的自主权，并积极拓展各类学习资源和创造各方条件扩大学生的选择权，同时不断完善学分制的教学和管理制度，促进学生成长成才。

（五）多样成才

多样成才就是面向教育对象提供合适的教育，因材施教，让学生在技师型、创新创业型、复合型、升本型、国际化型等提升型分类培养目标的实现上多样成才，使学生人人皆可成才、人人尽展其才，努力让每个人都有人生出彩的机会，以培养一大批高职优秀人才。

二、基本型人才培养内涵及内容

（一）基本型人才培养的含义

基本型指的是学生通过专业人才培养方案的实施，在专业基本理论、实践操作技能、岗位职业能力等方面能够达到专业教学标准的合格质量水平要求。

（二）基本型人才培养的内容

基本型人才培养目标是学校人才培养的根本任务，是实施提升型分类人才培养的前提和基础。基本型人才培养包含以下基本内容。

1. 基本职业素质

基本职业素质指从事本专业面向的职业岗位（群）应具备的基本素质，包括具有坚定的理想信念，具备良好的职业道德、爱国情怀、诚信品质、敬业精神、责任意识、交流沟通能力、团队协作精神、创新创业意识等职业综合素质。

2. 基本专业理论

基本专业理论指从事本专业面向的职业岗位(群)应具备的专业基本理论知识,围绕学生职业能力的培养,以“必须、够用”为基本原则,各专业按需设置课程、序化课程内容。

3. 基本专业技能

基本专业技能指根据专业人才培养目标,本专业面向的职业岗位(群)应具备的岗位技能。具体通过专业课、考证课、岗前综合训练、顶岗实习、毕业综合实践等课程来学习获得。

学生根据专业人才培养方案所设置的目标、要求,完成规定的学时,获取规定的学分,达到毕业审核基本要求,获得该专业毕业证书。

三、提升型人才培养内涵及类型

(一)提升型人才培养含义

提升型是指学生在实现基本型人才培养规格的同时,按照自己的个人特长、学习兴趣、学习能力、职业倾向等,充分发挥其主观能动性,在职业技能水平、跨专业学习、学历深造、创新创业、跨文化交际等领域有更大提升和发展。

(二)提升型人才培养的类型

在基本型人才培养目标的基础上,根据学生成长成才的发展目标,可将提升型人才培养的类型划分为技师型、创新创业型、复合型、升本型和国际化型五种类型。

1. 技师型

技师型是职业院校提升型人才培养的主要类型。它是指学生在专业学习的基础上,就某一专业领域达到熟练、高超的技术水平,具备岗位职业能力“一技之长”,其技术水平或得到行业企业用人单位的高度认可,或获得高等级职业技能等级证书,或获得较高级别的职业技能竞赛成绩,能够体现其高水平的职业技能水平。

2. 创新创业型

创新创业型是指学生接受了系统的创新创业教育,具备创新精神、创业意识,在校期间具有创业实践经历,具备创业基本能力。

3. 复合型

复合型是指学生在校期间完成了本专业人才培养方案设置的所有课程基础上,根据自身爱好或职业发展规划,跨学科修读其他专业,形成一专多能的职业能力。

4. 升本型

升本型是指学生在校期间以自学考试等形式获取本科学历文凭,或毕业时参加专升本考试，升入普通本科院校继续学习的类型。

5. 国际化型

国际化型是指学生在校期间在中外合作专业学习并获得中外两校相应毕业证书，或者在校期间加强外国语言学习，毕业时能够出国（境）深造或到国（境）外高质量就业。

第四节　高职院校分类培养多样成才的理论基础

一、人的全面发展理论

“人的全面发展”是马克思主义的基本原理之一，也是我国教育方针的理论基石，人的全面发展理论揭示了人类社会发展和人的发展的客观规律。马克思认为，人的全面发展主要包括人的劳动活动、劳动能力、社会关系、自由个性和人类整体的全面发展等，其实质内涵有：人的需要的全面发展，人的主体性的全面发展，人的能力的全面发展，人的个性的自由发展，人的社会关系的全面发展等。多年来，该理论与中国特色社会主义建设和实践相结合，经过不断丰富和发展，形成了中国化的马克思主义，对我国的教育改革和发展，以及人才培养产生了深远的影响。

高职学生在智力特点、家庭背景、成长环境、兴趣爱好、需求愿望、学习能力等方面存在差异，因此人的全面发展理论为本书的分类培养模式的研究，以及在探讨分类培养模式的必要性及路径方面，都提供了有力的理论支撑。

二、孔子的因材施教教育思想

因材施教最先来源于孔子的教育思想，孔子认为每个人都是有差异的，如年龄、性格、兴趣、智力等各有不同，应该选择适合学生个性发展的教学方法。《论语·季氏》篇中孔子曰：“生而知之者，上也；学而知之者，次也；困而学之，又其次也；困而不学，民斯为下矣。”这体现了孔子根据人的智力和学习态度把人分为四个等次，并根据人的不同智力水平采取不同的教学内容和教学方法。如《论语·雍也》中孔子曰：“中人可以语上，中人以下，不可以语上也。”这正是孔子“因材施教”思想的表现。在《论语》中，孔子这样的教育案例不胜枚举。

因此，因材施教是对学生实施的一种教学方法，要求教师对学生有充分的了解，并能做到因材施教，让学生各尽其才。因材施教要求教师在教学中根据学生不同的认知水平、学习能力以及学生自身素质，选择适合每个学生特点的方法进行有针对性的教学，发挥学生的长处，弥补学生的不足，激发学生学习的兴趣，树立学生学习的信心，从而促进学生的全面发展。孔子的因材施教思想具有丰富的现代内涵，对教师、家长、学校以及教育公平的实现都具有重要意义。

因此，基于发挥个性特长和学习能力的分类培养多样成才理念来源于孔子的"因材施教"教育思想，对于当前我们充分尊重学生个性特长，促进人的全面发展，进行分类培养分层教学具有很强的指导、借鉴和现实意义。

三、多元智能理论

多元智能理论由世界著名教育心理学家、教育家，美国哈佛大学教育研究院的霍华德·加德纳(Howard Gardner)于1983年在《智能的结构》一书中提出。他定义的智能是人在特定情景中解决问题并有所创造的能力，后经过不断补充完善，智能主要可以分为9种：语言智能、逻辑—数理智能、空间智能、运动智能、音乐智能、人际交往智能、内省智能、自然观察智能和存在智能。他认为人的智能是多元化的，每个人都存在多种智能，但每个个体在智能发展上是有差异的，每个人都会呈现出其优势成分和劣势成分，随着环境和社会的变化，其智能发展会受到不同程度的影响。

加德纳的多元智能理论对教育教学影响很大。首先，在人才观上，该理论认为几乎每个人都是聪明的，但聪明的范畴和性质有差异，所以我们要善于以欣赏和发现的目光去看待学生，不能用一把尺子来衡量学生，要充分挖掘学生的差异性，让每个学生都能成才；其次，在教学观上，该理论强调应该根据每个学生的智能优势和智能弱势选择最适合学生个体的方法，在教学中，要根据学生的差异，运用多样化的教学模式，促进学生潜能的开发，使每个学生都能成为优秀的自己；最后，在评价观上，该理论认为，人的智能不是单一的，而是多种智能同时存在，因此，学校的评价指标、评价方式也应多元化，注重对不同人的不同智能的培养。

因此，加德纳的多元智能理论对于我们根据学生优势、特长进行分类培养多样成才具有非常强的理论引领作用。

四、选择理论

选择是根据自身的兴趣、爱好和需要，在各种情景和环境、条件下，选出对自己有用、有价值、有发展的方法的行为。选择理论主要来源于英国牛津大学摩德林学院研究员迈克尔·阿林厄姆(Michael Allingham)撰写的《选择理论》，该书深入探讨了各种情境下的理性选择行为，为我们可能面对的各种选择包括教育领域的选择提供指引。它还来源于美国心理学家、现实疗法创始人威廉·格拉瑟(William Glasser)著的《选择理论》。格拉瑟认为，选择理论的应用可以遍及现代生活的方方面面，他在对基本概念做了详细定义后，具体阐释了选择理论在婚恋关系、家庭与亲子关系、教育领域、职场和社区中的应用。

在分类培养中，分类培养的类型、个人发展目标和需求、岗位工作方向、相应的课程学习等方面都存在一定的选择学习机会和行为。学校如何构建并向学生提供选择资源，如何指导学生根据自身需要和基础、特长进行有效选择，如何根据学生的选择进行分类分层教学，这些都是分类培养需要解决的问题。因此选择理论对本书的分类培养、分层教学、尊重选择的研究和探讨具有较强的指导作用。

第二章 高职院校分类培养多样成才模式研究及构建

第一节 高职院校“基本＋提升”型分类培养目标定位

基本型人才是指修读该专业的全体学生应该达到毕业的基本要求，其目标定位应参照教育部颁布的专业教学标准。各高等职业院校结合区域社会经济发展水平、行业技术发展对人才规格需求等，进一步编制符合本校专业特色的教学标准，并据此编写专业人才培养方案，明确专业培养目标定位、人才培养规格、课程设置、进程安排、毕业要求、实施保障等。基本型人才培养目标确定为：培养面向生产、建设、管理、服务第一线，素质高、知识实、能力强并具有一定创新创业能力的德智体美劳全面发展的技术技能型人才。各专业根据行业、专业特点确定本专业的人才培养目标。

提升型人才培养目标则是在基本型人才培养目标的基础上，根据社会对人才培养的需求，根据专业性质、学生的发展需求及其职业取向、职业生涯规划、个性特征、兴趣爱好、学习能力等综合因素确定个性化培养目标、设置个性化人才培养方案、开设个性化课程模块，在技师型、创新创业型、复合型、升本型和国际化型等提升型上实现其发展目标。

一、具有专业特色的基本型人才培养目标的定位

各专业要确立具有特色的基本型人才培养目标，除常规的行业、企业、同类院校以及毕业生调研、论证分析等程序外，还需要重视以下五个方面。

（一）做好专业培养目标顶层设计

专业培养目标是决定专业办学方向、人才培养规格、课程体系架构、教学资源配置的源头，也是专业特色培育与建设的灯塔。因此，可以说专业培养目标是专业特色培育的灵魂。例如园林技术专业，根据园林行业企业岗位能力的要求，可以设

置景观设计方向、景观工程施工与管理方向，以及景观绿地养护与管理方向，结合区域行业企业人才需求的特点，选择其中之一作为专业的特色培养目标，并据此来构建能支撑该培养目标的课程体系。因此需要做好专业培养目标的顶层设计，课程设置与行业企业岗位紧密结合。

（二）专业培养目标必须坚持社会主义办学方向

专业培养路线、方针和目标必须坚持中国特色社会主义教育发展道路，要在党的坚强领导下，全面贯彻党的教育方针，坚持马克思主义指导地位，坚持中国特色社会主义教育发展道路，坚持社会主义办学方向，培养拥护中国共产党领导和我国社会主义制度、立志为中国特色社会主义奋斗终生的德智体美劳全面发展的社会主义建设者和接班人。

（三）专业培养目标必须具有专业个性

所谓专业培养目标个性化，指的就是每个职业院校的专业要根据区域经济社会发展特点、学校办学特色与方向、专业培养目标与特色，构建与其他院校相同专业具有明显差异化的培养目标，或者即使是在相同的培养目标方向上也需具有特色的培养技能。

（四）专业培养目标要突出职业发展特色

在专业培养目标定位的时候，重点选择就某一方面进行培养，甚至就某一方面的某一单项能力进行培养，进而显现专业的特色，避免通常情况下的面面俱到。正如前面所说的园林技术专业，园林行业企业特别需要在景观设计、工程施工与管理、绿地养护与管理等方面能力都很强的学生。高职院校在培养目标定位的时候，通常把这三个方向的能力作为专业培养的目标。而在高职三年有限时间内培养的结果是学生似乎样样都学习过，却样样能力都不突出，达不到企业预期的工作能力，更无从谈特色了。分类培养后，学生只需要根据自己的未来职业发展、就业需要和个性特长，选择一个方向学习即可获得技能特长。

（五）专业培养目标要与时俱进地更新

高等职业院校具有比较明显的区域办学特征，其专业面向也明显带有区域的特点，而任何区域的社会经济结构都是在不断调整和发展的，且随着社会经济发展、科技的进步，任何行业企业的岗位对人才职业能力的要求也自然会在一定时期内发生变化。那么，以服务区域经济发展为己任的高职专业，其人才培养目标的定位也应与时俱进地更新。例如护理专业，随着我国医学模式的转变、人们健康观念的更新、人口老龄化的加重以及卫生保健体制的改革，护理专业人才职业能力日趋丰富，护理专业人才培养目标定位就要做出相应的调整。再如旅游专业，随着我国入境旅游和出境旅游的快速发展，涉外旅游服务和管理的人才日渐缺乏，旅游专业人才培养目标中涉外旅游服务和管理的定位就显得很有必要。还有计算机类专业，随着“互联网＋”、大数据、云计算、人工智能等的迅速发展，该专业的培养目标以及专业方向必须随着信息技术的快速发展而做出相应的更新。

二、基本型人才培养课程体系构建

一个专业的培养目标是一个专业特色培育的灵魂，专业培养目标是为今后专业人才的培养指明一个方向，设定一个预期的人才培养规格与目标。至于培养目标能否实现，还取决于很多因素，包括校风、学风、课程体系、教学的实施质量、教学条件等，而课程体系是支撑培养目标的首要因素。犹如建造一个公园，培养目标好比是设计蓝图，公园最终能否建成如蓝图那样，还有赖于假山、园路、水景、亭台楼阁、植物材料等各个要素的有机组合，公园的特征、特色也有赖于这些要素的有机构成。这些要素就如同构成专业的各门课程，而专业的所有课程就是专业的课程体系。因此，专业课程体系的构建是专业灵魂的守护者，专业课程体系的构建要紧紧围绕既定的专业培养目标，全面、客观、正确地体现人才培养目标。专业培养目标是课程体系构建的出发点和依据，因此在课程体系构建工作过程中需要注意。

（一）专业课程体系构建要忠于专业培养目标

在课程设置过程中，客观地从专业培养目标出发，剖析实现专业培养目标所需要的专业知识、专业技能、专业素质等，并整合、序化、重组课程，使专业课程体系紧贴专业培养目标，所设置的每门课程要忠于培养目标，可开可不开的课程就不开，学时可多可少的就减少，始终把专业培养目标视作专业课程体系构建的依据和衡量课程设置合理与否的标准。

（二）专业课程体系中要有突出的核心课程（核心能力）

专业培养目标所设计的专业特色是需要课程来支撑的，尤其需要培养学生核心能力的核心课程的支撑。一个专业的核心课程至少要承载并满足两个基本要求：一是该课程应该能够彰显出本专业的办学特色。例如，文秘专业如果把文字速录的能力视作专业的特色之一，那么就应该把“文字速录”课程视作专业的核心课程；又如，园林工程技术专业如果把学生参与企业工程项目招投标的能力视作专业的特色之一，那么就应该把“园林工程招投标与预决算”课程视作专业的核心课程。二是该课程应该能够使学生具备胜任某一工作岗位的独立工作的能力，也就是这门课程可以使学生获得一个工作岗位，即通过该课程的学习能使学生具备获得一份职业工作的能力。例如，园林技术专业中的“计算机园林效果图制作”课程，学生通过该课程的学习，能够在园林企业中独立承担园林效果图绘制、出图等工作，学生凭借良好的计算机园林效果图制作能力就可以很好地就业。又如外贸专业的“报检与报关操作”课程，学生可凭借其对外贸业务工作过程中报检与报关流程等的熟练操作能力而胜任报关员等工作岗位。每个专业一定要有几门核心课程，使学生掌握几门“绝技”，进而胜任工作岗位，逐渐彰显出专业的办学特色。

（三）实践课程的设置要充分考虑实施的成效

实践动手能力是高等职业教育人才培养的一个重要特征之一，在专业课程体系构建的过程中，实践教学环节的学时已经普遍达到50%以上，有的专业甚至达到60%。

实践课程的设置主要考虑设置是否必需、执行是否到位、成效是否显著。为了使实践课达到课程设置预期的目标，一方面，在课程设置的时候，应充分考虑每个实践教学环节的培养目标“落地”，对课程所设计的实践环节具体培养学生将达到什么样的实践操作能力要有清晰的目标，比如很多课程中设计的现场（实地）参观实践教学环节，明确了参观什么、怎么参观、参观后学生什么能力提高、如何提高等。另一方面，因实践教学环节要远比理论教学难度大，所以教师不仅要吃透实践教学环节的目的、目标，而且还要想尽办法设计一个情景、一个或多个活动，有针对性地把所需要训练的实践能力融进教学过程，最主要的是让学生通过参与这个活动（操作、训练）真正领悟、掌握实践技能。这样教学执行过程针对性强，实践教学的成效明显。在实际教学工作中，为使学生能够达到预期的实践能力，教师会充分理解课程实践教学目标、不断提高实践能力，学校会创造实践教学条件以满足课堂要求。例如，屋顶花园建造是园林植物种植施工与养护课程的重要组成内容，在教学实施过程中，虽然没有那么多的“屋顶”可满足实践教学的需要，但可以梳理出屋顶花园建造实践训练的几个核心技术与关键能力：屋顶的防漏（渗）水处理问题、屋顶花园排水问题、屋顶承重问题、轻栽培基质选择问题、浅根性植物选择问题、抗风问题等；针对该项目的关键能力及核心技术，创造条件有针对性地开展实践教学，如采用地面模拟屋顶的方式进行，通过实践教学环节把屋顶花园建造的流程、核心技术、关键能力体现出来，使学生通过实践教学环节获得预期的实践能力。

三、具有个性化的提升型人才培养目标定位

基本型人才培养目标是针对某一专业所有学生的普适性培养目标，是学生毕业后能够从事某一职业岗位或岗位群应该具备的基本职业能力。而提升型人才培养目标是在基本型人才培养目标基础上的“增量”，以培养更加优质的人才。“增量”的具体目标因学生而异、因专业特性而异。因此，提升型人才培养目标主要从学生和专业两个维度进行定位。

(一)专业维度定位

专业维度定位是指各个专业在全面调研和分析行业企业用人单位对人才规格要求的基础上，依据专业的特点，有选择性地明确本专业提升型人才培养类型，一般从技师型、创新创业型、复合型、升本型、国际化型中选择 2～3 种类型作为本专业提升型人才培养目标，如电子商务专业考虑专业特色，主要以创新创业型、升本型和复合型为主；计算机网络专业以技师型为主，兼有升本型、复合型、创新创业型。

据我们对用人单位进行最希望培养的毕业生类型（升本型、技师型、创新创业型、国际化型、复合型、直接就业型）的调查，结果发现：50.00％的企业希望培养复合型人才，18.18％的企业希望培养技师型人才，9.09％的企业希望培养创新创业型人才，4.55％的企业希望培养升本型人才，4.55％的企业希望培养国际化型的人才。从这一调查可以看出，用人单位最希望毕业生是具有复合知识的复合型人才。如表 2-1 所示。

表 2-1　用人单位意向调查

选项	小计/家	比例/%
技师型（指高级别的职业技能等级证书）	4	18.18
复合型	11	50.00
创新创业型	2	9.09
升本型	1	4.55
国际化型	1	4.55
直接就业	3	13.64

(二)学生维度定位

学生维度定位可以在专业提升型人才培养目标已经定位的若干“菜单”基础上，学生根据自己的兴趣爱好、职业发展、就业倾向、学习能力、个性特长等，选择“菜单”中适合自己学习和提升的类型，进而明确定位自己成长的目标，是获取高水平职业技能等级证书，或者获取双专业辅修证书，或者创业，或者出国深造，或者升入理想的本科院校就读等愿景。表 2-2 是我们对学生和用人单位做的分类培养型调查。

据对笔者所在单位的学生进行分类培养的意向调查，发现 608 份调查样本中，选择技师型的占 11.18％，复合型的占 6.58％，创新创业型的占 10.86％，升本型的占42.60％，国际化型的占 4.93％，直接就业的占 23.85％，如表 2-2 所示。由此可以看出，大部分学生倾向于学历和技能水平的提升，说明学生更注重于自身可持续发展能力的提高。

表 2-2 学生分类培养意向调查

选项	小计/人	比例/%
技师型	68	11.18
复合型	40	6.58
创新创业型	66	10.86
升本型	259	42.60
国际化型	30	4.93
直接就业	145	23.85

四、提升型人才培养目标及课程体系构建

各专业提升型人才培养课程(群)在专业人才培养方案中以"分类培养选修课程"形式设置,由学生根据提升型目标进行选择学习,学校应充分尊重学生的选择,把选择权交给学生。因目标不同,课程设置也不同。

(一)技师型目标及课程体系构建

技师是具备相关技术,掌握或精通某一类技巧、技能的人员。技师不同于一般工程师,技师是指具有较高职业技能水平的人员,企业中有丰富业务知识和熟练的操作技能的技术工人,他们在提高职工队伍素质,强化生产管理中具有示范和引领作用。

因此各专业技师型人才的培养应以高水平技术技能为目标,以行业企业精英培养为目标。技师属于职业技能,各专业需要筛选和决策应获取哪一种高水平的职业技能证书,按照国家职业技能资格或技能等级证书,或者"以考代评"职称证书要求,设置相应课程群,并有效对接课程内容,同时研判学生通过一系列提升课程的学习后,获取该证书的可能性及难度等。

(二)复合型目标及课程体系构建

复合型人才应是学生在掌握主专业知识、技能的同时,兼具其他相关专业知识和技能的人才,也就是说复合型人才不仅应在专业技能方面有突出的经验,还应具备较高的相关技能。比如随着 IT 技术完全融入银行、保险、证券等行业之中,复合型人才将在未来几年内十分抢手。表 2-1 充分证明了复合型人才是企业最青睐的人才类型。因此学校提升型人才培养目标可以以学生入学录取专业为基础培养复合型人才,并应鼓励学生跨专业大类学习和提升。

因此,各专业在制定本专业人才培养方案时,可设置辅修专业、双专业修读课程,以满足本专业以外学生修读需求。包括专业基础课程、岗位群课程、岗位工作

方向课程等，课程总学分一般不少于40学分。也可在构建课程体系时，根据本专业的学生职业发展方向和目标，设置与本专业密切相关的其他专业核心课程供学生选读，以培养具有复合知识和技能的人才，同时指导、鼓励学生根据自己的兴趣特长和未来发展进行选择修读。

（三）国际化型目标及课程体系构建

国际化型人才的培养以学校中外合作办学项目为主，课程设置以中外合作双方共同制定的人才培养方案课程体系为准，并以中外合作专业的影响辐射非中外合作专业，通过资源共享，为非中外合作专业的跨文化交际培养提供平台。非中外合作专业的国际化课程设置以英语水平逐级提升为主要培养目标构建课程群，帮助学生达到出国深造或就业所需要的语言水平。

（四）创新创业型目标及课程体系构建

2015年国务院办公厅颁发《关于深化高等学校创新创业教育改革的实施意见》（国办发〔2015〕36号），明确指出“深化高等学校创新创业教育改革，是国家实施创新驱动发展战略、促进经济提质增效升级的迫切需要，是推进高等教育综合改革、促进高校毕业生更高质量创业就业的重要举措”。为贯彻落实国家创新创业教育改革精神，促进学生更高质量创业就业，结合分类培养目标，创新创业型的培养要以培养学生的创新精神、创业意识和创新创业能力为主，积极鼓励学生投身于创业实践。

学校通过营造创新创业教育氛围，面向全体学生开设创新创业基础课、就业创业指导等方面的必修课和选修课，按照创业意识教育、创业训练、创业实践，设置学生创业能力递进的创新创业教育专门课程群，同时推出一批资源共享的慕课、视频公开课等在线开放课程，建设创新创业教育的校内外实践平台和创新创业项目竞赛实践活动平台，建设一支校内校外、专兼结合的创新创业导师团队，编写具有科学性、先进性、适用性的创新创业教育教材等，提升学生创新精神、创业意识和创业能力，培养具有创新能力的创业者和具有创新精神的就业者，培养创新创业型学生。

（五）升本型目标及课程体系构建

升本型主要面向有强烈意愿升入高一级本科院校继续深造的学生，让他们可以通过各种方式升学。目前主要以普通高校专升本选拔考试为主，课程设置根据各省市专升本相关本科院校招生考试要求设置，如浙江省目前文史、法学、教育、艺术类的考试科目为大学语文、英语；理工、经管、农学、医学类的考试科目为高等数学、英语。为使有专升本意愿的学生实现专升本目标，可在公共基础平台课程中设置必修或选修的“大学语文”“大学英语”“高等数学”等课程，供学生有针对性地选读，并进行分类分层教学，为专升本学生提供课程学习条件。

第二节　高职院校“基本+提升”型分类培养的评价标准

分类培养的目标根据不同类别、不同学生的实际情况，遵循因材施教的教育思想和理念，编制差异化人才培养方案，各专业以德智体美劳全面发展的技术技能型或技术型合格人才培养为基础，科学设置各类型的培养标准，并根据技师型、创新创业型、复合型、升本型、国际化型等五种不同提升类型实施分类培养。

一、技师型的评价标准

各专业技师型人才的培养以成为拥有高水平技术技能的行业企业精英为目标，技师有职业资格和职业技能等级证书，所以技师型认定以学生毕业前获得行业领域高度认可的高等级职业资格或技能等级证书（如技师、软件工程师等），或在省级以上教育行政部门组织的学科技能比赛中获得奖项为准。如计算机网络技术专业以计算机等级考试、网络工程师考证、网络管理员考证以及 H3C/华为/CISCO 认证考试为主要的考核方式，竞赛以网络技术应用、网络信息安全、物联网技术应用等项目为主要的竞赛载体。

二、创新创业型的评价标准

创新创业型的评价主要以学生在校期间及毕业当年能够工商注册成立实体公司并有效运行，或在校期间累计完成了一定标准的横向专业技术服务实体项目，或在国家、省级创新创业大赛中获奖，或参加各级各类大学生科技创新活动计划（新苗人才计划）并在毕业前顺利结题为标志。

三、复合型的评价标准

复合型即一专多能型，学生除主修自己专业外，还跨大类辅修其他专业课程，毕业时根据辅修专业的要求完成相关课程学习，课程合格并获得学分，以经过审核获得相应辅修专业或双专业证书为标志。

四、升本型的评价标准

升本型的评价以学生毕业当年获取自学考试毕业证书，或升入相关普通全日制本科院校继续学习为标志。

五、国际化型的评价标准

国际化型人才培养以学校中外合作办学项目为主，以学生毕业时获得合作双方的毕业证书（或课程证书）或当年出国深造学习，或者在国外就业为标志。非中外合作专业的国际化评价以毕业生当年出国深造与学习，或者在国外就业为标志。

第三节　高职院校"基本＋提升"型分类培养模式构建

高职院校分类培养多样成才解决路径主要指构建和实施"分类培养、分层教学、尊重选择、多样成才"培养模式，科学定位并明确专业和学生多样化培养目标，构建"平台＋模块"课程结构体系，有效实施分类培养分层教学，构建适合分类培养多样成才的保障体系等（见图 2-1）。

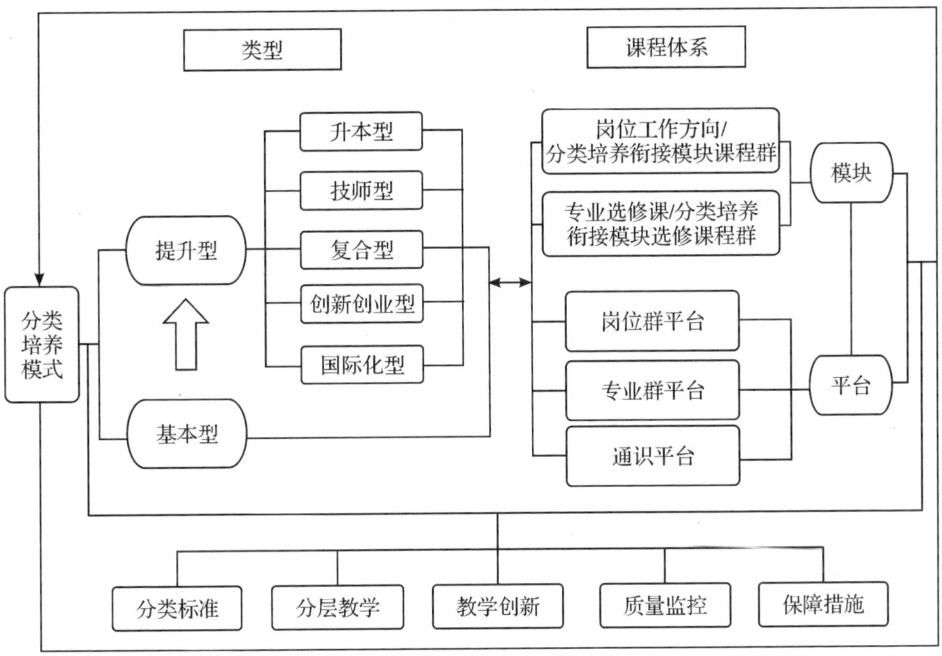

图 2-1　分类培养模式

一、明确高职院校多样成才的分类培养目标

要实现人人都能成长成才的培养目标，首先，高职院校要在人才观上转变教育理念，树立全面发展观念、人人都能成长成才的思想，培养德智体美劳全面发展的技术技能型人才。其次，高职院校在定位于德智体美劳全面发展的技术技能型人才培养规格基础上，根据“基本＋提升”型的高职教育分类人才培养目标，根据专业的特点、行业企业对专业人才类型的需求、专业生源类型等情况，从学生可持续发展目标出发，进一步明确各专业技师型、复合型、创新创业型、升本型、国际化型等类型的提升目标及培养类型并进行选择培养，同时在具体分类培养实施中按照专业分类培养、岗位方向分类培养、不同生源分类培养进行设计，构建相应的分类培养分层教学的课程体系和保障体系，以充分调动学生学习的积极性，满足学生的多样化发展以及用人单位对不同人才规格的需求，促进学生全面发展。

二、基于分类培养模式的高职课程体系的构建与实施

（一）基于分类培养模式的高职课程体系构建的原则

要实现分类培养目标，首先必须构建基于学生分类培养模式的高职教育课程体系，而高职院校在构建课程体系时除了遵循基于工作过程、校企合作共同开发、注重中高职衔接等基本原则外，还须注重以下几个原则：

1. 注重生源的多样性

当前，随着高考改革的日益深入，招生改革的多元化使得生源结构越来越呈现出复杂性和多样化，既有普通高考选拔录取的普通高中毕业生，又有面向中职、技校招收的单考单招生、“3＋2”、五年一贯制选拔的中职生，此外还有优秀学生免试入学、三位一体、自主招生、提前招生、注册入学等各种类型生源。随着《国务院关于深化考试招生制度改革的实施意见》的施行，我国到2020年将基本建立中国特色现代教育考试招生制度，形成分类考试、综合评价、多元录取的考试招生模式。高考制度改革的深入，生源的多元结构，决定了对学生的培养势必要实施因材施教、分类培养的原则，建立起与学生文化水平相适应的培养模式和课程体系。因此，对于不同的生源类型需构建不同的培养方案。

2. 坚持立德树人，注重学生职业素质的培养

分类培养一定要全面贯彻党的教育方针，坚持正确的政治方向，坚持把立德树人作为根本任务，坚持中国特色社会主义教育发展道路，以学生为中心，遵循职业教育规律和学生身心发展规律，把思想政治教育、职业道德教育、劳动意识培育、工匠精神培育融入教育教学全过程，培养德智体美劳全面发展的社会主义建设者和

接班人。德育为先，坚持不懈培育和弘扬社会主义核心价值观，引导学生做社会主义核心价值观的坚定信仰者、积极传播者、模范践行者。构建从“思政课程”到“课程思政”的全课程教育教学体系，把思想政治教育贯穿教育教学全过程，使每一门课程都体现育人的功能，每一位教师都承担育人的责任，实现全员育人、全程育人、全方位育人，扎实办好中国特色社会主义高校。

3. 注重学生的可持续发展

根据德智体美劳全面发展的技术技能型人才培养目标，我们在课程体系开发中首先要明确学生就业时的初始岗位和发展岗位，同时要加强学生的通识教育和专业基础教育，以加强学生的基础知识、专业能力的培养，体现高等职业教育的“高等性”。此外，要以提升型人才培养目标为导向，以学生可持续发展为目标，开设系列提高和拓展课程，供学生选读，注重学生知识和能力的拓展以及个性、特长的发挥，从而使学生得到更好的提高和发展。

4. 注重学生个体的差异性

由于学生生源的多样，以及学生个体素质及其文化知识水平起点的差异，高职教育应注重让每一个学生都能成长成才。因此，高职院校的课程体系开发和实施过程，要从学生个体的差异以及他们就业多样需求出发，实现因材施教、分层教学，使每一个学生都可以得到全面发展。要融“教、学、做”于一体，充分发挥教师主导、学生主体作用，强化学生职业素质和职业能力的培养。要重视教学过程的实践性、开放性和职业性，根据学生的素质、个性、特长和要求，积极开展分层教学、现场教学、项目教学、情景教学、案例教学、启发教学、模拟教学等，让学生的个性和特长得到充分发挥。注重利用现代信息技术、新媒体、慕课、微课、翻转课堂等有效的教与学的方法和手段，调动学生学习积极性，让学生积极参与学习活动。

5. 注重学生学习的可选择性

高职院校在课程体系开发过程中，要注重选择教育，课程体系构建要在尽可能大的范围内给予学生选择专业、选择岗位工作方向、选择提升发展类型、选择课程模块、选择课程以及学习进程的空间和自主权等，并尊重学生的选择，注重学生个性发展，并积极创造条件，对学生的选择学习加以指导，帮助学生尽快成长成才。

（二）基于分类培养模式的高职课程体系的构建

为实现分类培养中各个不同类型的目标，需构建“平台＋模块”课程结构体系，形成通识平台、专业群平台、岗位群平台、岗位工作方向/分类培养衔接模块课程群模块、专业选修课程/分类培养衔接模块选修课程群等，并根据分类培养目标进行有效设置和实施。

“平台＋模块”课程结构体系中，必修课程由通识平台、专业群平台、岗位群平台课程组成，占总学分的60%左右，是学生必须修读的课程，体现共性教育；选修课由必选课与任选课组成，占总学分的40%左右。分类培养试点专业可按模块开设衔接课程，可列入必选模块课程也可列入专业拓展模块课程，具体根据专业需求而定。岗位工作方向模块或分类培养衔接模块课程为必选课程，学生应选择1个模块学习，学生一经选定某模块，该模块所含课程均应全部修读，且达到合格；任选课包括通识选修课、专业拓展选修课、分类培养衔接模块选修课程等；学生通过在线自主学习或在第二、第三课堂活动中取得学分，包括创新创业学分、能力学分、素质学分等。学生可在选修课和学校开展的一系列素质与能力拓展活动中进行选择学习、提高，体现个性教育。

“平台＋模块”课程体系，一方面通过拓宽学生的知识面，以培养学生广泛的职业适应能力或关键能力；另一方面以特定的岗位工作方向或分类衔接模块方向和系列提升选修拓展课程为导向，以培养学生职业拓展和提升所需的职业知识、技能和能力。在这一课程体系的构建中，“平台”保证了专业共同的基础教育，而且三个平台依次递进，保证了学生的职业素质的培养，使得学生的基础知识和能力呈现一个动态发展、提升的过程，符合高职教育的职业特性。同时，“模块”的设置又具有开放性、灵活性，适应了学生职业发展以及个性发展的需要，注重了学生的差异发展，具有拓展性和可选择性，为分类培养的实施和因材施教在教学制度上的运用创造了很好的条件。

（三）基于分类培养模式的高职课程体系的实施

1. 同一专业不同的生源，其培养方案课程设置要有所区别

首先，由于学生的文化程度起点不同，不同的生源类型需要编制不同的人才培养方案，主要体现在基础课与专业课程的设置和内容要求等方面均要有所不同，如普高生源与职高生源的英语、数学课基础和核心专业课的基础是完全不同的，在课程设置时要体现出来；其次，随着现代职教体系的进一步完善，对“3＋2”或五年一贯制培养模式下的生源需要五年一体考虑人才培养方案的编制，注重中高职课程内容的衔接；最后，即使同一类型的生源，如提前招生、自主招生、“三位一体”或注册入学的，也要考虑学生起点的不同，培养方案课程内容也要加以适当的区分。

2. 有效设置和实施各平台和模块课程

根据“平台＋模块”课程结构体系，由学校教务处组织相关学院（部）设置通识平台必修课程和选修课程，专业群平台、岗位群平台课程由专业学院（系）或与相关学院（系）共同设置，岗位工作方向/分类培养衔接模块课程、专业拓展选修课程/分类培养衔接模块选修课程由专业学院（系）负责设置。

通识平台必修课程：包括思想政治素质与职业基本素养类课程（如思想政治理论课、职业素质课、职业发展课、美育类课程等）、身体素质类课程（体育健康、军训、劳动实践）、心理健康类课程（大学生心理健康）、知识与能力素质类课程（应用英语、计算机应用、应用文写作或大学语文等），适合所有专业，按照培养社会职业人才的要求及教育部相关文件精神开设，保证高职学生的基本素质，满足共性需求，

同时又要与专业课程有机对接，注重为专业服务，强化与专业及岗位应用的对接。该平台的课程必修学分约占总学分的25%。

专业群平台课程：该平台课程是同一专业群中各专业的学生均应修读的共同基础课程，包括专业基础课程、专业核心课程、跨专业类课程等。以"面向行业产业对象相同，技术领域相近或专业学科基础相近"的原则组建专业群，该平台课程学分约占总学分的15%。

岗位群平台课程：为某一专业各岗位工作方向模块共有的课程，即岗位群工作任务相同的课程内容，包括岗位工作方向基础课、岗位工作方向核心课等。该平台课程学分约占总学分的15%。

岗位工作方向模块课程(含考证综合课程)：包括专业课、考证综合课程、岗前综合训练、顶岗实习、毕业综合实践等课程，根据专业的培养目标和就业范围、就业岗位可设置学分要求相同的2个及以上模块，学生按照自己未来就业面向和喜欢的岗位方向选择自己确定的模块课程进行修读，如艺术设计专业有平面设计、产品设计、展示设计3个岗位工作方向模块，每个模块因就业面向不同，所设置的核心课程完全不同，学生选择其中之一进行学习。该部分课程学分约占总学分的35%。

实践环节课程：实践环节是锻炼学生应用能力的重要环节，并且贯穿于各个平台、模块课程之中，应做到三年不断线。实践环节类型包括核心课程的单项实训、专业的综合实训、企业业务实训、跨专业综合实训等，实践内容包括基本技能实训(含生活技能实训)、岗位实训、综合实训、跨专业实训、创新创业实训、顶岗实习等，实践形式包括设计、训练、论文、自主实践、综合课程实训、岗位认识实习、岗前综合实训(跟岗实习)、顶岗实习、社会实践等。

分类培养衔接模块课程：为各提升型人才培养目标而设置的课程。高职院校要按照专业分类培养目标定位，在基本培养规格基础上，充分发挥"平台+模块"课程结构体系的优势，科学合理设置与各提升型目标培养相衔接的分类培养衔接模块课程，这类模块课程可作为必选课程或专业拓展课程进行设置。如学生想继续进行提升发展，可在完成基本培养规格和要求的基础上，根据自己的个性特长和职业发展方向，根据学校设置的复合型、创新创业型、升本型、国际化型等不同类型和发展目标的分类培养衔接模块课程，进行选择性的选修学习，使自己得到更进一步的提升发展。但是，每个专业可设置哪些提升类型供学生进行选择，具体由各专业根据培养目标以及学生的实际情况而定，如有的专业是复合型和升本型，有的专业则是创新创业型。

选修课程：含通识选修课、专业拓展选修课和其他任意选修课等，是对基础和专业课程的补充、拓展和延伸，旨在提高学生综合素质，扩大知识面，因此开设的课程和数量应尽可能满足学生的选择和个性发展的需要。选修课程学分约占总学分的10%。每学期滚动开设，供学生自主选择。学生积极参加慕课学习以及第二、

第三课堂活动而获得的素质、能力、创新等的学分可作为通识选修课程学分。

（四）有效实施基于分类培养模式的分层教学

第一，通识平台必修课程实施分类分层教学。通识平台中各课程实行“1＋X”教学模式，“1”是满足各专业群所需的通识内容，“X”将结合各专业群所对应的岗位工作中所需的基础知识，强化与专业及岗位应用的对接。如“应用文写作”课程中的“1”为解决学生通用文种写作能力的培养问题，“X”部分更加紧密地和各个专业的职业能力和职业素质的养成联系在一起，讲授和训练各个行业中专业性比较强的专用文种，使学生不仅了解常用应用文书的性质、特点，比较熟练地掌握常用文书的写作方法，提高语言的运用与书面表达能力，还可以适应将来不同工作岗位的需要。此外，对一些通识基础必修课程，如英语、数学、计算机等，可根据学生入学成绩打破自然班、重组教学班进行分层教学和培养。

第二，设置岗位工作方向进行分类分层培养。首先，科学设置岗位工作方向，根据各专业培养目标以及对应的就业岗位和就业面向，科学合理设置岗位工作方向模块。其次，指导学生按照自己未来就业面向和喜欢的岗位方向选择模块课程，每个模块因就业面向不同，所设置的主干课程应有所不同。

第三，设置分类培养衔接模块课程进行提升类型的选择培养。在完成基本培养规格和要求的基础上，根据学生的个性特长和职业发展，按照专业分类培养目标定位，科学合理设置与各提升型目标培养相衔接的分类培养模块课程，这类模块课程可作为必选课程或专业拓展课程。如培养复合型人才的辅修专业课程主要设置在专业群平台课程、岗位群平台课程和岗位工作方向模块课程；技师型、创新创业型人才分类培养课程主要设置在分类培养衔接模块课程或分类培养衔接模块选修课程；升本型、国际化型人才分类培养课程主要设置在通识教育平台以及选修课模块，在完成通识必修课程基础上，设置进一步提高的选修课程，供学生进一步提升修读。至于设置哪些提升类型、由哪些学生进行选择，具体由各专业根据培养目标以及学生的实际情况而定。

第四，完善选修课程，进一步拓展学生分类学习空间。通识选修课程和专业选修课程为学有余力、学有所长的学生提供拓展空间。学校可按照人才培养的知识、技能、素质要求开设不同模块课程，如责任类、国学类、创新创业类、职业发展规划类、技能拓展类、心理健康类、体艺类、人文类、科学类、社团类、升本提高类等分类模块选修课程，以供学生选择，为学生发展提供菜单式选课方案。

（五）构建和实施基于分类培养模式的“选择学习”制度

“选择学习”指学校积极拓展各类学习资源并创造各方条件给学生充分的学习自主权，这正是当前选择性教育理念下的学习制度的重大改革。分类培养、分层教学、尊重选择、多样成才的培养理念和模式，就是给予学生在专业、分类类型、模块方向、课程等方面以充分的选择空间和自主权，同时学校充分尊重学生的选择，并不断完善学分制的教学和管理制度，促进学生成长成才。

1. 选专业

按大类招生入学的学生，经过一段时间的学习，对大类内各专业有了初步了解或充分认识，并结合自己的兴趣和职业发展方向，在学校规定的时间和条件内选择自己喜欢的专业。同时学校需进一步完善转专业的规定，进一步扩大转专业的比例和空间，让有需求的优秀学生或学习困难学生找到适合自己专业学习。

2. 选提升目标类型

在提升目标类型选择中要给予学生充分的自主权，学生结合自己的职业取向、生涯规划、个性特征、兴趣爱好、学习能力等综合因素，进行“技师型、创新创业型、复合型、升本型、国际化型”等提升目标类型的选择学习，学校要充分尊重学生的选择，同时通过新生入学教育、专业教育等途径不断加强对学生的职业发展指导和专业教学指导，完善导师制和辅导员、班主任制度，指导和帮助学生顺利实现分类培养目标。

3. 选模块方向

在“平台＋模块”课程结构体系中，一般每个专业会设置 2 个及以上的岗位工作方向模块（含分类培养衔接模块），学生可根据就业岗位意向自主选择一个岗位工作方向模块进行分类培养，进一步体现尊重学生选择、注重学生个性的培养理念。

4. 选课程

根据学生不同的发展方向和目标，开发不同层次的课程供学生进行选择修读，为学生提供拓展空间，以进一步拓展和提升学生的知识面和技能水平。为实施分类分层教学，要不断扩大分类分层教学的课程比例，完善选课制度，对课程资源和教学资源进行有效整合和利用，逐步扩大小班化教学比例和选修课比例，并在教学工作量及教学经费投入等方面予以积极支持和保证，为分类分层教学营造良好的课程制度环境。

（六）构建和实施基于分类培养的校企合作工学结合体系

第一，要建立与政府、行业、产业、企业深度融合体系，积极探索股份制、混合所有制改革，与企业、行业组织建立利益共同体；第二，可牵头成立产学研联盟及职教集团、行业指导委员会、专业建设指导委员会、协同创新中心、对接地方行业产业的虚拟学院等平台，深化产教融合，形成学校、地方、行业、企业和社区共同参与的合作办学、合作治理机制；第三，通过现代学徒制、“2＋1”、订单式、校中厂、厂中校、顶岗实习等方式深化校企合作的人才培养模式改革；第四，校企共同开发课程、教材，共建双师教学团队，加强技术技能积累等，实现校企合作共同育人；第五，以分类培养目标为导向，以职业素质为引领，以知识和职业能力培养为主线，以核心知识和关键能力为要素，构建基于“工学结合、知行合一”的课程内容体系。

（七）以目标和标准引领，构建和实施内部质量保证体系

以目标为导向，以标准为引领，按照“需求导向、自我保证、多元诊断、重在改进”的工作方针，以诊断与改进为手段，在学校、专业、课程、教师、学生等五个层面建立起完整且相对独立的自我质量保证机制，并切实履行各层面的质量主体责任，建立可持续的诊断与改进工作机制，建立和完善质量文化，不断提高分类培养质量。

（八）构建分类培养多样成才有效实施的保障措施

第一，完善学分制，为学生的选择学习创造条件。建立健全学分制教学管理制度，在选专业、选提升目标类型、选岗位工作方向、选分类衔接模块课程或选修课程、选教师等方面给学生创造更多的选择空间和条件，注重学生的主体性和学生选择能力的培养，引导学生自主选择职业发展方向，提高自主学习的能力，深化分类培养分层教学的人才培养模式改革，因材施教。

第二，加强学生的职业发展指导，构建全员育人的机制。全面实施导师制，加强对学生的职业发展指导，尽可能10个左右学生配备1名资深指导老师负责指导学生的分类学习和培养，同时，开发和使用学生职业发展导图，并在新生入学教育、专业教育、专业及专业方向分流、选修课程时为学生的分类分层选择和多样成才提供即时指导和帮助。构建全员育人机制，建立全过程育人、全方位育人、全员育人的机制，三课堂联动，校内外互动，校企合作工学结合，为学生的全面发展和多样成才建立良好的教学和管理机制。

第三，完善激励与考核机制。开展小班化教学，保障分类培养的教学效果，同时，在教学工作量考核、课程系数计算等方面给予一定的支持，并对在分类培养实施过程中取得显著成效的教师，在教学效果考核、职称评聘、教学奖励等方面给予倾斜。对获得辅修专业证书和高等级职业技能等级证书、专升本就读、出国深造以及在创新创业方面取得突出成绩的学生给予一定的奖学金鼓励。

第三章　高职院校分类培养多样成才的创新实践

本章节以本书编写组所在单位——宁波城市职业技术学院的分类培养多样成才的创新实践为案例，从创新实践工作的系统设计、培养目标、课程体系、保障体系等方面予以展开。

第一节　宁波城市职业技术学院分类培养工作系统设计

一、明确分类培养作为全校教学改革与创新的重点工作

宁波城市职业技术学院自 2013 年开始启动分类培养多样成才的人才培养模式改革，到 2014 年将其作为重点工作全面实施以来，一直将该项工作作为全校重点教学改革与创新工作予以推进和实施。学校于 2014 年颁发了《关于分类培养模式的试行办法》，2015 年又详细制定了《分类培养工作方案》，特别是在《国务院关于大力推进大众创业万众创新若干政策措施的意见》颁布后，关于如何更好地培养创新创业人才，学校制定了《关于创新创业人才培养的实施意见》，于 2013 年、2017 年、2019 年先后 3 次全面修订了《高职专科人才培养方案的指导性意见》，2019 年根据高职扩招要求，专题研究和出台了《关于面向社会招生人才培养的指导性意见》，进一步完善了分类培养多样成才的指导思想、培养目标、基本原则和课程体系，完善了各专业分类培养的培养方案，有效实施了分类培养分层教学，同时配套实施了“十三五”期间教学创新行动计划、学分制管理办法、辅修专业和双专业实施办法、加强创新创业的实施意见、加强学生学业指导与管理实施办法、修订完善学生管理规定、教学形态信息化的创新应用、加强技能竞赛管理办法等系列文件和措施，不断推进和深化“分类培养、分层教学、尊重选择、多样成才”培养模式，努力让每一个学生都能成长成才，使每一个学生都有人生出彩的机会。

二、加强宣传，使分类培养多样成才思想在全校形成共识

为深入贯彻《国家中长期教育改革和发展规划纲要(2010－2020 年)》中提出

的“树立人人成才观念，面向全体学生，促进学生成长成才；树立多样化人才观念，尊重个人选择，鼓励个性发展，不拘一格培养人才”，“注重因材施教，关注学生不同特点和个性差异，发展每一个学生的优势潜能”，以及大众创业万众创新等精神，学校确立了“分类培养、分层教学、尊重选择、多样成才”的基本指导思想，以高素质技术技能型或技术型合格人才培养为基础，有选择性和针对性地开展技师型、创新创业型、复合型、升本型、国际化型等不同提升类型和不同发展目标的人才分类培养工作，以培养优秀人才。

正是基于这一指导思想，学校明确将分类培养工作作为学校学生职业素质养成教育、分类培养多样成才、教学形态信息化的创新应用等三大重点工作之一，通过成立相关组织机构，召开全体中层干部会、全体教师大会，通过校院层面的不断深入宣传，使全体中层干部、全体教师充分认识到分类培养工作的意义及目标，使全体干部和教师的教育教学改革理念到位、思想到位、认识到位、实践到位，并从2014 年开始全面推进实施。

三、分类培养列入学校相关规划

（一）列入学校“十三五”发展规划

为把分类培养作为学校人才培养的总模式，长期、持续性地给以推进，并逐步使其成为学校的显著特色，学校在“十三五”发展规划中把分类培养作为重要内容，使得分类培养工作的深化、推广得到保证。

《“十三五”发展规划指导思想》提出：以促进就业为导向，以学生成长成才为目的，以责任文化引领的素质教育为主题，以“分类培养、分层教学”为主线，以解放思想、深化改革为动力，提升专业发展内涵，全面建设宁波、浙江乃至长三角地区现代服务业技术技能型人才培育基地，为宁波现代服务业发展提供更加强有力的人才支撑和智力保障。把“分类培养、分层教学”作为教学建设、人才培养的主线，在“十三五”期间力图通过分类培养形成学校的特色和优势。

确定了“坚持特色引领”的发展原则。以服务宁波现代服务业发展的需求为宗旨，以国内一流高职院校和应用型本科院校为发展标杆，吸收先进的办学理念，完善责任文化引领的学生职业素质养成教育，健全“分类培养、分层教学、尊重选择、多样成才”人才培养模式，突出、凝练、提升专业（群）结构特色和专业（群）办学特色，培养数以万计的“有责任、善沟通、敢创新”的现代服务业技术技能型人才。

把分类培养目标分解到“十三五”规划发展目标中。如人才培养质量要求就业质量全面提升，毕业生初次就业率稳定在 96%以上，专升本率高于全省平均水平，学生毕业一年后创业率达到 5%以上，学生就业专业相关度达到 75%以上，毕业生就业人均薪资水平、用人单位对毕业生的满意度、毕业生对母校的满意度等指标排名进入浙江省高职院校前列。国际化发展方面：引进并吸收发达国家(地区)技术技能型人才培养理念、模式和资源，全力配合宁波市教育局建设宁波 TAFE 学院，鼓励有条件的专业组织学生赴国(境)外实习，大力培养具有国际视野的专业人才，成为浙江省国际化特色高校。

(二)把分类培养作为“十三五”期间教学创新发展行动计划的重要任务

根据学校“十三五”发展规划，学校制定了《宁波城市职业技术学院“十三五”期间教学创新发展行动计划(2016—2020 年)》，该行动计划同样将分类培养列为教学创新发展行动计划的指导思想：以国家、省市教育教学改革文件精神为指导，以学校“十三五”事业发展规划为依据，坚持以学生职业素质养成为人才培养第一质量，以分类培养多样成才为根本，以强化教学创新发展为手段，以教学项目建设为载体，以提高人才培养质量和办学水平为目标，深化教学内涵建设，彰显办学特色，为宁波现代服务业培养高素质技术技能型人才，并将分类培养单独列为十项行动计划之一，明确五种提升类型的发展目标和主要措施。

四、加强工作的顶层设计，协同推进实施

(一)制定《分类培养模式的试行办法》

该办法明确学校分类培养的目标和类型，确定了在技术技能型或技术型基本规格培养基础上进行创新创业型、技师型、复合型、升本型、国际化型等优秀人才类型的分类选择培养。同时明确学校分类培养模式的实施途径，全面实施基于“平台＋模块”的课程结构体系、基于“工作过程系统化”的课程和内容体系、基于“公司制运行的三个课堂联动”的以责任教育为核心的学生职业素质养成教育体系，对各专业进行分类培养。

(二)在试行办法基础上，编写全校实施分类培养分层教学工作方案

学校明确各种培养类型的具体工作：

(1)升本型：由学校教务处牵头负责升本辅导课程的开设，具体课程设计和师资团队组建由三门辅导课所在开课单位落实，升本学生由各二级学院统计落实，并组织选课。

(2)技师型：由二级学院负责，各专业梳理专业高级职业资格或技能等级证书或省级、国家级技能大赛，设置课程，落实任课教师或导师团队。

(3)创新创业型：由创业学院牵头负责，各二级学院、教务处配合。创业学院制定创业类课程、课程群，各二级学院配合落实师资团队、统计创新创业型学生人数，并组织选课。

(4)复合型:由各二级学院负责,落实各专业的辅修方案,统计辅修学生人数;教务处将全校统计的申请辅修的学生数二次分配给拟申请的辅修专业,辅修专业根据学生拟辅修人数开课,组织师资教学团队,或单独开班,或插班跟读。

(5)国际化型:由国际学院/外事办牵头负责,负责开设中外合作专业课程、雅思辅导课程等,组织教学团队负责学生的出国留学或就业信息提供等。

(三)各二级学院制定本单位的分类培养实施工作方案

以专业群或专业为单位,根据专业群或专业特点,学校明确专业分类培养类型及培养目标,并编写完整的分类培养具体实施方案。

完善专业人才培养方案。专业人才培养方案作为开展人才培养活动的基本依据,在保证完成培养"高素质技术技能型人才"这一基本目标的基础上,再根据专业特色及人才需求确定本专业重点分类类型,构建课程模块,如专升本课程模块(含语文或数学、英语课程)、技师型课程模块(专业行业职业资格或技能等级证书课程或技能竞赛课程)、复合型课程模块(如本专业面向跨大类辅修专业的课程设置)、创新创业型课程模块(创业意识培养、创业各类课程)等。各专业总体设计"素质引领、校企一体、分类培养"的"基本+提升"型的人才培养方案,在专业人才培养方案的指导下,各专业分别制定升本型、复合型、创新创业型、国际化型、技师型分类培养具体措施,如小班化教学开课、实践教学条件建设、师资团队建设等。

(四)明确要求各单位协同推进分类培养分层教学方案的贯彻落实

以各教学单位为实施主体,各教学单位之间、职能部门与各教学单位之间协同配合,包括资源整合与调配、辅修课程管理办法、新生职业发展导图、新生入学教育、导师制、学分制、中高职衔接、自主招生探索、学生分类奖学金制度修订等。

第二节 宁波城市职业技术学院分类培养目标和标准

一、明确各专业的分类培养目标

学校总的人才培养目标是:面向生产、建设、管理、服务第一线,培养素质高、知识实、能力强并具有一定创新创业能力的德、智、体、美、劳全面发展的高素质技术技能型人才。在学校总的人才培养目标框架下,各专业根据行业、专业特点确定本专业具体的人才培养目标,并根据本专业特点、人才需求、生源类型、学生特长,科学合理确定、制定本专业的分类培养目标。

分类培养目标和分类培养模式如图 3-1 所示。

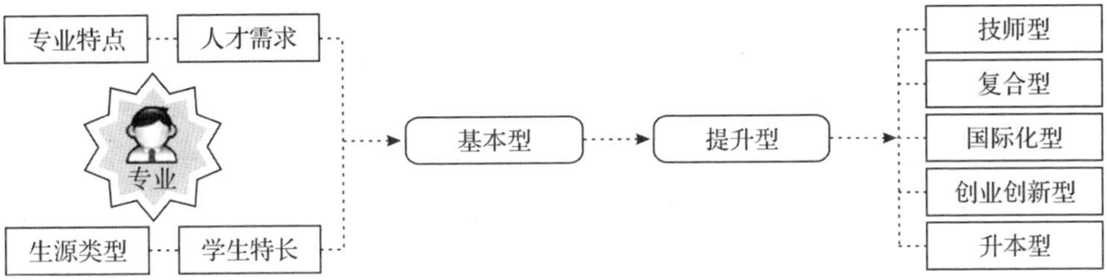

图 3-1　分类培养目标

二、明确了各提升类型目标的评价标准

分类培养模式中各提升类型的培养目标标准如下：

技师型：以获得行业领域高度认可的高等级证书为标志，一般要求有技师及以上职业等级证书或相应职业技术等级证书，或在省级及以上教育行政部门组织的学科技能比赛中获得省级一等奖及以上奖项。

复合型：以学生跨专业大类选修双专业学习，并获得相应辅修专业或双专业证书为标志。

国际化型：以中外合作办学项目为主，以学生毕业时获得合作双方的毕业证书或当年出国深造学习，或者在国外就业为标志。

创新创业型：培养具有一定创新精神、创业意识和创业能力的学生。以学生在校期间或毕业当年工商注册成立实体公司并有效运行，或在校期间累计完成了横向专业技术服务实体项目经费在 5 万元以上，或在国家、省级创新创业大赛中获奖，或参加浙江省大学生科技创新活动计划（新苗人才计划）并在毕业前顺利结题为标志。其中创新创业大赛指的是："挑战杯"大学生课外学术科技作品竞赛、"创青春"大学生创业大赛、"挑战杯——彩虹人生"全国职业学校创新创效创业大赛、浙江省高职高专院校"挑战杯"创新创业竞赛、"挑战杯"网络虚拟运营大赛等比赛。

升本型：以学生毕业当年升入相关全日制普通本科院校继续学习为标志。

第三节　宁波城市职业技术学院分类培养方案构建和实施

《教育部关于职业院校专业人才培养方案制定与实施工作的指导意见》（教职成〔2019〕13 号）明确指出，专业人才培养方案是职业院校落实党和国家关于技术技能人才培养的总体要求，是组织开展教学活动、安排教学任务的规范性文件，是实施专业人才培养和开展质量评价的基本依据。因此，学校在分类培养工作的推进过程中，高度重视培养方案修订，并于2013年、2017年、2019年先后三次全面修订了学校《关于修订高职专科人才培养方案的指导性意见》，同时，专题研究出台了《关于面向社会招生的人才培养的指导性意见》相关文件，使学校的分类培养模式不断完善、提升。下面以2019年新修订的原则意见为例加以阐述。

一、培养方案制定的指导思想

以习近平新时代中国特色社会主义思想为指导，深入学习十九大、全国教育大会、全国高校思想政治工作会议精神，全面贯彻党的教育方针，坚持把立德树人作为根本任务，坚持中国特色社会主义道路，把思想政治教育贯穿到教育教学的全过程，培养德智体美劳全面发展的社会主义建设者和接班人。围绕学校“宁波”“城市”“国际化”办学特色，坚持以服务为宗旨，以就业为导向，进一步深化产教融合，全面推进教育教学改革。系统深化“素质引领、校企一体、分类培养”的人才培养模式，完善基于现代服务业职业特质的以责任文化为引领的学生职业素养教育体系，构建“三全育人”的学生思想政治教育体系，优化基于分类培养、分层教学、尊重选择、多样成才的分类培养体系，深化产教融合、工学结合、知行合一的课程内容体系。各专业要按照学校人才培养总目标，以学生成长成才为根本，全面贯彻“分类培养、分层教学、尊重选择、多样成才”理念，创新办学体制机制，深化产教融合，推进教师、教材、教法改革，科学合理制定高职专科各专业人才培养方案。

二、培养方案制定的基本原则

(一)坚持立德树人的原则

坚持社会主义办学方向，坚持把立德树人作为根本任务，遵循职业教育规律和学生身心发展规律，把思想政治教育、职业道德、劳动意识、工匠精神培育融入教育教学全过程，培养德智体美劳全面发展的社会主义建设者和接班人。持续深化“三全育人”综合改革，把立德树人融入思想道德教育、文化知识教育、技术技能培养、社会实践教育各环节，把思想政治教育贯穿教育教学全过程，构建从“思政课程”到“课程思政”全课程教育教学体系，使每一门课程都体现育人的功能，每一位教师都承担育人的责任，推动思想政治工作体系贯穿教学体系、教材体系、管理体系，切实提升思想政治工作质量，实现全员育人、全程育人、全方位育人。

(二)坚持以责任为引领，培养具有现代服务业职业素质的“金牌员工”的原则

根据学校专业设置的特点，科学分析现代服务业职业岗位的职业素质要求与特征，系统研究现代服务业职业素质教育与养成的培养规律与方法，系统完善基于

现代服务业职业特质的以责任文化为引领的学生职业素养教育体系，将学生现代服务业职业素养与通识基础课、专业课、学生实践活动及日常活动相结合，通过一二三课堂的联动形成合力，深化责任、沟通、诚信、敬业、创新创业等素质教育，全面提升学生的职业素养，培养“金牌员工”。

（三）坚持服务区域经济社会发展的原则

各专业要及时把握社会、行业发展中出现的新情况、新特点、新趋势，使专业服务面向及专业人才培养目标与区域产业转型升级、新业态以及人才需求变化相结合，并做到“五个对接”：专业与产业对接、课程内容与职业标准对接、教学过程与生产过程对接、学历证书与职业技能证书对接、职业教育与终身学习对接，努力提高各专业服务经济社会发展的能力和水平。

（四）坚持进一步优化实施“分类培养、分层教学、尊重选择、多样成才”的原则

坚决贯彻学校“分类培养、分层教学、尊重选择、多样成才”的分类培养原则，并在近五年分类培养工作基础上，对技师型、复合型、创新创业型、升本型、国际化型等类型分类培养的课程体系、实施模式进行完善和优化，完善学分制，在给予学生选择专业、岗位工作方向、课程模块、课程、学习进程等自由的同时，在学习发展类型方面给予学生尽可能大的自主权，使更多的学生实现出彩人生。

各专业要通过优质的在线课程资源，为学生提供更灵活的学习选择和学习时空，提高提升型学习效率和学习效果，通过“1＋X”证书制度提高技师型人才培养的水平；改革专业辅修课程设置的原则与要求，开发构建“复合型辅修课程群与辅修技能证书平台”，从“跨界、复合和融合”的角度，通过“专业＋专业”“专业＋知识”“专业＋技能证书”等途径，让更多的学生实现复合型发展。

（五）坚持“产教融合、校企一体、双元育人”开发与培养的原则

坚持产教融合、校企一体开发人才培养方案和实施人才培养，充分发挥行业企业对专业群动态调整、专业分类人才培养目标、课程体系、职业岗位、人才培养规格、职业技能证书、典型工作任务、职业能力、职业素质、评价标准、教材建设、技能竞赛、实习实训、师资队伍建设、质量监控等方面的指导作用。进一步深化“现代学徒制”“产业学院”“订单式”“2＋1”“工学交替”“工作室”“顶岗实习”“教学做合一”“现场教学课堂”等工学结合培养方式，实现“双主体育人”和“双元育人”，做到师资共同培育、教学内容校企共同开发、教材编写校企共同参与、教学手段与方法融入企业元素，带动专业、课程、教材、实训基地、教学团队、资源库等的建设。要大力推进“现场教学课堂”建设。

(六)坚持"工学结合、知行合一",优化课程体系、教学内容、教学方法的原则

以分类培养目标为导向,以职业素质培养为引领,以知识和职业能力培养为主线,以核心知识和关键能力为核心,构建基于"工学结合、知行合一"的课程内容体系。

处理好公共基础课程教学与专业课程教学、理论与实践的关系,注重实践教学,促进学生德技并修、全面发展。加强实践教学体系构建,明确各专业及课程的核心知识和关键能力,构建专业认识实践、项目化实训、综合化实训、生产性实训、顶岗实习实践教学体系,形成单项能力、综合能力、岗位能力、职业能力递进式能力培养阶梯。

积极开展现场教学、项目教学、情景教学、案例教学、启发教学、模拟教学等教学模式改革。进一步深化教学形态信息化的创新应用,把在线课程、翻转课堂、混合式教学、在线仿真实训等线上线下相结合的方法和手段作为提高教学质量、推进分类培养的重要途径,提高教学现代化。

(七)坚持中高职有效衔接的原则

要进一步加强与各中等职业院校在培养机制、培养目标、专业建设、课程体系和教材、教育教学过程、信息技术应用、教学条件、专业教学标准、教学资源、职业技能证书、分类培养等方面的延伸与有效衔接工作,发挥中高职接续五年长学制人才培养优势,明确培养总目标和中高职阶段目标与任务,注重专业综合能力的提升,强化职业技能证书等级的衔接提升,真正形成中高职一体化的分阶段分类培养体制机制。

(八)坚持目标和标准引领,完善内部质量保证体系的原则

各专业要以教育部及浙江省颁布的《专业教学标准》《专业实践条件建设标准》《顶岗实习标准》等标准为指导,坚持目标和标准引领,制定本专业的专业教学标准、课程标准、实践条件建设标准、顶岗实习标准等教学标准文件。各专业要按照学校内部质量保证体系工作和学校"四严四精"的要求和标准,在专业、课程层面,建立可持续的专业、课程诊断与改进工作机制,切实履行人才培养质量主体责任,建立和完善质量文化,不断提高人才培养质量。

三、构建"平台+模块"的分类培养分层教学的课程体系,并有效实施分类分层教学

(一)构建基于"平台+模块"的分类培养分层教学的课程体系

课程体系的设计是人才培养方案设计的核心,是提高人才培养质量的关键。

学校为实现分类培养中各个不同的目标，充分考虑学生个体发展的差异性，各专业经过多次调研和论证，在“平台＋模块”课程结构体系下，形成通识教育平台、专业群平台、岗位群平台、岗位工作方向模块课程、复合型模块课程、创业型模块课程、专业选修课程/分类培养衔接模块课程和通识选修课体系，根据分类培养目标，实施相应的分类培养分层教学的课程体系（见表 3-3 和表 3-4）。

表 3-3　宁波城市职业技术学院基于分类分层培养的“平台＋模块”课程结构体系

<table>
<tr><td rowspan="6">必修</td><td rowspan="6">平台课程</td><td rowspan="4">通识平台</td><td colspan="2">1. 思想政治素质与职业基本素养类课程（思想政治理论课、职业素质与职业发展、公司制平台职业素质养成等）</td></tr>
<tr><td colspan="2">2. 身体素质类课程（体育健康、体育俱乐部、体质健康测试、军训等）</td></tr>
<tr><td colspan="2">3. 心理健康类课程（大学生心理健康）</td></tr>
<tr><td colspan="2">4. 通识知识能力及人文素质类课程（应用英语、计算机应用、大学语文等）</td></tr>
<tr><td>专业群平台</td><td colspan="2">包括：专业基础课、专业核心课程等</td></tr>
<tr><td>岗位群平台</td><td colspan="2">包括：岗位工作方向基础课等</td></tr>
<tr><td rowspan="3">必选（选修其中之一）</td><td rowspan="3">模块课程</td><td rowspan="3">分类培养：岗位工作方向模块课程群、复合型模块课程群、创新创业型模块课程群。</td><td>模块 1/模块 2</td><td>每个模块包括：专业课（岗位工作方向核心课程）、岗前综合训练（或跟岗实习）、顶岗实习、毕业综合实践等。学生应获得相应的中级及以上职业技能证书。</td></tr>
<tr><td>复合型（复合型的专业课可由复合专业组织实施教学）</td><td>本专业的专业课、复合专业的专业课、岗前综合训练（或跟岗实习）、顶岗实习、毕业综合实践等。学生应获得相应的中级及以上职业技能证书（本专业或复合专业均可）。</td></tr>
<tr><td>创新创业型（专业课以外课程由创业学院组织实施教学）</td><td>包括专业课、创业提升课、创业实训（岗前综合训练）、创业实战（可代替顶岗实习）、创业综合实践（可代替毕业综合实践）。</td></tr>
<tr><td rowspan="5">任意选修</td><td colspan="3" rowspan="5">分类培养选修课
（各专业根据分类培养目标需要进行设置）</td><td>技师型（各专业设置相应技师型人才培养课程群）</td></tr>
<tr><td>创新创业型（创业提升课由创业学院设置和开设，见表 3-4。已设置创新创业型方向模块的专业，不再设置）</td></tr>
<tr><td>复合型（见学校复合型课程群平台或相关专业双专业课程设置）</td></tr>
<tr><td>升本型（基础部开设的大学语文、高等数学；国际学院开设的应用英语等）</td></tr>
<tr><td>国际化型（由国际学院开设国际化课程）</td></tr>
</table>

(续表)

<table>
<tr><td rowspan="2">任意选修</td><td>专业选修课</td><td>专业任意选修课程</td></tr>
<tr><td>公共选修课</td><td>按模块设置，包括：思政类、人文素质类、现代服务业职业素质类、美育类、创新创业类、技能竞赛类、外语类、信息素质类、心理健康类、专业公共选修等</td></tr>
<tr><td colspan="2">第二、第三课堂活动</td><td>包括：自主学习、社会实践、社团活动、技能节、科技创新活动、就业创业实践活动、现代服务业职业素质养成训练活动等</td></tr>
</table>

表 3-4　宁波城市职业技术学院创新创业型人才培养修读课程群设置

<table>
<tr><th>序号</th><th>课程类型</th><th colspan="2">课程名称</th><th>课程性质</th><th>授课对象</th><th>课程内容简介</th></tr>
<tr><td>1</td><td>创业意识启发课程</td><td colspan="2">创新创业启蒙</td><td>必修</td><td>全校大一学生</td><td>大学生创新创业精神与创业意识启发等</td></tr>
<tr><td>2</td><td rowspan="8">创业基础提升课程（136学时，可抵专业模块课学时）</td><td colspan="2">KAB 创业基础</td><td>选修</td><td>创新创业型学生必选，其他任选</td><td>Know About Business（KAB）了解企业和创业的基本知识和技能，创业意识和创业知识普及，培养创新精神和创业能力</td></tr>
<tr><td>5</td><td colspan="2">专业＋创业教育</td><td>选修</td><td>创新创业型学生必选，其他任选</td><td>各个二级学院根据专业定位以及企业行业的发展自行设置创业教育特色内容</td></tr>
<tr><td rowspan="4">6</td><td rowspan="4">创业运营管理</td><td>创业营销与冲突管理</td><td rowspan="4">选修</td><td rowspan="4">创新创业型学生必选，其他任选</td><td>市场调研、目标市场选择、产品开发促销、渠道设置、客户谈判与冲突管理等</td></tr>
<tr><td>新创企业财务管理</td><td>基本理论、会计基础、财务预算、成本核算等</td></tr>
<tr><td>新创企业人力资源管理</td><td>人才规划、薪酬福利、人员招聘、绩效管理、培训开发、劳动关系等</td></tr>
<tr><td>创业法律政策</td><td>大学生创业政策解读、公司运营过程中的常见法律问题</td></tr>
<tr><td>7</td><td colspan="2">网络创业</td><td>选修</td><td>创新创业型学生必选，其他任选</td><td>网络创业模式、网店创业运营管理、图片美工、创业团队建设与管理等</td></tr>
<tr><td>8</td><td colspan="2">创业实训（岗前实训）</td><td>选修</td><td>创新创业型学生必选，其他任选</td><td>创业经营与竞争、就业创业心理素质训练、竞赛辅导等</td></tr>
<tr><td>9</td><td rowspan="2">创新创业实战课程</td><td colspan="2">创业实战（顶岗实习）</td><td>必修</td><td>创新创业型学生必选</td><td>大学生依托各类创业实践平台开展创业活动</td></tr>
<tr><td>10</td><td colspan="2">创业综合实践（毕业综合实践设计说明书）</td><td>必修</td><td>创新创业型学生必选</td><td>商业计划书路演答辩</td></tr>
</table>

（二）通识平台必修课程实施分类分层教学

学校的“平台＋模块”课程结构体系中，平台分为通识平台、专业群平台、岗位群平台，模块为某一专业几个不同的岗位工作方向的模块、创新创业型模块或复合型模块。必修课程由通识平台、专业群平台、岗位群平台课程组成，占总学分的58％左右，是学生必须修读的课程，体现共性教育；选修课由必选课与任选课组成，占总学分的42％左右。各专业根据分类培养类型及目标，在任意选修课中设置分类培养选修课程群。模块设置岗位工作方向（至少2个）模块课程群、复合型模块课程群（以复合型人才培养为重点的专业，原则上要跨大类复合）、创新创业型模块课程群（以创新创业型人才培养为重点的专业），专业学生可选择1个模块学习，学生一经选定某个模块，该模块所含课程均应修读，且达到合格及以上要求；原则上一个专业同年级相同类型生源班级达到2个及以上时才开设不同模块，否则专业仅选择开设其中一个模块。任选课包括分类培养选修课、现代服务业专业素质选修课、专业任意选修课、人文素养选修课、美育选修课等。同一专业群（含专业子群）必须构建相同的专业群平台课程。岗位群平台课程以岗位群和共性的工作任务为基础进行设置，若某个专业仅有一个岗位工作方向，专业群平台可以与岗位群平台合二为一。

学校要求通识平台课程针对所有专业，按照立德树人和现代服务业职业人培养的要求及教育部相关文件精神开设，保证高职高专学生基本的思想道德素质、身心素质、职业素质、人文素质、美育素质、劳动素质，既要满足共性需求，又要与专业有机对接，注重为专业服务。通识平台课程实行“1＋X”教学模式，“1”为各专业通识的课程及内容，“X”将结合各学院相应专业群所对应的岗位工作中所需的基础知识，强化与专业及岗位应用的对接。如“应用英语”课程：面向全校除应用英语专业、应用法语专业、中外合作办学项目之外的其他三年制各专业学生开设，共分两个学期，第一学期开设实用英语1，第二学期根据学生的英语水平和发展方向分类培养，开设实用英语2、岗位基础英语和大学英语三级、四级或“雅思英语入门”或小语种，以及各类选修课程等，以“分类培养，分层教学，尊重选择”为指导思想，兼顾专业培养对英语教学要求的差异性、不同生源英语学习基础的实际，以及学生英语学习的意愿，落实分层教学。实用英语1和2课程重在打好学生的英语基础，以基本语法和听说、读写综合能力的培养为主；岗位基础英语按照各学院的专业群模块设置，教学内容以各学院相应专业群所对应的岗位工作中所需的基础英语应用技能训练为主，强化与泛职业岗位工作相结合的英语听说技能的训练，使学生具备运用基础英语完成泛岗位工作任务的能力；大学英语三级课程旨在强化学生的英语综合应用能力，通过该课程学习，帮助学生达到大学英语三级及以上水平，同时为专升本或其他需要的学生奠定基础。

“高等数学”课程根据不同专业，设置不同教学内容，如电子信息类专业的数学为构建信息数学、商贸类专业的数学为经济数学、建筑工程类专业的数学则为工程数学。

面向专升本需求的学生分别开设了“大学语文”“高等数学”“大学英语”等辅导课程。

为适应现代服务业对人才培养的需求，在人文素质类及美育类课程方面，形成以“大学语文”(公共必修课)为核心，以人文素质公共选修课及美育类公共选修课为补充的人文素质与美育教育课程体系。“大学语文”课程以优秀的文学作品为依托，以作品的精神内涵为核心，围绕“思想哲学”“修身明理”“智慧谋略”“敬业精进”“创意创新”“艺术品位”“家国情怀”等七个单元开展教学，使学生掌握基本的文学知识与文化知识，培养学生在阅读、理解、鉴赏、写作等方面对母体语言的感知与应用能力。课程教学全面引进现代信息技术，采用线上线下混合式教学模式。人文素质类课程以听、说、读、写为教学载体，陶冶学生情操，使中华民族优秀的人文成果及其所蕴含的价值观念、道德标准、审美情趣、思维方式等内化为学生的道德品格，让他们学会用真善美的思想、完善的人格、正确的眼光来感知世界、认识人生、传承民族精神，牢固树立社会主义核心价值观，为培养现代服务业高素质“金牌员工”奠定基础。面向全体学生开设的美育类课程，加强美育教育，通过音乐、舞蹈、摄影、书画、非遗等艺术形式，提升艺术审美能力和美学品味。

创新创业课程方面，构建分类培养的“启发—基础—实训—实战”课程体系，将创新创业教育贯穿融入人才培养全过程。第一阶段进行创新创业意识启发教育，面向全校学生在“职业素养与职业发展”课程中开展创新创业意识启发教育，普及创新创业基本常识；第二阶段进行创新创业型学生的提升培养，不同专业分学期开设包括“KAB创新创业基础”“创业项目运营管理”“网络创业”等创业基础提升课程，逐步固化大学生的创新创业意识，提升创新创业能力；第三阶段，面向创新创业型学生，开展创业实训课程；第四阶段，对有一定创业基础的创新创业型学生，依托各类孵化平台进行创业综合实践和实战。

（三）岗位工作方向进行分类培养

根据各专业培养目标科学合理设置岗位工作方向模块：各专业根据岗位群中不同岗位的特征、技术技能要求，充分发挥学校“平台＋模块”课程结构体系的优势，在强化基础知识和能力培养，加强通识教育的同时，各专业科学设置岗位工作方向模块，合理分流学生到各专业方向进行分类培养，并积极创造条件，在尽可能大的范围内给予学生选择岗位工作方向模块课程以及学习进程的自主权，尊重学生选择，注重学生个性。

岗位工作方向模块课程分类设置：每个专业根据企业对应岗位设置不同的工作方向，学生按照自己未来就业面向和喜欢的岗位方向选择不同模块课程，每个专业至少有两个岗位工作方向模块，每个模块因就业面向不同，所设置的核心课程有所不同。

分类培养衔接模块课程：在完成基本培养规格和要求的基础上，根据学生的个性特长和职业发展，按照专业分类培养目标定位，科学合理设置相衔接的分类培养模块课程，作为模块必选课程或专业拓展课程，具体由各专业根据培养目标而定。

技师型、创新创业型分类培养课程主要设置在分类培养衔接模块课程或分类培养衔接模块选修课程中，以培养卓越技师、创新创业精英等为目标，课程考核分别以获得高级职业资格或技能等级证书、参加省部级职业技能大赛或自主创业等为评价手段。

升本型、国际化型分类培养课程主要设置在通识教育平台以及选修课模块中，在完成通识必修课程基础上，设置进一步提高的选修课程。如升本型根据浙江省关于专升本考试要求开设各科目培训辅导课程；国际化型开设雅思、托福辅导课程等。

完善选修课程进一步拓展学生分类学习空间：通识选修课程和专业选修课程为学有余力、学有所长的学生提供拓展空间，学校按照学生培养的知识、技能、素质要求开设不同模块课程，如责任类、国学类、创新创业类、职业发展规划类、技能类、心理健康类、体艺类、人文类、科学类、社团类、升本提高课等分类模块选修课程，以供学生选择，为学生发展提供菜单式的选课方案。

（四）强化实践教学，促进课证融通

实践环节是锻炼学生应用能力的重要环节，且贯穿于各个平台、模块课程之中，做到三年不断线。实践环节类型包括核心课程的单项实训、专业的综合实训、企业业务实训、跨专业综合实训等，实践内容包括基本技能实训、创新创业实训、现场教学课堂、课程综合实训、跨专业实训、跟岗实习、顶岗实习、毕业综合实践等，实践形式包括设计、训练、论文、自主实践、现场教学、综合课程实训、岗位认识实习、岗前综合实训（跟岗实习）、顶岗实习、社会实践等，鼓励和校企合作单位紧密合作，探索现代学徒制、现场教学课堂、工学交替、多学期、分段式等多种形式的实践性教学改革。学校要求各专业构建有效的实践课程体系，形成与专业培养相匹配的实践能力递进体系（见图 3-2），根据专业性质、专业培养目标科学合理选择 A 或 B 模型，同时要积极对接国家专业教学标准、顶岗实习标准、实训基地建设标准等，积极参与实施“1＋X”证书制度试点，将职业技能等级标准有关内容及要求有机融入课程体系、教学标准和教学内容并有效实施。

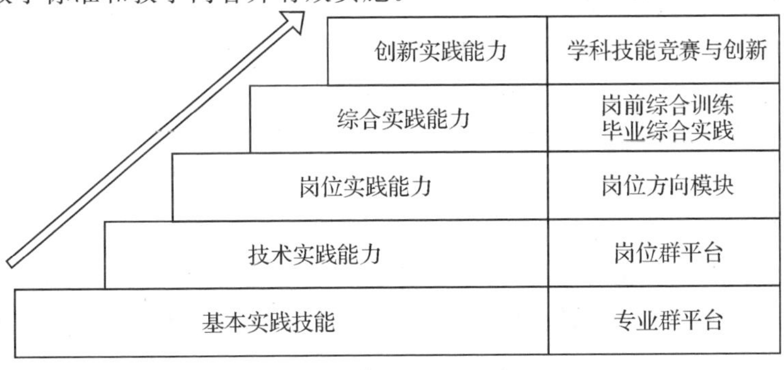

模型 A

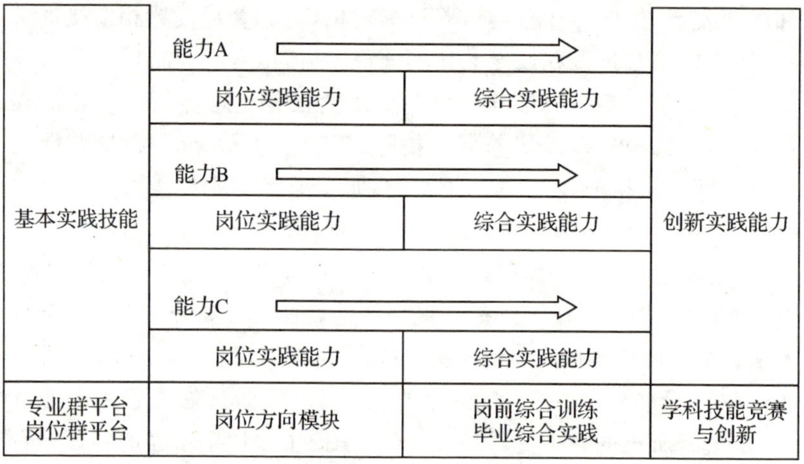

模型 B

图 3-2 专业实践课程体系及职业能力递进结构

(五)积极实施校企合作工学结合,有力推进分类培养

学校要求通过全面实施“十三五”期间教学创新发展行动计划,加强岗位调研,进一步清晰典型工作任务与职业素质、职业能力要求,明确核心知识和关键能力,培养学生的职业通用能力、职业基础能力、职业核心能力、职业岗位能力、职业综合能力。完善课程标准,提升课程整体和单元教学设计质量,并积极开展项目教学、情景教学、案例教学、模拟教学、现场教学、启发教学、混合式教学等富有专业及课程特点的教学模式改革。丰富课程教学资源,使每门课程达到学校课程建设的基本标准要求,并产生一批基于系统化工作过程的在线课程、混合教学等创新课程,强化课程学习目标达成度考核,提升课程教学有效性。

几年来,我校牵头成立了旅游会展、城市园林、创意设计、商贸物流、服务外包、会计金融、应用外语等 7 个基于行业的产学研联盟,成立了“滕头园林学院”“九龙物流学院”“宁波旅游学院”“视觉东方艺术学院”“网易(宁波)新媒体学院”“开元酒店管理学院”等 6 个产业学院,牵头成立了“宁波现代服务业职教集团”和“全国现代服务业职教集团浙江分部”,牵头成立了宁波市旅游、文化创意等 2 个行业指导委员会等,通过共建产业园区、服务区域产业、搭建服务平台等多种形式,打造服务产业行业的“城院样板”。产教融合校企合作平台的搭建,为分类培养的有效实施打下扎实的基础。同时,学校积极开展“2+1”、现代学徒制、工作室、订单式、顶岗实习、校中厂、厂中校等校企合作人才培养模式改革,提升技师型、创新创业型、复合型等分类培养质量。在校企合作基础上,学校积极融“教、学、做”为一体,突出做中学、做中教,并根据理论课、理实一体课、实践课等各种类型课程的特点和要求改革教学模式,积极开展现场教学、项目教学、情景教学、案例教学、启发教学、模拟教学等,提高校企合作、工学结合的成效。

（六）积极推进“互联网＋教学”，打造现代化课堂

学校主动适应“互联网＋教学”发展需求，坚持立德树人，以信息技术与教育教学深度融合为核心理念，以优质教学资源和现代化教学环境为基础，以课堂教学形态创新为突破，以在线课程建设和应用为抓手，全面推进“互联网＋教学”，构建“以学为中心”的人才培养体系。已建成近 60 门在线开放课程，30 余门在爱课程、学堂在线等全国性平台上线开课，选课超过 30 万人次；5 门入选国家精品在线开放课程（全国高职院校第一）、16 门立项省级精品在线开放课程，在全国近 30 所院校得到应用推广；校内学生 1 万多人次通过在线学习获得学分。学校进一步拓展在线课程应用，服务“精准扶贫”和“一带一路”等国家战略。

学校出台《教学现代化工作方案》，制定了《教学现代化建设项目管理办法》《在线课程管理办法》等，构建“以学为中心”的人才培养体系，打造高职教育“金课”。以工作过程系统化课改为基础，探索符合高职院校学生认知规律、突显高职教育特性、体现实践性的线上“金课”。通过在线课程、翻转课堂、混合式教学、现场教学、一体化教学等形式，实现以“教”为中心到以“学”为中心的转变，以教学有效性为目标，优化教学模式和学习模式，提高课堂学生的“抬头率”“参与度”和“成就感”，打造线上线下混合“金课”。

（七）创新基于“有效教学”的课程质量保证体系

课程质量是高职院校教学质量的核心和难点，建立课程质量保证体系是高职院校课程改革自我需求，发挥质量保证主体作用，不断完善内部质量保证体系和运行机制，持续提高人才培养质量的重要举措。在推进分类培养过程中，学校结合高职院校特点，建立了基于说课的教师职教能力测评制度，基于合格课程评估的课程准入制度，基于有效教学评估的教师教学评价制度，基于人才培养工作状态数据平台的信息反馈制度等，探索和实施了基于“职教能力—课程准入—教学效果—平台反馈”四位一体的全覆盖、具有较强预警功能和激励作用的课程质量自我诊改和保证体系（见图 3-3），以保障分类培养模式改革和推进过程中激发教师不断加强教改，提高教师职教能力和水平，促进课程教学质量的持续提高，保证人才

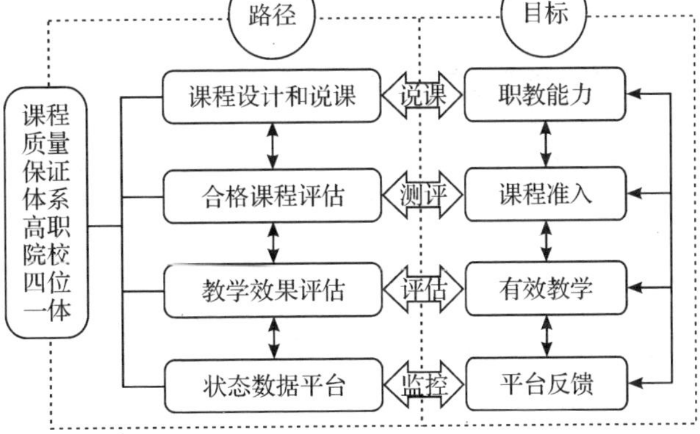

图 3-3　宁波城市职业技术学院“四位一体”课程质量保证体系

培养的质量和分类培养模式的有效实施。

第四节　宁波城市职业技术学院分类培养工作保障体系

一、全面加强党的领导

加强党的领导是做好分类培养多样成才实施工作的根本保证。一直以来，学校坚持以习近平新时代中国特色社会主义思想为指导，切实加强党对人才培养工作的领导。党委会和校长办公会经常研究分类培养中各专业人才培养目标、培养模式、培养方案的制定与实施，并积极创造条件保障分类培养工作的顺利进行。

建立健全了校院二级分类培养工作领导小组，明确责任人，加强组织领导。学校分类培养工作领导小组组长由分管教学工作副院长担任，成员由教务处、学生处、招生就业处、培训中心、高职研究中心、财务处、校督导室、各教学单位分类培养工作负责人组成，统筹全校各专业分类培养的实施工作。

各教学单位成立相应分类培养工作领导小组，明确负责人及各专业分类培养实施责任人。制定本教学单位相关专业及有关课程分类培养工作具体方案，明确总目标、年度目标、方法措施、考核奖励等。

二、制定了分类培养各提升型的具体保障措施

（一）升本型

每学期开设专升本辅导课程，并建立课程教学团队。各学院利用职业发展导图，以及新生入学教育，对分类培养方案、浙江省优秀高职毕业生升入本科生学习选拔办法等政策进行宣讲，积极做好宣传动员工作。学校还对通过参加专升本辅导课程而被录取的学生，直接给予课程学分认定和奖学金奖励。

（二）复合型

鼓励学生一专多能，增强学生毕业后对工作岗位的适应能力，鼓励学生在主修本专业学业时按照个人发展需要选择辅修专业学习。每个专业均设置了辅修专业和辅修双专业课程。学生辅修期间，可根据个人情况申请免听或部分听课，但必须参加该课程考核。辅修成绩按实记载，并记入学生本人成绩档案。辅修课程学分计入学生选修课学分。因辅修而延期毕业的，实行弹性学制。

（三）创新创业型

学校把创新创业教育与学生职业发展教育有机结合起来，把创新创业教育贯穿于大学教育的全过程。从入学开始就对大学生进行系统、多样的创新创业教育；开设一定数量的创新创业类必修课和公选课，满足大学生创新创业不同需求；引进KAB、SYB等创业课程，设立创业能力提升班和创新能力提升班，培养学生创业意识，提升学生创业的综合能力。支持创新创业类学生社团建设，扶持一批有专业特色的创新创业社团。加强创新创业实训和孵化基地建设，广泛开展创新创业实践活动，并为学生提供政策咨询、技能培训、项目开发、创业指导等服务，推动学生自主创业。每年举办校级创新创业类大赛，引导并组织学生参加校、市、省创新创业竞赛。加强创新创业教育师资队伍建设，以师徒制建设一支与创新创业教育要求相适应的、专兼相结合的高素质创新创业教育师资队伍。学校每年设立学生创新创业项目，鼓励和支持学生结合专业开展创业实践，学校给予经费支持。

（四）国际化型

以现有中外合作项目建设为基础，完善多模式多层次的国际交流平台，深入开展多元化的国际教育交流与合作，推进学校在人才培养、师资建设及学术研究等各领域的国际化进程。充分利用中外合作办学平台，在对引入的国外优质教育资源的课程开发、教学组织形式、教学监控和评价体系进行系统的分析研究的基础上，基于本校实情进行开发和改良，编写和开发基于校本特色的培养方案、课程体系、教学资源包、教材、教学实施标准、人才培养质量监控和评价体系等，进行本土化的教学实践。加强国际化师资队伍建设，建构一支由外方教师和中方教师组成的中外合作高水平师资队伍。

（五）技师型

达到（获取）相应的证书等级（资格），或在相应的职业技能竞赛中获得省级一等奖的学生，可免修相应的课程。强化技师型学生在评奖、评优、组织推优方面的优先，同时加大对高等级证书报名费、证书奖励补贴费等方面的支持。学校和学院加大技师型人才培养场地、设备、经费、人员方面的投入，形成技师型人才培养“师徒团队”。

三、加强对学生分类培养的职业生涯规划的指导

各二级学院通过新生入学教育、开设职业生涯规划课程、职业素质与职业发展课程、创新创业指导等加强对学生的宣传和职业发展指导，让学生充分理解分类培养的重要意义及实施办法，加强学生对分类培养的认识，增强学生自主学习和科学

合理规划职业发展的能力。进入提升型人才培养的学生，在评奖评优中给予倾斜。

（一）开发职业发展导图，加强学生的始业教育

为正确引导学生认识专业、了解分类培养、合理进行职业发展规划，学校要求每个专业开发专业职业发展导图（见图 3-4），并在相关网站公布。

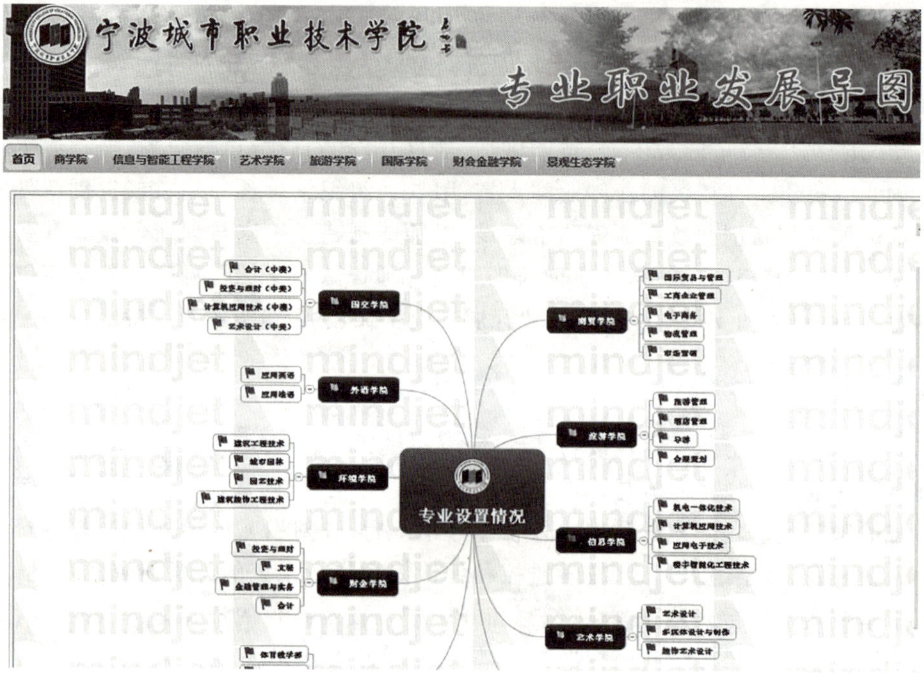

图 3-4　全校专业职业发展导图首页

专业职业发展导图包括：专业概况、职业素质养成、分类培养概况、我的课程导图和职业发展导图等，以计算机网络技术专业为例，如图 3-5 至图 3-10 所示。

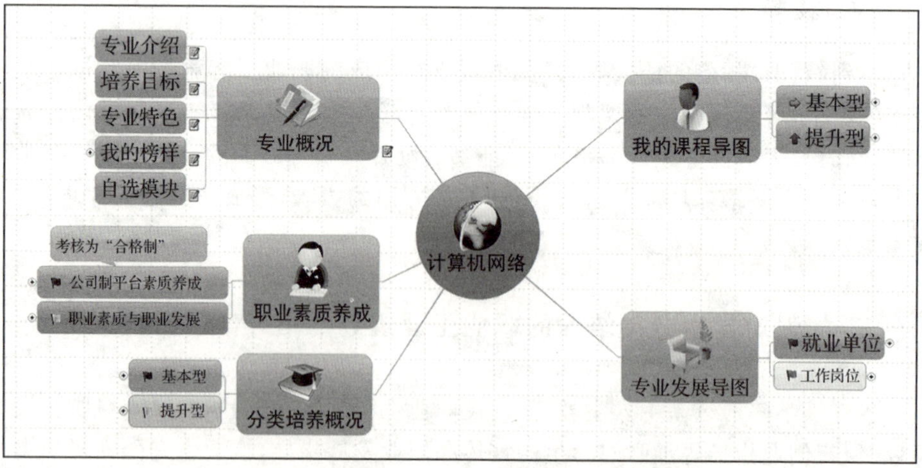

图 3-5　计算机网络技术专业职业发展导图

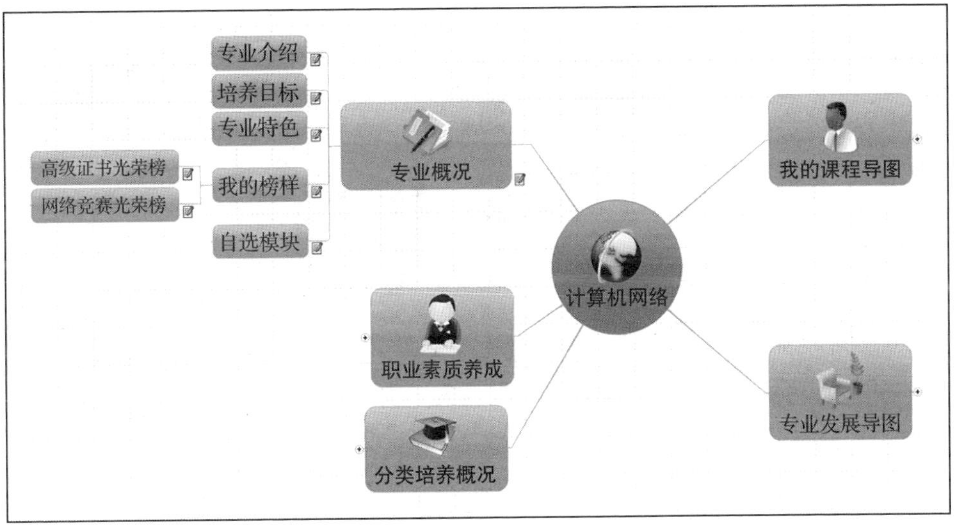

图 3-6　计算机网络技术专业概况

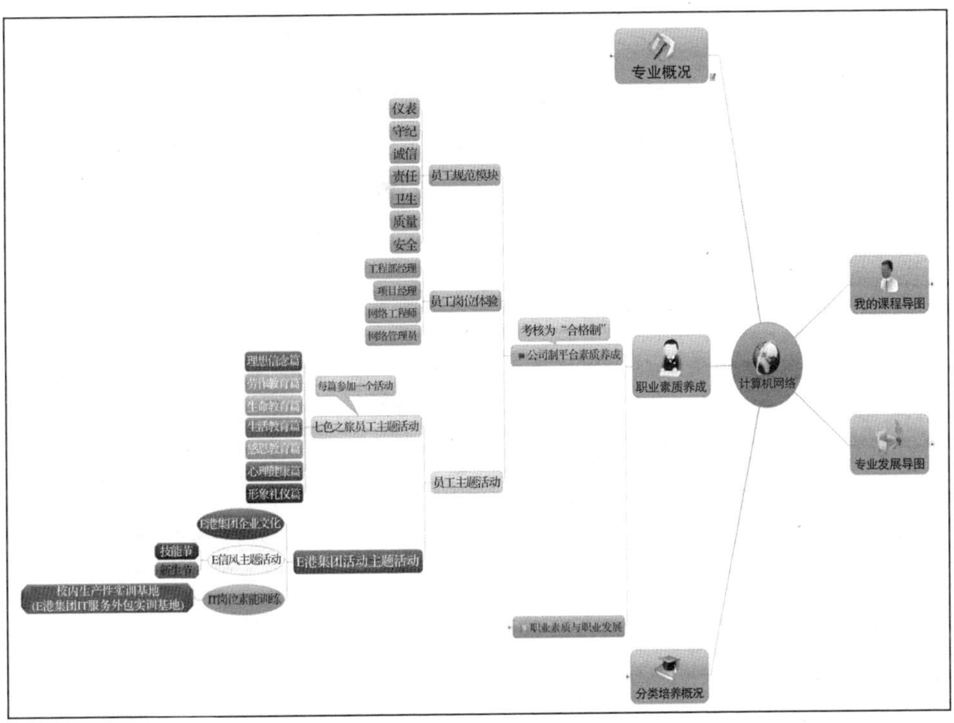

图 3-7　计算机网络技术专业职业素质养成

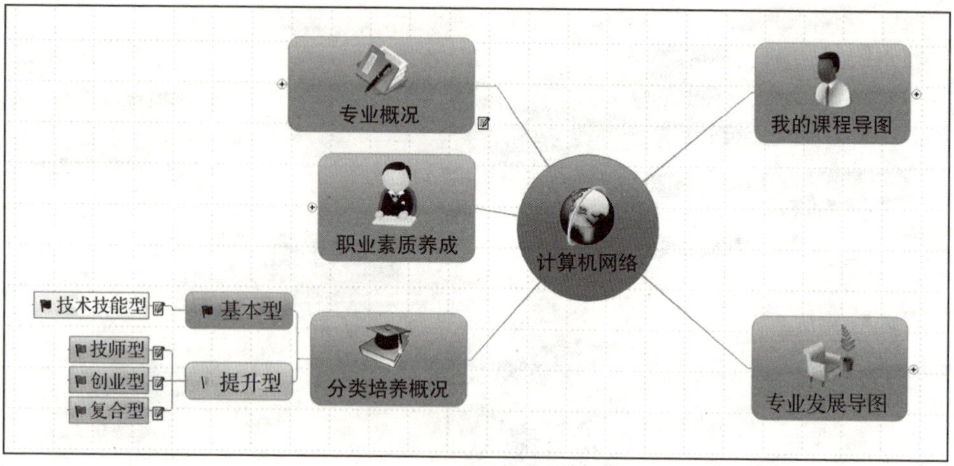

图 3-8　计算机网络技术专业分类培养概况

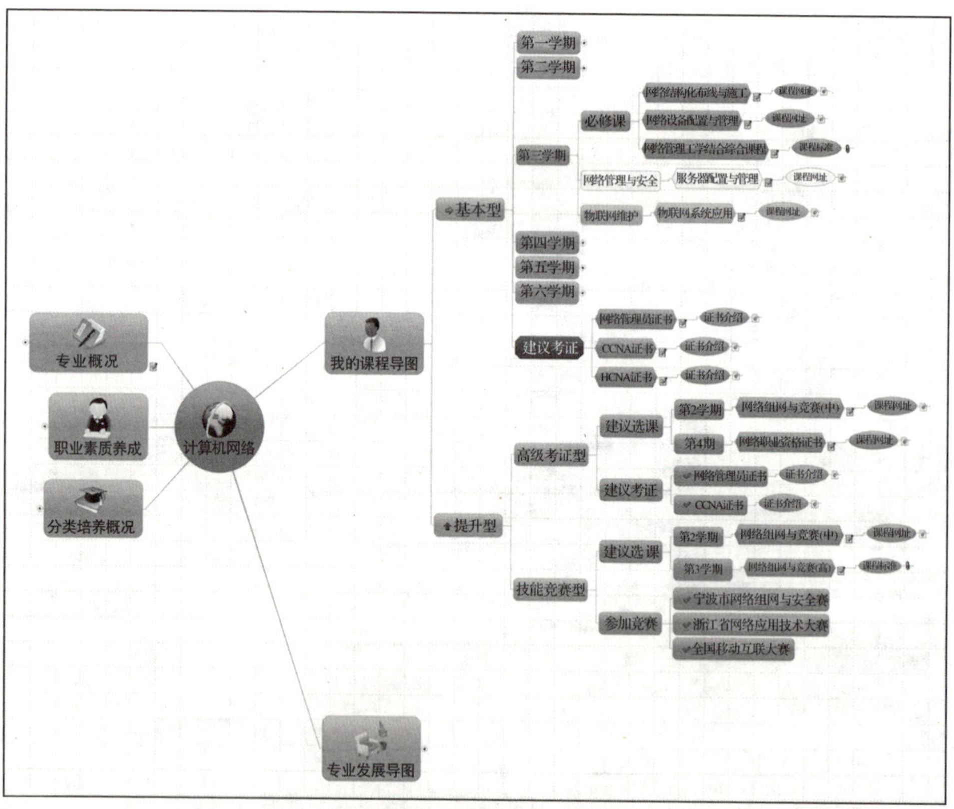

图 3-9　计算机网络技术专业课程导图

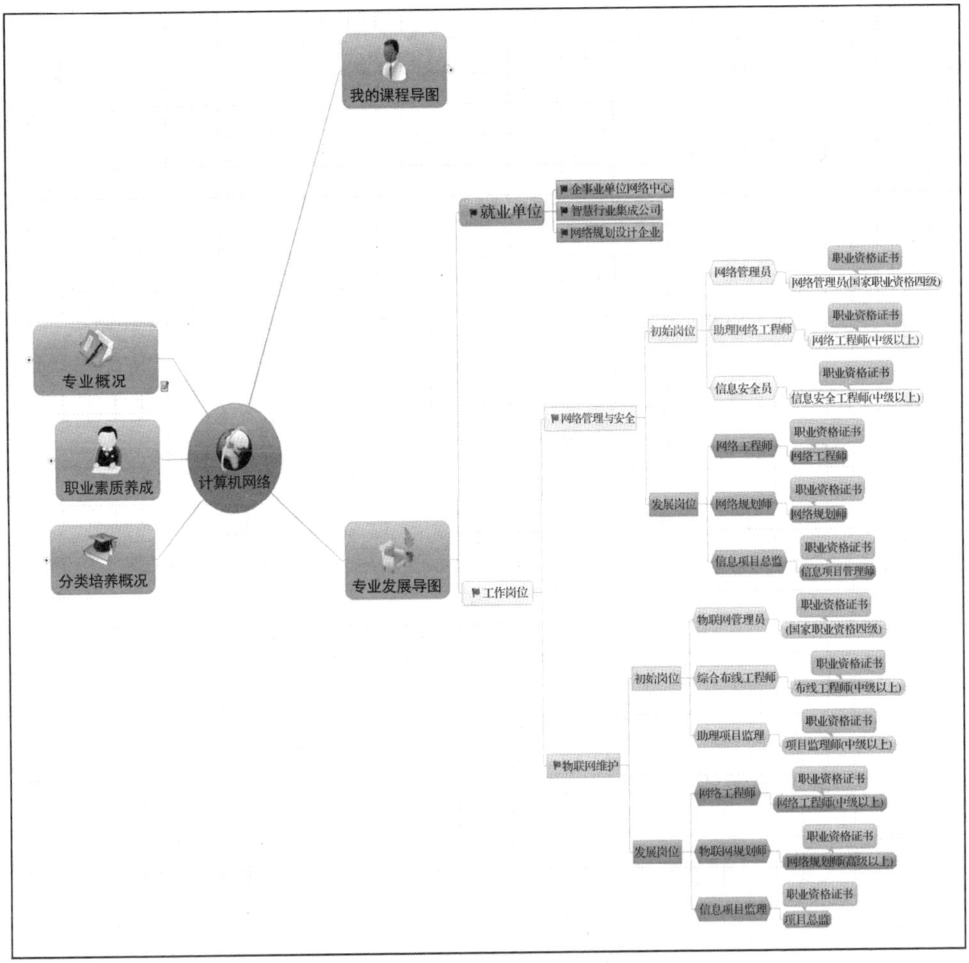

图 3-10　计算机网络技术专业职业发展导图

(二)做好新生入学教育,加强分类培养的宣传

每年新生入学始业教育阶段,是分类培养工作进入学生层面的第一阶段,专业主任在做专业介绍的过程中对学生宣讲学校的“分类培养、分层教学、尊重选择、多样成才”理念;新生班会上,班主任要对学生做更进一步细致的宣讲,而且应在多次班会上,进行多次宣讲,让学生入脑入心,由初步了解到感兴趣,并做三年的学习和职业生涯规划。经过指导后,从第一学期开始,学生对公共课的学习目的会更加明确,如专升本的学生,会努力学好“大学语文”“高等数学”“应用英语”等相关课程。

(三)做好学生选专业方向、选类型、选课程指导工作

鉴于新生需要对大学的学习和生活有适应过程,因此第二学期开始,学生可以根据自己兴趣和未来职业发展需要选择辅修专业课程、创业类课程等。

经过开学始业教育及大半个学期的指导，学生对学校分类培养分层教学已经有了认识，因此在16周选课之前首先要做的是对学生的分类选型做调查和摸底，以详细了解每个学生的规划，指导学生选类型、选专业方向、选课程。如学习基础好的学生，建议其选国内专升本或国际化出国留学；有转专业意愿的学生，可以建议其复合发展，辅修其他喜欢的专业；有些中职生源的学生在中职就参加过大赛并获奖，则可建议其选择技师型，考取高级别职业资格或技能等级证书，或参加全国职业技能大赛。指导学生辅修专业要在跨大类专业中选，并按照学校的辅修专业人才培养方案，在不同的学期选择与自己本专业基本型人才培养课程不冲突的辅修课程学习。

四、分类培养教学条件保障

分类培养、分层教学是人才培养的一种模式，人才培养离不开教学团队、实践教学条件和教学资源的支持和保障。

（一）建立分类培养教学团队

1. 技师型人才培养团队建设

（1）培养“技师型”的教师

为加强教师的实践能力和“技师型”人才培养能力，学校出台《宁波城市职业技术学院关于教职工考取职业资格证书的奖励办法（试行）》（宁城院政〔2016〕97号）及《宁波城市职业技术学院关于教师下企业的试行办法》，鼓励教师通过下企业锻炼、行业企业挂职和考取行业高端职业（执业）证书或认证，提升自身实践能力，为更好地实施专业人才培养、开展分类培养和学生技能竞赛创造条件。

《关于教职工考取职业资格证书的奖励办法》对教师获得相关职业证书的范围、培训考证资助、认定流程、奖励办法进行了规定。培训考证资助最高可达到5000元，证书奖励最高可达到10000元。

《关于教师下企业的试行办法》鼓励教师利用假期或课余时间或全脱产到企业、行业进行实践锻炼或挂职锻炼，并规定：“专任教师一般每年要有不少于30天的实践锻炼时间。若要参加高一级的职称评定，任职期间必须参加不少于6个月（可累计）的实践锻炼时间。”同时对教师下企业锻炼给予政策鼓励：教师参加实践锻炼期间，按同类人员标准享受工资、福利。根据参加实践锻炼的不同情形，学校发放一定的岗位津贴或工作补贴，具体标准为：（1）利用寒暑假进行实践锻炼：发放交通补贴、工作补贴300元/月。（2）脱产参加生产实践锻炼：下企业期间视同完成教学工作量，并按同类教管人员岗位津贴标准全额发放。

通过以上形式，培养了一批专业实践能力强的“技师型”教师，为“技师型”学生培养提供了师资团队保障。

(2)聘请行业大师建立“大师工作室”

在建立一支专职“技师型”分类培养教师队伍的同时，学校还通过各类产教融合平台，聘请行业企业的大师、技师、高端技术和管理人员，作为“技师型”学生培养师资团队的重要力量。

依托“产教融合平台”聘请“技师型”兼职教师。学校牵头成立“宁波现代服务业职教集团”，构建了“一个职教集团—七个行指委—七个产学研联盟”的产教融合平台保障体系，通过该平台，聚集了大量的行业、龙头企业的高级技术、管理人员和能工巧匠，为“技师型”人才培养提供指导力量。

校内建立“大师工作室”，拥有相对稳定的“技师型”高水平兼职教师队伍。鼓励并要求各二级学院，根据专业和专业群特点，对接行业，在校内成立“大师工作室”，服务于“技师型”学生培养。目前，学校已与地方政府、行业及龙头企业合作成立了“宁波旅游学院”“宁波园林学院”“九龙物流学院”“211 创意设计学院”等产教融合“产业学院”，并汇聚行业、龙头企业的高端技能型人才在学校建立了相应的“大师工作室”，如“金牌导游大师工作室”“金钥匙酒店管理大师工作室”“插花艺术大师工作室”“景观设计大师工作室”“汽车维修大师工作室”“工业美术大师工作室”“数字媒体设计大师工作室”“环境艺术设计大师工作室”等工作室。通过校内“大师工作室”的建立，构建技师型人才培养的环境，营造技师型人才培养的氛围。

(3)与现代学徒制师资队伍有机结合

近年来，职业院校相继开展了产教融合现代学徒制培养模式的改革与探索，现代学徒制的目的就是提高人才培养质量，实现毕业生的“高岗位”或“高起薪”等高质量就业。相比较非现代学徒制培养，现代学徒制可以理解为“技师型”培养，其核心是校企“三双”的培养，校企双方提供高水平的专兼结合教师队伍是“三双”的重要保障。因此，可以将现代学徒制的教师队伍有机地同“技师型”培养相结合，为“技师型”培养提供师资资源补充。

我校于 2015 年开展现代学徒制培养模式试点工作，园林园艺类、汽车类、旅游酒店类、电商物流类、艺术类等 9 个专业与 41 家企业合作开展现代学徒制试点，受益学生 545 名。2018 年，学校被教育部列为第三批全国现代学徒制试点院校，物流管理、酒店管理、汽车检测与维修专业被列入试点专业。现代学徒制培养模式的实践，为试点专业的“技师型”培养提供了充足和良好的师资资源。

2. 学科技能竞赛团队建设

(1)做好专业教师的课程定位

学生学科技能竞赛能力是专业单项能力与专业综合能力的体现，单项能力由课程或课程群提供支撑，专业综合能力由课程群或专业综合实践教学团队提供支撑，因此，稳定且相互协同的课程教学是学生学科技能竞赛与创新能力的源泉。而所有课程的教学均要由专业教师实施，所以，稳定且相互协同的教师队伍是培养学生学科技能竞赛与创新能力的基本前提。为充分发挥教师个体的特长，使每门课都能够达到预期的教学目标，需要对所有教师和所有课程进行相对稳定的定位，所谓“人人、课课”，每一位教师都有负责的课程，每一门课程都用负责的老师。让每位老师都能够“守好人才培养的每一段渠”，同时“每一段渠”都能够“发挥好人才培养的责任”。

(2)组建好专业、课程(群)和实践教学团队

按照学生专业能力培养体系需要和技能竞赛项目的特点，组建好专业教学团队、课程(群)教学团队、实践教学(学科技能竞赛)教学团队，确定工作目标、落实职责任务、明确分工、协同工作、加强考核，落实好学生实践能力和创新能力的培养。

(3)成立竞赛工作领导小组

二级学院成立竞赛工作领导小组，建立竞赛工作体系，落实好竞赛相关的教学安排、队伍建设、队员选拔、资源调配、竞赛研究、承办组织、课程开设、培训资源建设等环节，以赛促教、以赛促学、以赛促改，通过学科技能竞赛促进专业建设、教学团队建设、实践教学建设和科技创新。

竞赛工作领导小组组长一般由二级学院院长担任，副组长由分管教学的副院长和分管学生工作的副书记担任，成员包括各专业主任、各教学团队负责人和技能竞赛项目负责人。

领导小组工作职责：负责对大赛集训基地、大赛项目的集训工作进行统一组织与管理工作，提供集训所需的人力、物力、财力等支持，协调和解决集训工作中出现的问题，为集训基地正常运行创造良好外部环境和条件。负责集训工作的总体统筹协调管理。负责对大赛集训基地及大赛项目的日常运行与管理工作，保证集训基地正常有序运行，保持与各级主管部门的沟通与联系，收集大赛信息，形成大赛记录文档，建立选手档案，组织心理疏导，负责参赛选手及指导老师各项材料的申报及入档，负责集训工作的组织与协调、集训方案的实施与督导、设备设施的采购计划与管理、专家选手生活后勤的保障等工作。

根据技能竞赛项目，成立竞赛项目团队，实行竞赛项目负责人制，竞赛项目负责人采用竞聘方式。竞赛项目团队根据成员各人能力特长明确分工，责任到人。团队成员树立大局意识和团队意识，在各司其职的同时团结协作以确保大赛工作的有序进行。

竞赛团队负责人须具有副高级以上(含副高)职称，承担竞赛相关专业课程的教学任务，且教学经验、竞赛指导经验丰富，教学效果好，品德高尚，为人师表，治学严谨，在省内同领域有一定的影响力，在竞赛团队中能发挥较强的凝聚作用，有较强组织管理和协作能力。团队负责人还需熟悉本学科竞赛的竞赛章程及竞赛流程，有明确的竞赛工作与学科建设相结合的教学改革和课程建设思路以及目标。

竞赛项目团队的工作职能。各团队应围绕跟踪专业技术革新情况、对接技术标准、研究培训方案、研读技术文件、制定参赛策略、实施心理疏导、赛后总结分析

等方面开展工作。收集整理各级各类大赛历届比赛的技术文件、试题及参赛队伍成绩并形成档案，对本项目选手参赛过程进行记录并在赛后进行总结分析。负责本项目参赛选手的选拔和培训计划的制定及实施，研读技术文件，组织模拟比赛并形成大赛培训试题库，确定参赛选手并制定参赛策略，在培训及参赛全程实施心理疏导。为所有参与培训的选手建立个人档案，登记个人基本信息，实时记录选手培训进度、接受程度及其他表现，并根据情况适当调整培训计划。

竞赛项目负责人根据培训小组成员的具体情况制定培训方案，拟定培训课题并指导、督促其完成培训任务。培训方案应根据小组成员分工不同，有方向有侧重地加以引导，培训计划应遵循循序渐进的原则，兼顾技术训练和培训方法等内容，通过以师带徒的组织形式，使培养对象在协助项目负责人完成大赛培训任务的同时完成各自培训课题，提高技术技能水平，达到大赛培训指导要求。

(4)建立技能竞赛与创新工作室，为竞赛提供基本的环境条件

各二级学院根据竞赛项目，结合“技能大师工作室”建设，建立学科技能竞赛工作室，工作室根据培训团队人员的数量安排相应的场地、配置相应的软硬件条件，为技能竞赛师生团队提供培训、学习、研讨和训练的固定场所。

学科技能竞赛工作室采用灵活管理模式，可全天候、无节假日开放，各项目团队负责竞赛工作室的日常管理，做到“7S”管理，不出现设备设施和人身安全事件。

(5)出台激励政策，调动师生技能竞赛的积极性和创造性

学校还要针对性地制定和出台激励政策，从学生角度和教师角度最大限度调动积极性和创造性，确保技能竞赛工作长期、可持续发展。

3. 国际化教学团队建设

(1)通过学校国际化定位提升师资国际化水平

国际化是学校特色发展定位，学校争取成为浙江省国际化特色高校，在储备和培养国际化教师队伍方面有系统的规划和实施计划。

学校在特色发展定位指出：要积极做好“宁波”“城市”“国际化”三篇文章。更是在“十三五”发展规划中把“国际化发展”作为发展目标之一：引进吸收发达国家(地区)技术技能人才培养理念、模式和资源，全力配合宁波市教育局建设宁波TAFE学院，鼓励有条件的专业组织学生赴国(境)外实习，大力培养具有国际视野的专业人才，积极输出优质职业教学资源，开设中外合作办学项目4个以上，助力优质产能“走出去”，争取成为浙江省国际化特色高校。因此学校有储备和培养国际化教师队伍的规划和计划。

招聘或引进具有留学背景的、在国外取得相关专业硕士学位以上的人员，充实到国际化课程授课专任师资队伍中。加强专业教师的国际化培养，每年选送英语交际能力较好的专业教师，到澳大利亚、美国、英国等的高校进修3个月及以上，深入了解学习国外相关专业课程体系的特点和要求，把国外先进的教学理念和方法运用到教学中来。截至2019年8月，有海外学习和访问、培训经历的教师有

260人，其中海外留学取得学历归国的有50人，具有3个月以上的海外培训经历的有47人，具有澳大利亚TAFE等外方授课资质的教师有39名。

(2)依托中外合作办学项目建设国际化教学团队

目前我校与澳大利亚西悉尼TAFE学院合作成立“宁波TAFE学院”，这是全国为数不多的中外合作非独立法人办学机构，此外还与多个国家开展中外合作办学项目8个。基于中外合作办学项目实践，构建了一支由外方教师和中方教师组成的中外合作高水平师资队伍。外方教师主要承担英语课程和专业课程的教学；外方选派的督导对中方教师进行培训与指导，以更新中方教师的教学理念，改进教学方法，提升教学能力，从而构建了一支结构合理的国际化高质量师资队伍。

4.创新创业教育团队

加强创新创业教育师资队伍建设，以师徒制推动创业氛围。创新创业教育应体现全员育人思想，人人都是创新创业教育的教师。逐步建设了一支与创新创业教育要求相适应的、专兼相结合的高素质创新创业教育师资队伍。这支队伍的主体是有专业知识能力的专业教师、科研人员和从事学生教育的管理人员；同时选聘创业成功人士和社会专业人士担任兼职导师，以师徒制形式进行全方位、全过程的创新创业培养。

5.加强专升本教学团队建设

为提高升本型学生的基础课能力和专升本考试的录取率，在保证学生专业技术能力培养的同时，学校将“大学语文”“高等数学”“实用英语”纳入必修课程体系，同时，为有专升本意愿的学生开设“高等数学”“大学英语”和“大学语文”等的公共选修课程，整合在专升本考试培训、辅导方面比较有经验的教师组建专升本课程教学团队，研究专升本课程与公共课教学的关系，研究专升本课程教学与专业课的关系，研究专升本课程的考试大纲，针对性地开展教学、辅导和答疑，全面提高学生的基础课学习水平和专升本考试的录取率。

(二)完善分类培养实训条件建设

分类培养模式是“基本＋提升”型人才培养模式，因此分类培养的实践教学条件与实践教学内容也应该是“基本＋提升”型模式。其中的基本型就是确保该专业核心能力的基本实践教学条件，是面向所有毕业生的。提升型实践教学条件是在基本型实践教学条件基础上，根据5种提升型能力培养的要求配置的提升实践条件与实践教学内容建设。学校和各专业依托4个中央财政支持实训基地、7个省级示范性实训基地，进一步完善分类培养实践条件，为分类培养、分层教学提供有力支撑。根据课程教学内容或实践训练的需要，允许利用第二课堂时间开展教学、实训或者实行弹性教学。在实训场地使用、实验实训耗材等方面给予充分保障，并做到资源全校共享。

1. 专业实践条件建设标准和建设计划的制定

根据本专业的专业定位、专业实践能力体系培养的要求和专业核心能力达成的需要，每个专业要制定《专业实践条件建设标准》，并根据专业实践条件的现状和专业发展需要，建设规划和年度建设计划。

《专业实践条件建设标准》应包括专业实践条件建设的目标和依据、实训教学场所要求、实训教学设备要求、实训教学管理与实施等几个方面。实训教学场所要求部分要明确实训室的名称、场地面积要求、开设的实训项目以及对应的专业实践能力和课程名称，并对用电、用水、消防、安全、环境及信息化提出相应的要求；实训教学设备要求部分要对主要设备名称、功能与性能指标、台套数、技术标准等进行规定；实训教学管理与实施部分要提出实训室规范化管理的相关规定、实践教学实施的教学要求与规范。

2. 分类培养相关实践条件的重点建设

为做好分类培养工作，在保证基本型人才培养实践条件建设的前提下，着重考虑以下几个方面的特殊要求。

第一，根据专业职业发展导图中职业资格或技能等级证书的考证培训训练的要求，配置相应的软硬件实践教学条件。

第二，按照专业分类培养技师型的高等级证书考证及高端机构认证的培训训练的要求，配置相应的软硬件实践教学条件。

第三，对没有高等级证书考证及高端机构认证的专业，其技师型人才培养可参照行业标准的高等级要求进行培训，聘请第三方进行认证和测评，因此，要按照行业认证的要求配置相应的软硬件实践教学条件，或与行业企业、第三方合作共同建设实践教学条件。

第四，重视学科技能竞赛实践条件建设。采用学科技能竞赛工作室的模式，为学生搭建好学科技能竞赛平台及创新平台。

（三）加强分类培养在线教学资源建设

分类培养“基本＋提升”型的融合性，不是简单的叠加培养模式，否则就意味着要么较大程度加大学生的学业负担，要么削减基本型人才培养力度，或者由于提升型人才培养力度过弱无法实现提升。同时，要实现60％～70％的毕业生获得“提升”型发展，简单的叠加模式也会大大增加教师的工作量。这些都会极大地增加师生的负担，同时对学校的教学和实践条件也会提出挑战。

为此，信息化教学和在线教学资源建设提上了议程，在线教学资源建设不但可以缓解选课难、进实训室难，帮助更多的学生实现提升型学习和发展，还可以通过泛在学习实现“无时无刻、无处不在”的学习，极大地推进“以学为中心”的教育理念，培养学生自主学习能力，为终身学习创造基础。

1. 按照五阶段递进式工作机制深入推进在线教学资源建设

学校在多项全国教育信息技术课题系统研究以及近 3 年在线课程校内应用实践的基础上，提出了教学信息化创新“启蒙、准备、试点、实施、应用”五阶段递进式的工作机制。从领导者和管理者的共识、教师的理念入手，通过启蒙实现思想理念的全员高度统一；作为顶层设计，制定《宁波城市职业技术学院教学形态信息化创新应用工作方案》，制定系统的培训计划，出台相应制度政策，配置相关的技术团队，建设相应的技术支持、支撑平台和教学应用环境、设施；项目引领，试点培育，发挥案例示范引领作用，积累经验；由点到面，构建有效推进在线教学资源建设工作机制；由内而外，参与省市联盟，融入全国性开放平台，共建共享，辐射增效。递进式在线教学资源建设工作机制如图 3-11 所示。

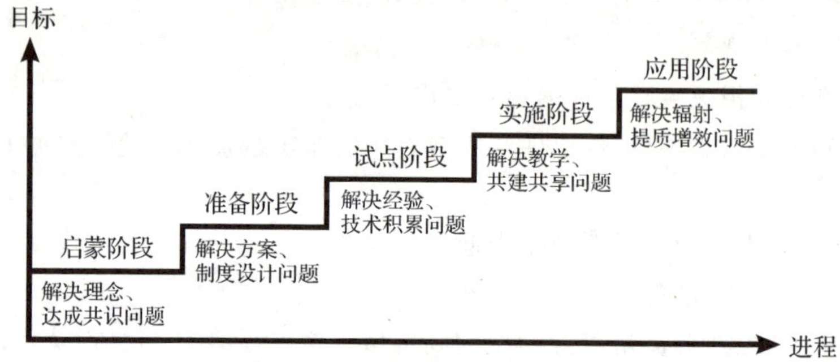

图 3-11　五阶段递进式的工作机制

2. 按照四维度内容建设体系全面推进在线课程建设

学校制定出台了《宁波城市职业技术学院教学形态信息化创新应用项目管理办法》，由小到大、由简及繁，微课堂、微课开发聚焦 O2O 混合式课堂创新，混合教学、翻转课堂设计与开发聚焦在线课程建设，在线课程开发聚焦专业核心课程群建设，聚焦辅修专业及双专业课程，专业核心在线课程群聚焦专业群核心课程建设，专业选修及公共选修在线课程聚焦学校的“分类培养模式”和“学生现代服务业职业素养提升”。以小积大，从课堂、课程、专业、专业群四个维度，培育引导、分层实施、循序推进、集聚优势，实现优质在线课程资源的共享与推广。四维度内容建设体系如图 3-12 所示。

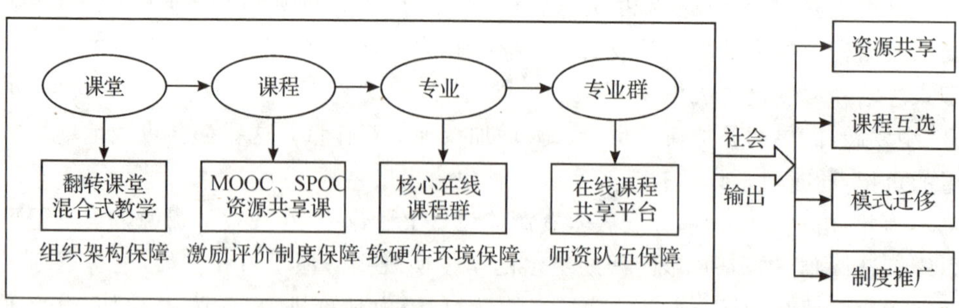

图 3-12　四维度的内容建设体系

3. 按照“以点带面”的工作模式，大力推进信息化课堂创新，提高课堂教学有效性

通过教学形态创新，构建课前、中、后紧密结合的混合式教学与泛在学习的生态，改善教与学的关系，提高课堂学生的“抬头率”、“参与度”和“成就感”，使其真正成为学习的“主体”，提高课堂教学的有效性。通过培育一批混合式教学、在线课程等典型案例，“以点带面”构建师生信息化教学生态。制定、修订教师工作量认定制度、在线课程学分认定制度、职称评审制度、教学奖励激励制度，明晰信息化创新应用的建设、应用和管理机制，健全信息化创新应用的质量保证体系，以课堂教学有效性为目标，优化教师课堂教学模式、学生学习模式。混合式教学信息化课堂形态如图 3-13 所示。

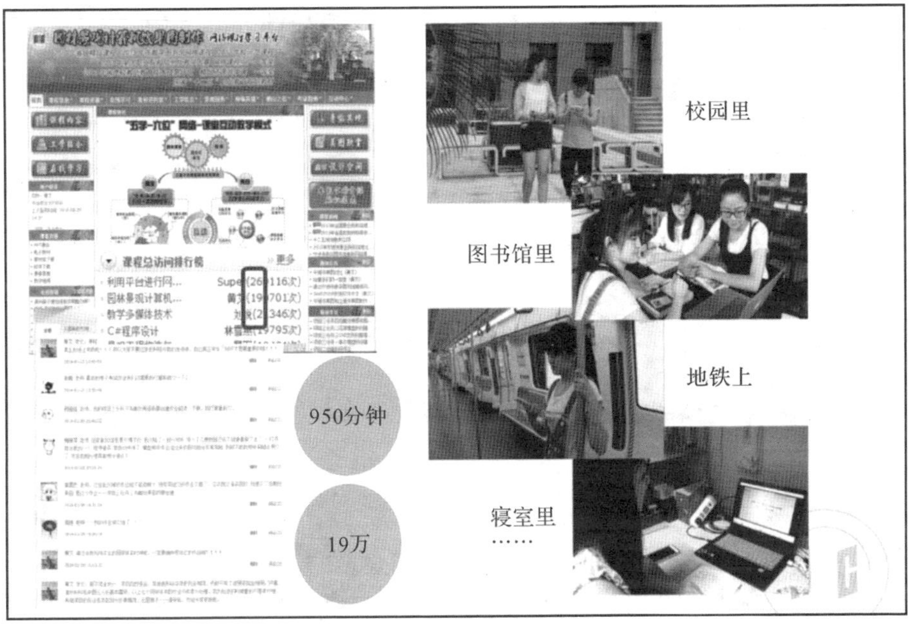

图 3-13　信息化改变课堂形态

4. 按照“三服务”的目标要求，全力推进在线资源的有效应用

借助必修课、分类培养选修课、人文素养通识公共选修课三类课程的在线课程建设，有效地提高学生专业课的教学有效性；助推学生在达到本专业学习要求的前提下，通过在线学习完成升学辅导、专业辅修、创新创业、高等级证书考证，实现“分类培养、多样成才”；帮助学生提升人文素养和职业素质。协同爱课程中国职教 MOOC、学堂在线、宁波市高校慕课联盟平台、浙江省在线开放课程共享平台等第三方平台，共建共享在线开放课程，服务兄弟院校及社会。截至目前爱课程中国职教 MOOC 上线开课 30 门、学堂在线上线开课 11 门、宁波市高校慕课联盟平台上线开课 40 门、浙江省在线开放课程共享平台上线开课 25 门，学习者超过 30 万人次，校内有超过 1 万人次学生通过在线学习获得学分。爱课程中国职教 MOOC 上线开课课程如图 3-14 所示。

图 3-14　教育部"爱课程"平台开课课程

5. 构建"平台＋四端"的信息化教学的软硬件环境

借助于数字校园建设实验校项目升级了数字化校园平台，改善了网络基础设施，实现了无线全覆盖；建成了以校本慕课平台、爱课程、学堂在线、浙江省在线课程共享平台、宁波市高校慕课联盟平台等在线课程网站为平台，"学习通""雨课堂""蓝墨云班课""智慧职教"等课堂教学创新信息化软件为工具，现代化教室与信息化实训室为环境，手机及可移动设备为应用端，教师和学生为主要参与者的"平台＋四端"信息化课堂教学生态。建成了教育技术支持中心，并成为浙江省高职院校教师教学信息化发展中心及宁波市慕课联盟平台技术支持中心；为所有的教室进行现代化改造；制定启动了青年教师信息化素养提升工程；改革"智能信息技术基础"课程，实施了学生学习信息化素养教育计划。"平台＋四端"信息化课堂教学生态如图 3-15 所示。教师运用信息化移动平台统计情况见表 3-5。教育技术中心如图 3-16 所示，现代化教室如图 3-17 所示。

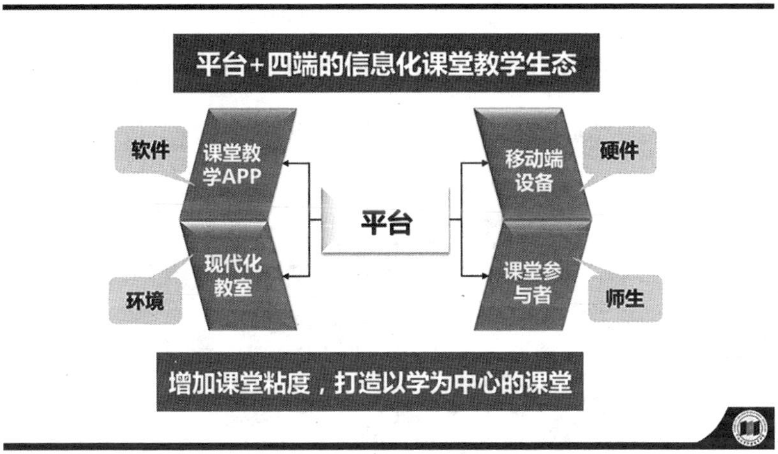

图 3-15　“平台＋四端”信息化课堂教学生态

表 3-5　教师运用信息化移动平台开展课堂创新情况统计

序号	课堂教学移动 APP	支持公司	使用教师人数
1	学习通	超星	231
2	蓝墨云班课	蓝墨	59
3	雨课堂	学堂在线	31
4	职教云	智慧职教	8

图 3-16　教育技术支持中心

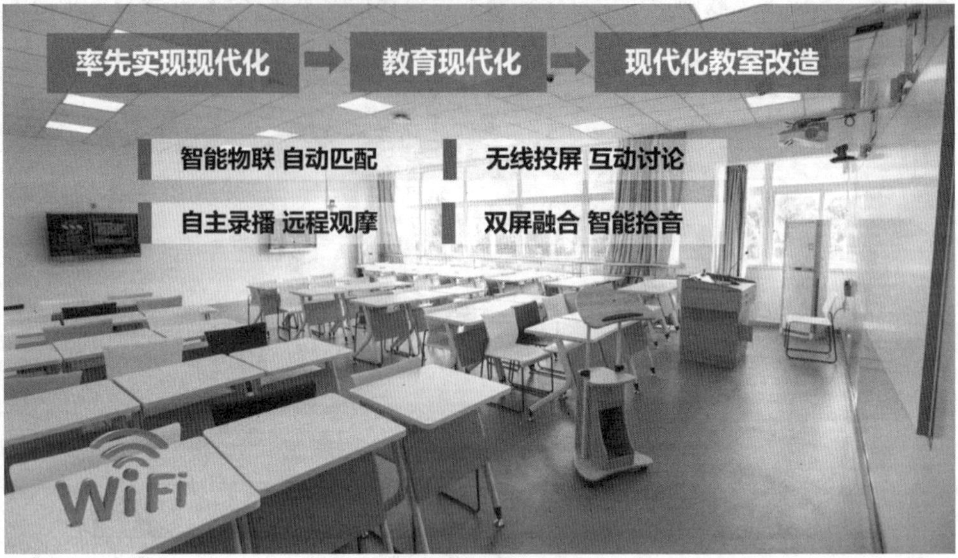

图 3-17 现代化教室

五、分类培养激励政策保障

长期稳步推进分类培养仅仅靠先进的培养理念、完善的培养模式及完备的工作机制是不够的，还需要激励政策作为保障，可极大地调动广大师生的积极性和创造性，把分类培养、分层教学推向深入。

从对象看，激励政策有两类面向：学生和教师。为此，要面向学生和教师，围绕分类培养的工作推进、重点难点突破、工作成效的形成等制定出台相应的激励政策。

（一）以“奖”为抓手，激励学生选择提升型发展

1. 修订《学生奖学金评定办法》激励学生提升发展

分类培养工作，学校于 2015 年 7 月对原《学生奖学金评定办法》进行了修订，出台了《宁波城市职业技术学院学生奖学金评定办法》（宁城院政〔2015〕45 号）。

（1）调整学生奖学金体系构成

新的《学生奖学金评定办法》专门增加了针对分类培养的“分类培养成果奖学金”和“毕业生特别成就奖学金”两个类别的奖学金，同时对“素质与能力奖学金”类别内涵进行了调整，增加了技能竞赛奖学金、考级考证奖学金、学生创业奖学金等体现分类培养的奖励项目，调整了奖励额度。新的学生奖学金体系如表 3-6 所示。

表 3-6　学生奖学金类别

类别	等级	奖励比例
综合奖学金	特等奖学金	不超过 1%
	一等奖学金	不超过 3%
	二等奖学金	不超过 5%
	三等奖学金	不超过 7%
素质与能力奖学金	技能竞赛奖学金	比例不限
	学术科研奖学金	
	考级考证奖学金	
	道德风尚奖学金	
	学生创业奖学金	
	实践公益奖学金	不超过 5%
分类培养成果奖学金	技师型奖学金	比例不限
	复合型奖学金	
	国际化型奖学金	
	创新创业型奖学金	
	升本型奖学金	
毕业生特别成就奖学金	技师型特别成就奖学金	不超过应届毕业生人数的 2%
	复合型特别成就奖学金	
	国际化型特别成就奖学金	
	创新创业型特别成就奖学金	
	升本型特别成就奖学金	
	师范生特别成就奖学金	

(2)制定素质与能力奖学金评定标准

素质与能力奖学金用于奖励在市级及以上各类学科、职业技能竞赛中取得优异成绩或在专业学习、科技创新、发明创造、考证考级等方面表现特别突出的学生。具体条件如下：

技能竞赛奖学金。奖励代表学校参加各级各类学科和职业技能竞赛、文体比赛并取得成绩的学生。

A 类：代表学校参加由各级政府、教育、人力资源和社会保障等行政部门、行业主管部门和相关组织主办的学科和职业技能竞赛。奖励标准如表 3-7。

表 3-7　各类比赛获奖等级对应奖金(A 类)

级别	第一名 (一等奖)	第二至第三名 (二等奖)	第四至第六名 (三等奖)	其他
国家级	3000 元	2500 元	1500 元	800 元
省级	2000 元	1500 元	1000 元	500 元
市级	1000 元	800 元	500 元	300 元
市地区域	800 元	600 元	400 元	200 元

B 类：代表学校参加由各级学会、协会、企业和其他学术团体等非政府机构主

办的各类竞赛。奖励标准如表 3-8 所示。

表 3-8 各类比赛获奖等级对应奖金(B 类)

级别	第一名 (一等奖)	第二至第三名 (二等奖)	第四至第六名 (三等奖)	其他
国际级	2000 元	1500 元	1000 元	500 元
国家级	1000 元	800 元	600 元	400 元
省级	800 元	600 元	400 元	300 元
市级	600 元	400 元	300 元	200 元
市地区域	400 元	300 元	200 元	100 元

群众性的文化类、文娱类、体育类比赛参照《宁波城市职业技术学院学科和职业技能竞赛活动管理办法》,根据学校教务处认定类别和等级,酌情认定,参照 B 类执行。

学生学术科研奖学金。学生在各类学术刊物上公开发表学术文章(核心刊物参照宁波城市职业技术学院当年核心期刊目录),获得国家专利申请授权等,奖励标准如表 3-9 所示。

表 3-9 学生科研、学术成果相应奖励

刊物/著作/专利		金额	备注
论文	国家一级核心刊物	5000 元	第一作者
	国家二级核心刊物	2000 元	
	一般公开发表刊物	800 元	
专著	国家级出版社	5000 元	以实际出版时间为准
	省级出版社	3000 元	
	地市级出版社	1000 元	
专利	发明专利	5000 元	以专利证书时间为准
	实用新型专利	2000 元	
	外观设计专利	1000 元	
科研项目	国家级	5000 元	承担并完成,以结题时间为准
	省级	3000 元	
	市级	1000 元	

考级考证奖学金。奖励在各级各类职业技能考证考级中取得较高级别证书的学生。奖励标准如表 3-10 所示。

表 3-10 各级各类职业技能考证考级奖励

项目	条件	金额	备注
由学校教务处统一组织的考试	获得大学英语等级考试四级证书	300 元	非英语专业学生
	获得大学英语等级考试六级证书	500 元	非英语专业学生
	获得浙江省高校计算机等级考试三级证书	500 元	非信息学院学生
其他职业资格或技能证书、专业技术等级考试	获得由各专业认定的本专业高级别职业资格、专业技能等级证书	300～500 元	由各学院认定

学生创业奖学金。自主创办注册公司，企业的性质和经营项目合法，同时学生本人为企业法人或主要经营者，并已取得工商部门核发的营业执照，网店认定参照省市有关大学生从事电子商务（网店）相关文件规定。奖金额度为每项创业成功奖励 1000 元。

（3）制定分类培养成果奖学金评定标准

分类培养成果奖学金主要奖励经过学校分类培养，达到了分类培养目标的应届毕业生，奖金额度为 300 元/生。具体条件如下：

技师型奖学金。以获得行业领域高度认可的高等级证书为标志，一般要求有技师及以上职业等级证书或相应职业技术等级证书，以及在省级及以上教育行政部门组织的学科技能比赛中获得省级一等奖及以上奖项的学生。

复合型奖学金。学生跨专业大类选修专业学习，并获得相应辅修专业或双专业证书。

国际化型奖学金。学生毕业时获得合作双方的毕业证书或当年出国深造学习，或者在国外就业。

创新创业型奖学金。学生在校期间或毕业当年工商注册成立实体公司并有效运行，或在校期间累计完成横向专业技术服务实体项目经费在 5 万元以上，或在国家、省级创新创业大赛中获奖，或参加浙江省大学生科技创新活动计划（新苗人才计划）并在毕业前顺利结题。其中创新创业大赛指的是："挑战杯"大学生课外学术科技作品竞赛；"创青春"大学生创业大赛；"挑战杯——彩虹人生"全国职业学校创新创效创业大赛；浙江省高职高专院校"挑战杯"创新创业竞赛；"挑战杯"网络虚拟运营大赛等比赛；全国、浙江省职业生涯规划大赛"创业规划类"和"创业实践类"。

升本型奖学金。毕业当年升入相关全日制普通本科院校继续深造者。

（4）制定毕业生特别成就奖学金评定标准

特别成就奖学金主要用于奖励在学校人才培养目标的某一方面有突出表现的符合毕业条件的应届优秀毕业生，人数不超过应届毕业生人数的 2%，奖金额度为 1000 元/生，具体条件如下：

技师型特别成就奖学金。符合技师型人才培养目标，并在该类学生中表现突出，职业等级证书等级高、数量多或者学科技能比赛奖项级别高者优先。

复合型特别成就奖学金。符合复合型人才培养目标，并在该类学生中表现突出，学习成绩积点分高者优先。

国际化型特别成就奖学金。符合国际化性培养目标，并在该类学生中表现突出，学习成绩积点分高者优先或者出国录取学校综合排名好或者国外就业情况好者优先。

创新创业型特别成就奖学金。符合创新创业培养目标，并在该类学生中表现突出，工商注册成立实体公司规模较大，运行情况好者；或获横向专业技术服务实体项目经费高者；或在国家、省级创新创业大赛、职业生涯规划大赛"创业规划"类、

"创业实践类"中获奖等级高者;或参加浙江省大学生科技创新活动计划(新苗人才计划)并在毕业前顺利结题,效果好者优先。

升本型特别成就奖学金。符合升本型人才培养目标,专升本考试成绩在当届专升本升学学生中名列前茅,升入的本科院校综合排名靠前。

为鼓励先进,发挥分类培养学生先进个人的示范作用,带动和影响更多的学生加入提升型发展队伍,学校每年召开"分类培养表彰大会",对获得特别成就奖学金的毕业生进行表彰。

2. 修订学生学业管理相关规定鼓励学生提升发展

自分类培养工作开展以来,学校修订了《学生学籍管理办法》,调整了修业年限,为学生实现提升发展扩大了时间空间。制定了《学分制管理办法》,为学生通过弹性学制实现提升发展提供了通道,为学生通过辅修、双专业实现"复合型"发展拓宽了途径。制定了《在线课程管理办法》,鼓励学生利用课余时间,通过校内外的在线课程的学习活动增加学分,实现提升型发展。

(二)以"同步发展"为理念,激励教职工投身"分类培养"工作

学校的主要任务是培养学生,学生培养好了,有了更多的优秀毕业生、"名学生",教师才会成为"名教师",专业才能成为"名专业",学校才会成为"名学校",因此教师的发展是与学生的发展、专业的发展、学校的发展同步的。而分类培养正是对优秀毕业生、"名学生"的培养,只要教师投身学校的分类培养工作,让学生实现"多样成才",教师就会与学生同步发展。所以学校围绕分类培养工作等重点工作,面向教职员工推出了许多激励政策。

1. 在教师教学工作量和教科研工作量计算认定方面给予特殊对待

一般情况下,每个学校以人均教学工作量作为教师考核的基本内容,同时对超工作量进行一定的限制。考虑到分类培养会在一定程度上增加教师的工作量,学校《教学工作量计算核定办法》《在线课程管理办法》等相关文件规定:对应承担专升本辅导课程、技能竞赛培训课程及复合型课程的教学工作量,不受超工作量限制,正常发放超课时津贴。同时对面向分类培养开设在线课程的教师,其首次授课工作量提高60%,平时采用线上线下结合混合式教学的线上教学课时同样给予工作量认定,同时对在线课程的开课还给予一定的补贴。

《学科技能竞赛管理办法》规定:对指导学生竞赛、指导学生参与大学生科技创新项目(新苗计划项目)的教师,根据相应的获奖级别给予工作量补贴、教研工作量认定和服务工作量认定。

2. 对助力学生提升发展的教师进行奖励

学校设立了专升本工作专项奖励经费,根据每年专升本学生的数量和升学的质量对学生所在学院和承担专升本辅导工作的教学单位进行奖励。

根据《学科技能竞赛管理办法》规定,对指导学生竞赛获得奖励的教师,按照获

奖等级进行奖励，单项奖励最高达到30000元。

3. 在考核、职称评聘、岗位聘任中给予倾斜

学校在《教职工考核办法》《职称评聘管理办法》《岗位聘任管理办法》等文件中，对在分类培养工作中做出成绩的教职工给予优先和倾斜支持。

第四章　分类培养多样成才的理论和实践研究

分类培养工作作为学校教学创新、教学改革的重要举措，列入学校“十三五”重点工作。在“分类培养、分层教学、尊重选择、多样成才”理念的引领下，分类培养工作的成效需要在专业层面、课程层面（含专业课程、通识基础课程等）、教学方法手段、学习效果考核评价、学生学习动力等人才培养全过程中进行探索和实践，构建符合专业特色、课程特征的“以生为本”的分类培养分层教学模式。本章收录了宁波城市职业技术学院教师有关“分类培养”方面部分研究成果。

第一节　基于分类培养理念的专业建设实践研究

一、分类培养打造“卓越园林技师”实证研究[①]

（一）园林技术专业实施分类培养的必要性

1. 现有专业人才培养方案的弊端

就园林技术专业人才培养的现实分析，其人才培养方案普遍存在以下三个方面的弊端：一是专业培养目标（规格）过“大”，把学生毕业后工作若干年才能达到或实现的职业能力目标作为在校期间培养的目标，超越了高等职业教育人才培养目标的应有定位，导致客观上培养目标实现率低，挫伤教与学的积极性；二是专业职业能力培养过“全”，把行业岗位群的所有（或若干）能力作为专业职业能力培养，如园林技术专业把园林行业所面向的景观设计、景观施工与管理、景观维护等职业能力作为学生能力的培养目标，很全面，但学生个体在有限的高职学习周期内难以实现，简而言之就是学生在校学习领域的广泛性及毕业后工作岗位的不确定性与实际就业岗位的单一性之间的矛盾，反而削弱了学生在某一实际就业岗位上独立工作的能力和胜任力；三是培养对象过“统”，一个专业人才培养方案往往统一面向一

---

① 说明：原文《分类培养分层教学打造“卓越园林技师”的实证研究》（张军侠等）载于《中国职业技术教育》2015 年第 20 期，本次出版略有修改。

届学生，甚至是几届学生，人才培养方案如“模具”，学生难有自主选择的机会，处于“被”培养状态，学习兴趣难以得到激发，个性发展难以体现。

概括起来就是：人才培养方案虽然紧紧抓住了市场对人才职业能力及培养规格的要求，却忽视了培养对象个体多样性的客观实际，忽视了行业企业对高技术技能人才规格的需求。问题根源在于没有“以生为本”，没有做到“有所为有所不为”。主观上虽有“以学生为本”的培养理念，实际操作上却缺乏载体、方案、行动、目标。

2. 高职学生学情需要

在现有招生制度条件下，高职学生对就读的专业所面向的职业领域及今后的就业岗位缺乏基本的了解，学生报考某一专业具有很大的从众性、盲目性，没有很好地结合自己的个人爱好、兴趣、特长，没有从一开始就规划自己的职业生涯。学生最终进入学校一起学习具有相当大的偶然性，而并非是为了该专业所面向的职业的共同志向。在这种背景下，学生缺乏对其今后职场领域要求的了解，缺乏学习目标和对方向的把握能力，缺乏学习的动力和自觉性。学生处在一种被动的接受专业教育情景下，而非主动的选择。尽管学校老师很努力，但面对这样的学生群体，学习的效果难以达到预期的目标。实施专业的分类培养，可以为学生职业生涯规划提供一种选择的机会，进而可以发挥学生的主观能动性。

从园林技术专业学生的来源看，有普高的、有中职的；从录取分数来看，一个自然班级的学生录取分数的极差值一般在 70 分，有的专业甚至达到 100 分以上；从学习态度来看，基本属于三三制，即三分之一学生学习积极性较高，三分之一学生较低，还有三分之一属于从众摇摆状态。面对这个群体的学习基础、学习能力、学习态度客观存在的明显差异，迫切需要实施分层次的教学方式、差异化的考核方式，以满足不同个体进步的需要。

3. 杰出人才(大师)培养需要

高等职业教育作为一种教育类型，在技术开发、技术应用等领域具有拔尖人才培养的使命，正如教育部职教司原司长葛道凯先生所指出的：“杰出人才不是学历更高，而是同样学历情况下比别人更杰出、更优秀，他所从事的工作具有不可替代性。”一个专业每年少则百人，多则数百人，一所院校每年少则千人，多则数千人，毕业走上工作岗位的，其中不乏具有良好潜质、热爱专业的学子，我们要努力创设条件，培养他们成为行业的杰出人才，通过若干年的实践磨炼使其成为行业的大师。

(二)分类培养分层教学假设与概念提出

假设一：一个班级的学生群体对某专业面向的若干岗位，存在不同的需求倾向，进而存在不同程度的学习愿望，如果在人才培养方案中提供若干岗位学习领域，以满足学生不同的需求，实施分类培养，就能激发其学习兴趣与积极性，提高学习实效。如园林技术专业面向的岗位群可以有景观设计岗位群、景观施工岗位群、城市绿地养护与管理岗位群等，在其培养方案中可以分别应学生的不同需求设置相应的岗位群课程，以便于实施分类培养。

假设二：在同一类中学习的学生群体，学生的知识基础、学习态度、学习动力、学习能力等存在显著个体差异，根据个体差异，在人才培养方案中设置不同培养目标，以及不同难度、深度的课程体系，配备相应的教学团队，有的放矢地进行有区别的教学、差异化的考核，使每个学生都能愉快学习，扬长避短，获得最大的进步和最佳的发展，达到相应的技术技能水平。

园林技术专业分类培养是指在专业人才培养过程中，按照学生的职业生涯倾向、个性以及兴趣，按照专业所面向的职业岗位，从横向维度对学生实施分类培养，以满足学生对不同职业岗位发展的需求。分层教学则是指在同类（职业岗位）学习的学生中，根据学生的知识基础、学习态度、学习潜质、学习能力等具体情况，从纵向维度实施不同难度及目标（如不同等级职业资格证书）的教学和人才培养。

（三）园林技术专业实施分类培养分层教学的原则及依据

1. 以合格人才培养为基础的实施原则

坚持在满足全体学生达到专业人才培养基本目标或课程教学基本目标的基础上，有条件地实施分类培养分层教学的原则。紧紧围绕专业核心技能、创新创业、技能竞赛、高等级职业资格证书等领域特色培养目标实施分层教学。

2. 以职业规划与就业取向为分类依据

坚持以学生个人的职业生涯规划、就业取向为根本，参考学生相关职业领域所学基础课程的成绩，客观、平等地对学生按照主观意愿实施分类培养。

（三）以学习兴趣和学习能力为分层依据

坚持充分尊重每个学生的个性差异、学习基础差异、兴趣爱好差异、生源来源差异等，在双向选择的基础上，实施课程群或课程分类培养分层教学的原则。坚持公平、公正、公开选拔组织学生实施分层教学。

（四）园林技术专业分类培养分层教学实证

实施分类培养、分层教学人才培养是个系统工程，需要统筹顶层设计人才培养各环节、各种资源要素，并有效集约教学资源的分配和使用，以追求最大的“以学生为本”的教学效益。从专业培养方案顶层设计开始，涉及课程体系、师资团队、实践条件、考核评价、管理制度等各个领域全方位的改革与创新。

1. 园林技术专业分类培养模式设计

根据分类培养分层教学双维度设计人才培养方案的思路，制定了顶层设计充分体现“以学生为本”理念的分类培养分层教学园林技术专业人才培养方案。

首先，通过行业企业调研，有选择性地确定专业面向的岗位群，并明确专业培养目标：培养具有景观设计、景观施工与管理、庭院营造与护理等相关基本理论知识和实践操作能力，面向城乡园林绿化管理部门、园林绿化企业、房地产公司等企事业单位的生产、建设、管理、服务一线，从事景观设计与表现、景观施工与维护、庭院绿化设计施工与护理工作的高端技能型人才。但是，作为学生个体，通过三年的学习，难以同时掌握景观设计、景观施工与管理、庭院营造与护理三个方面的职业能力。因此，在培养方案设计的过程中，应按照学生个体的兴趣爱好、职业倾向等因素，实施分类培养。即先学习园林行业的通识知识与能力，然后按照学生个人的选择，分类学习景观设计，或景观施工，或庭院营造。针对学生个体来说，专业培养目标定为"能从事景观设计与表现，或景观施工与维护，或庭院绿化设计施工与护理工作的高端技能型人才"，这个"或"，就是要改革传统专业培养目标"大、全、统"的弊病。

其次，在按照学生个体分类选择职业岗位领域学习的基础上，又根据学生个体的学习能力、学习态度、专项能力倾向等综合因素进行分层教学，按照花卉园艺师（园林绿化工、景观设计师等）职业技能中级、高级、技师等的要求进行有针对性的培养，使人尽其能、人尽其才，让学生具有独立工作的岗位职业能力，也利于杰出人才的培养。此外，还可以根据学生专升本、出国深造、创新创业等情况增加个性化培养模块。

园林技术专业分类培养分层教学人才培养方案设计框架结构及思路如图 4-1 所示。

2. 园林技术分层教学课程设计

根据园林技术专业培养目标定位，构建景观设计、景观施工、庭院营造三类不同岗位领域的课程体系，称之为"岗位工作方向模块课程"，学生根据自己的职业规划选择一个模块修读，既满足了分类教学，又保证了基本规格能力培养。

在保障每个类型学生达到职业领域基本能力的课程设置基础上，以相应职业岗位核心能力为依据，分层次开设提高课程，满足不同学习兴趣、学习能力、个性特长的学生的成长成才需求。如设置计算机辅助设计提高课程、招投标预决算提高课程、病虫害防治提高课程、组织培养提高课程等专业知识、能力提升拓展课程模块。

另外，据对园林技术专业学生进行的调查，发现学生未来发展以技师型、专升本、创新创业型为主，因此对学有余力或有特长的学生提供不同的分类分层学习课程模块，称之为"分类培养衔接模块"。如技师型的专门设有：园林测量员、园林设计员、园林造价员等创新综合模块，培养学生的专业特长，鼓励学生参加高级别的技能竞赛，考取高级职业资格证书。为有提升学历意向的学生专门设置专升本英语和数学提高班，加强应试课程辅导和学习。创新创业型的设置有创业指导类课程。

总之，课程设置要在合格人才培养的基础上，对学有余力的学生采用能力叠加的思路，增强学生的专项技能，为使之成为某一领域的拔尖人才奠定基础。

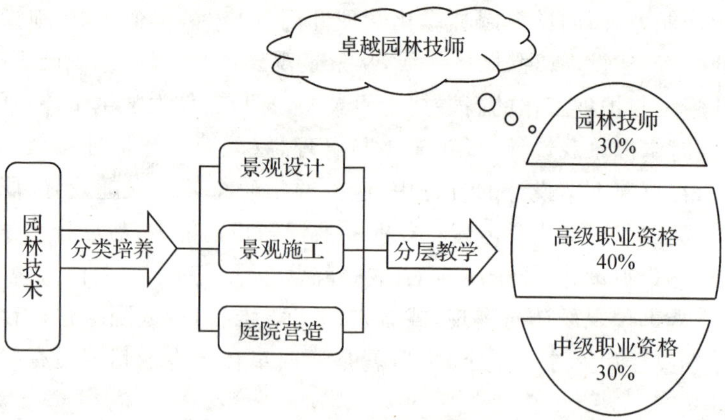

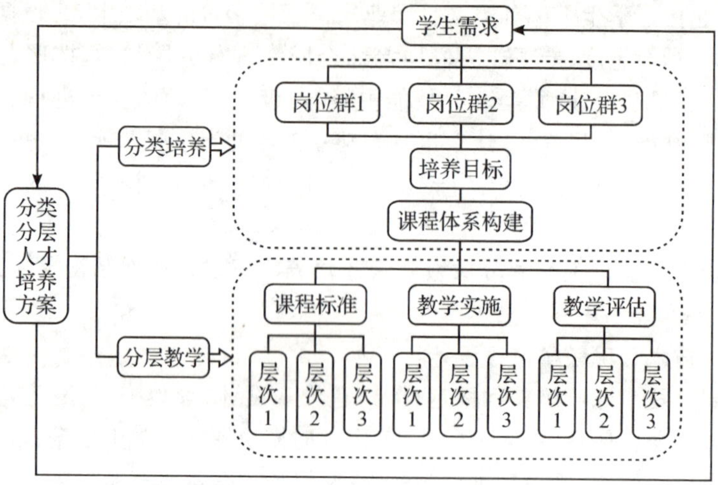

图 4-1 园林技术专业分类培养分层教学方案设计框架结构

3. 园林技术分类培养分层教学组织保障

实施分类培养分层教学是一项系统工程，涉及学校全方位的教学工作，包括教学文件建设、师资团队建设、实践条件建设、管理制度建设等。实践表明最突出的是要解决三个方面的改革与建设问题：

第一，师资保障——课程教学团队建设。实施分类培养分层教学在教学实践中与传统的培养方式相比有两个根本的变革：一是专业培养方案中因分类培养的要求而使课程门类增多，因分层教学的需要而使课程教学设计类型增多，考核办法多样，无疑增加了大量教学工作量；二是课程教学实施形式呈现多样化，特别是个性化的课程教学实施，需要更大的训练强度、更长的学习周期，需要第一、第二课堂的联动学习，需要教师言传身教与网络在线结合学习，需要专业理论强化学习与岗位实战提高学习相结合。这就对师资队伍的理论水平、实践能力、组织管理与协调能力等提出了更高要求，需要重点解决如何构建基于分层教学实施的课程双师型教学团队，明确课程或课程群负责人，强调课程教学团队成员的分工与协作、理论与实践的结合、课内与课外的结合等。园林技术专业拥有省级教学团队，团队成员多次出国参加德国职业教育理念培训，不断提升自身的业务水平；指导学生参加国家职业技能大赛，并获得奖项；建有丰富的网络课程资源；并每周定期进行交流，组成导师团队，加强对学生的指导和培养。

第二，政策保障——教学管理制度的改革。实施分类培养分层教学在教学管理层面需要有许多突破和创新，如何解决常规实践教学与分层实践教学的资源矛盾；如何改进分类培养的政策依据、分层教学选拔的政策依据、个性化或小班化教学的管理政策、课堂内外弹性教学的管理政策、分层教学绩效的评价政策、团队教学工作量的计算政策等。所有的教学管理制度，既要有利于分类培养分层教学的有效运行，又要保障和调动教师的积极性，从而使学生成长成才，达到预期的教学目标。为此，在学校分类培养实施方案指导意见的引领下，不断完善了分类培养分层教学的系列文件建设，如学分制管理办法、小班化教学工作量计算办法、分类目标考核评价方案、师生奖励措施等管理制度，为分类培养顺利开展保驾护航。

第三，经费保障——奖励制度保障。实施分类培养分层教学，要改善原有的实践教学环境，要鼓励学生不断加强实践动手能力、实行小班化教学等，都需要得到充足的经费支持。因此学校在年度预算中给予了一定经费保障，同时园林技术专业作为宁波市服务型重点建设专业、浙江省特色专业，专业建设经费充足，保证了分类培养分层教学在实训室建设、工作量扩大、耗材及师生奖励方面的开支。

4. 园林技术专业实施分类培养分层教学成效

首先是增强了学生的学习主动性。实施分类培养分层教学使学生的主观能动性得到了充分发挥，学生根据自己的兴趣爱好选择学习方向，根据自己的学习基础和学习能力“动态”选择学习难度和深度，变被动学习为“我要学习”。对 240 个样本的调查结果显示：学生普遍增强了主体意识、竞争意识、成才意识，“各得其所、各有进步”，特别是学风得到了显著改善。

其次是增强了课堂的教学有效性。通过实施分类培养分层教学，打破传统的自然班级授课模式，按照学生选择和确认的岗位方向和课程难度重新组建课程学习班级，统一了学习者的学习思想、学习目标、学习行动，教师在教学执行中目标更加明确，标准更加统一，评价更加客观，方法手段更加有效，课堂教学效率和质量得到明显提高，表现在抬头率和学生评教结果均有显著提升。

最后是增强了个性化人才培养。通过实施分类培养分层教学，为专业兴趣强烈的，或学有余力的，或富有个性的学生成长成才提供了良好的发展空间，使其在某一领域的专业核心能力得到充分的培养和发展，形成了富有就业竞争力的职业能力，为其将来成为行业杰出人才或大师奠定了坚实基础。如通过两年不间断的第一、第二课堂计算机辅助设计提高课程的学习和实践，部分学生能够在极短的时间内按照实际工作的要求高质量完成平面图、立面图、效果图等系列图纸的设计，其操作技能已经达到一年以上实际工作经验的水平;通过组织培养提高课程学习,部分学生接种的技术熟练程度已经超越了教师,大批学生在省、国家技能比赛中取得佳绩,特别是高水平的职业技能竞赛成果逐年增多,本专业毕业生获得了用人单位的广泛青睐。

(五)对实施分类培养分层教学的进一步思考

1. 实施分类培养分层教学一定要做好人才培养模式的顶层设计

人才培养模式及其课程体系是分类培养分层教学人才培养实施的灵魂,分类培养实践中要重点解决专业合格人才与拔尖人才的界定问题,方法就是两个密切联系:密切联系行业企业岗位职能力的要求,解决行业人才需求规格层次问题,为培养类型和层次明确方向;密切联系学生的实际学情和学习意愿,为分类培养和分层教学实施提供依据。在此基础上,人才培养目标、课程体系、课程标准、课程设计、课程考核办法等教学文件的制定才会有的放矢。

2. 分类培养分层教学是在完成基本规格培养的基础上的提升型人才培养

分类培养分层教学时间节点设计:学生在完成大学一年级文化通识课程和专业领域通识课程学习后,在对本行业各类岗位群有基本认识和感知的基础上,实施分类培养,在教师对学生有比较充分了解的基础上实施分层教学。切莫操之过急。在学生尚未了解自己的职业规划,教师尚未了解学生学习状况下,急于分类设置提升课程,容易导致盲从。

3. 实施分类培养分层教学一定要统一思想,统一认识

分类培养不仅需要领导思考、教师实施,更重要的是要有学生的配合,因此要做好对学生的宣传动员,特别是要做好学生"选"方向的指导工作,且指导过程要贯穿学生学习的始终。同时,分类培养也需要更多部门的通力合作和配合,特别是需要职能管理部门统一思想认识,如有教学部门、人事部门和学生部门的认同和支持,方才有配套的管理跟进,有及时对师生的奖励表彰,方可调动其参与的积极性,保障实施工作顺利进行。

(六)结语

一所院校的特色、社会影响及竞争力是用毕业生的质量赢得的,学校赖以自豪的是一批批能为社会做出重大贡献的校友。孔子所倡导的"因材施教"思想、美国教育家与心理学家布鲁姆提出的"掌握学习"理论、苏联教育家维果茨基提出的"最近发展区"理论、哈佛大学心理学家加德纳创立的"多元智能"理论等,都为"以学生为本"分类培养分层教学的实施奠定了不同层面的理论基础。因此,以学生为本,实行分类培养分层教学人才培养教学模式改革,既是人才培养自身的需要,契合国务院《关于加快发展现代职业教育的决定》文件精神,也是高职院校教育教学改革与发展的趋势。

二、高职英语专业分类人才培养体系研究[①]

随着中国经济改革不断深入，经济增长模式与增长速度也进入了新常态。2014 年 5 月 10 日，习近平在河南考察时首次提出新常态这一概念，他指出，“我国发展仍处于重要战略机遇期，我们要增强信心，从当前我国经济发展的阶段性特征出发，适应新常态，保持战略上的平常心态”。新常态的主要特征呈现为经济增速从高速转化为中低速、经济结构优化升级明显、经济驱动以创新创意为趋势。

面对国家经济大环境的变化，高职院校应该积极应对新情况，改变人才培养模式，提高教学有效性，增强毕业生的求职竞争力。英语专业作为各大高职院校普遍开设的科系，学生基数庞大，在经济新常态下，应及时适应市场需求，改变传统教学体系，将专业知识与实操技能相结合，真正培养具有高职特色的应用型、复合式英语人才。宁波城市职业技术学院应用英语专业，在新常态背景下，积极调整课程体系设置、人才培养方案、教学模式创新，坚持以服务学生为本位，将分类培养分层教学作为指导思想，主动探索一套适应市场人才需求、体现高职特色、符合学生发展的人才培养模式。

（一）经济新常态下高职英语专业面临的问题

经济新常态对于高职英语专业的主要影响是就业困难，由于用人成本提升，企业利润压缩，消费需求紧缩，毕业生的自身素质与专业能力成为提高就业竞争力的主要因素。高职英语专业人才培养的方案也应与市场现实接轨，分析高职英语专业教学上存在的问题，多维度地探索解决问题的方法，才能更好地培养具有市场竞争力的英语人才。宁波城市职业技术学院应用英语专业，根据英语教学实践中的具体情况，从教学模式、培养目标、师资情况方面总结了高职英语专业面临的主要问题与瓶颈。

1. 教学模式传统，高职特色不强

因为英语专业课程教学成本不高，无论本科院校还是高职高专都普遍开设英语科系，导致英语专业学生人数众多，就业机会低于其他专业。高职英语专业无论在课程体系、教学手段还是在培养方式上都与本科院校差别不大，基本围绕听说读写译五个方面展开教学。

在课程教材选择上，尽管有多种高职高专英语教材可供师生选择，但是应用性、实用性、有效性都不强，仍然以知识点教学为重点，语言理论学习多于应用能力培养。在课程教学模式上，传统课堂教学仍占主体，更多时间都集中于学生考级考

---

① 说明：原文《新常态下高职英语专业分层分类人才培养模式研究——以宁波城市职业技术学院应用英语专业为例》（孙从众）载于《湖北成人教育学院学报》2016 年第 22 卷第 2 期，本次出版略有修改。

证的辅导上,应试目标仍占主导地位。从师生互动方面来说,高职英语专业学生基础较为薄弱,英语表达能力不强,往往造成教师一言堂的窘境。因此,解决高职英语教学模式的关键就是体现高职应用性、职业性、服务性的特点,从教材选择、教学模式与师生互动方面探索符合高职学生学习心理与习惯的教学新模式。

2. 专业知识缺乏,就业竞争力弱

高职英语专业人才培养主要集中于语言技能的训练,毕业求职过程中由于缺乏其他职业技能,竞争力不强。许多高职英语毕业生就业无法实现专业对口,其主要原因和高职院校培养模式有关,没有突出高职职业化的特征。所以,高职英语教学应将语言教学与市场需求结合,在巩固扎实学生语言应用能力的同时,加强涉外职业技能的教学。

随着英语教学的普及化与全面化,高职英语专业学生的就业形势十分严峻,专业技能的缺乏,导致就业质量不高,学生普遍缺乏职业规划与就业意识。在经济新常态的背景下,高职院校应该及时开设与英语类专业相关的技能课程,让学生自主选择适合自身特点的职业方向,提前为就业做好准备,强化职业技能的训练与英语沟通表达能力。英语能力与职业技能的双结合,以课程与实操为载体,既突出了高职学生的职业性也体现了英语的实用性,渐进加强学生未来就业能力。

3. 师资力量有限,职业教育薄弱

高职院校的师资力量决定着教学质量与效果。高职英语专任教师基本从研究型综合大学毕业,高职院校职业教育意识淡薄,无法深入了解高职学生的学习心理与特点。反应在教学上的主要表现就是基于传统英语教学模式,无法凸显高职英语职业化的要求。师资培训成为高职英语专业教师提升职业教育观念的重要手段之一,只有专任教师掌握了涉外职业技能,才能在授课过程中为学生渗透职业意识。专任教师的职业化教学是培养复合型职业性高职英语专业学生的关键与途径。

此外,作为高职英语专业,小班化教学是其语言训练的趋势。但随着扩招与自主招生等的影响,高职英语专业无法开展小班化教学,师资的限制成为英语人才培养的瓶颈。如何在短期内解决师资问题与班额规模成为高职英语专业人才培养过程中值得思考与解决的关键问题。在经济新常态下,人才的质量与素养成为用人单位的选择依据,解决师资问题是提升英语人才综合素质的重要保障。

(二)以应用能力为导向的课程体系分层化

新常态对于高职英语专业学生来说,既是挑战也是机遇,合理规划职业生涯与专业学习,可以有效提高学生综合素质与职业技能。高职院校应该科学设置课程,使得学生全面、多元、自主发展,以服务学生作为高职院校人才培养的归旨。宁波城市职业技术学院应用英语专业结合高职学生特点,对课程体系进行分层化,将英语专业课、模块技能课和职业素养课三结合,必修与选修相兼顾,使学生能根据自身特点提前选择岗位方向。如表 4-1 所示。

宁波城市职业技术学院应用英语专业将课程设置分为必修与选修两大类，必修中涉及三类课程，即通识平台、专业群平台和岗位群平台。通识平台以思政、体育、计算机、语文、心理、军训等必修课程为主；专业群平台则以英语基础课程为依托，强调英语技能的训练与提高；岗位群平台则以岗前培训、顶岗实习等强调实践能力的课程为主。选修部分主要以岗位工作方向模块课程为主，为了强化学生自主选择未来就业方向，并积累相关职业技能经验；任意选修课程则是为了丰富和扩展学生知识面与兴趣点，提升学生综合素质。

表 4-1　各类课程设置及学分分配

课程分类		学分	占比/%	学时	占比/%
必修	通识平台	25	21.37	536	20.7
	专业群平台	35	29.91	731	28.24
	岗位群平台	10	8.55	160	6.18
	小计	70	59.83	1427	55.12
选修	岗位工作方向模块课程	39	33.33	1026	39.63
	任意选修课程	8	6.84	136	5.25
	小计	47	40.17	1162	44.88
总计		117	100	2589	100

1. 以基础英语综合课程为载体的专业课程一体化

专业课程主要强调英语基础与综合运用能力，以英语语言技能的提高为目标。宁波城市职业技术学院外国语学院根据高职学生英语学习的特点，将传统听说读写课程体系综合一体化，以“基础英语综合”课程为载体，实行任课教师负责制，加大课时量并融合各类英语语言技能训练。

英语专业群平台以“基础英语综合”“英语口语”“第二外语”为核心，“基础英语综合”大一每周 9 节课，共计 306 学时。课程教师成立综英师资团队，采用集体备课方式，统一教学要求与目标。该核心课程学时的增大，有利于专任教师综合、全面、自主地训练学生各种语言技能，将各项英语应用能力与学生考核落到实处，不会因为学时的不够，无法跟踪与检查学生学习情况。“英语口语”课程则能加强学生沟通交流能力，对于高职学生英语应用能力提高具有关键作用，良好的英语口语对未来就业竞争力十分有利。为此，大一大二每学期都开设该课程，共包括 170 学时，口语学时的增大对于学生表达能力的提高明显，取得了良好的教学效果与应用能力。

“第二外语”课程涉及日语、德语、法语、韩语四种语种的选择，第二外语的语种选择主要结合了外贸、物流、电商等经济贸易行业所涉及的国家与地区。共计 85 学时，课程在两学期内完成。同时，根据市场与企业的需求，开设相关实用性二外课程，授课教师都具有国际外贸、法律等专业背景并在海外有长期学习生活经验，使得学生在语言学习的过程中，能了解其他国家的风土人情等知识，深受学生好评,选课积极性强。

2. 以各类模块技能课程为媒介的职业培养市场化

高职英语专业的主要特色就在于职业教育与工作技能,在经济新常态下,高职类英语专业的核心竞争力就在于语言优势与职业技能。因此,宁波城市职业技术学院以“岗位平台必修课+岗位工作方向模块选修课”为载体,必修课程以热门市场需求为参考,包括“外贸英语函电”“国际贸易”“市场营销”“商务翻译”等课程。与此同时,结合学生未来职业选择方向,以模块选修课形式供学生自主选择,让学生在选课前,对未来职业生涯有所思考和规划,提早了解就业市场的专业需求与求职技能。开设的模块课程不仅考虑与英语专业语言能力的结合,也充分为学生未来就业提供相关专业技能,涉及外贸电商模块、外贸物流模块、涉外语言培训模块、涉外文秘翻译模块和实体公司模块。

以外贸电商模块为例(见表 4-2),课程分层化教学可分为三大类。首先,以职业能力为导向的“外贸单证实务”与“报检报关实务”课程,根据生源特点,分为普高与职高的针对性课程,由于职高生源学生已经有了一定的外贸基础,所以将报关报检职业能力作为课程技能目标。学生在修完课程之后,会参加相关职业能力证书的考核,为将来就业提供职业能力证明,提升就业竞争力。

表 4-2 岗位工作方向外贸电商模块核心课程及学时

模块类别	核心课程	学分	学时
外贸电商模块	外贸单证实务(普高)	3	51
	报检报关实务(职高)	3	51
	跨境电商业务操作	6	119
	产品图片处理	2	51
	外贸电商英语	4	102
	岗前综合实训	4	120
	顶岗实习	16	480
	毕业综合实践	4	120

其次,以实操训练为目标的模块核心课程学习为重点。外贸电商模块设置的主要课程涉及电商操作技能的各个环节,如“跨境电商业务操作”课程以全球跨境电商速卖通平台实际开店销售为训练载体,突出真实性与操作性。“产品图片处理”课程则针对电商平台对于图片处理、店铺装修等客观技能的需求,使学生在实际店铺开设的过程中掌握那些技术性的专业技能,学会 Photoshop、摄影技能、图片美化等具体产品图片处理技术。“外贸电商英语”则是为了加强学生在电商平台与客户用英语会话的专业英语的训练,为电商平台的可持续发展提供智力支持与专业保障。

最后,以岗位实践为基础的实训类课程为学生培养的主要载体。“岗前综合实训”“顶岗实习”“毕业综合实践”三大课程环环相扣，以产学教联盟、校企合作为媒介，将各模块学生分配至相关行业与企业进行定点式、订单式培养。使得学生在毕业前能提前适应和加强真实职业技能的训练，为就业做好充分的准备工作与实践。

3. 以“七色之旅”职业素养为基础的通识教育多样化

在英语技能与职业能力的培养外，宁波城市职业技术学院应用英语专业还重视学生职业素养与通识教育的积累。以“七色之旅”为契机，全方位培养学生的职业素养意识与通识类知识的学习，将职业素养体系化、系统化，并落到实处。“七色之旅”的主要内容是以思想教育为载体的红色之旅、以职业教育为目标的橙色之旅、以责任教育为方向的黄色之旅、以生活教育为根本的绿色之旅、以感恩教育为主体的青色之旅、以心理健康为重点的蓝色之旅、以职业形象为要求的紫色之旅。

“七色之旅”职业素养的培养除了主题涉及不同类别外，还以“三级联动”的模式激发学生主动性、提高参与度。职业素养的养成将校级、院级、班级串联成一体，开展各类主题教育活动，各学院可以结合自身专业、学院特色来安排活动形式，自下而上地推进学校职业素养的形式与载体形式的更新，取得了良性循环的效果。以外国语学院为例，将“七色之旅”职业素养教育与团日活动、学院活动和学校活动相结合，开展每月主题系列活动，如以期末考试自我教育为主的“诚信一月”活动、以假期安全教育为目的的“安全二月”活动、以趣味体育赛为主体的“阳光三月”活动等。

除了“七色之旅”职业素养教育之外，通识教育的多样性也是高职英语人才培养的关键。以选修课为契机的各类通识课程的开发，成了学生开阔眼界与认识自我的途径。如“当代西方社会思潮评析”“中国传统文化精华”“中国近现代历史人物评析”“世界大趋势与中国发展热点问题”“计算机应用”“大学语文”“爱情心理学”“职业规划”“体育健康”“心理学与生活”等课程。这些通识课程不仅对学生有知识面的拓展，更重要的是给了学生思考未来与终身教育的意识，对于学生自身素养的提高与继续学习具有潜移默化的作用。

（三）以自主选择为基础的人才培养分类化

经济新常态下，高职英语专业人才培养分类化是面对现实市场需求和学生职业规划的趋势下尝试的新型人才培养理念。新常态下就业环境与人力资源竞争日趋激烈，高职学生应该提早明确自身特点，及早为将来作好规划。因此，宁波城市职业技术学院外国语学院基于外语专业特征、毕业生主要就业方向等因素实行分类培养模式，包括以专升本为契机的学历提升型、以创新创业为导向的自主创新创业型和以职业规划为手段的体面就业型三种人才培养类型。经过几年的教学实践，高职英语专业毕业生的就业质量和学历提升都取得了明显成绩，为高职英语专业人才培养模式的有效性提供了借鉴与经验。

1. 以专升本为契机的学历再提升型人才

高职英语专业重视职业教育与工作技能的训练，因高职院校无论是师资还是环境都无法与综合性学术型高等院校相比较，所以，以专升本为契机的学历再提升是高职英语专业学生自我发展的有效途径。随着中国教育公平化、终身化、信息化的不断推进，学历提升的方式与继续教育的平台也日渐丰富。专升本模式作为高职英语专业学生自我发展的选项，具有先天优势，根据浙江省专升本考试的规定，文科类只需要参加语文与英语两科目的考试，理科则需要参加数学与英语两科目的考试。高职英语专业的语言水平优势是专升本学历提升的重要可行性因素，大大提高了高职英语专业学生参加专升本考试的录取率，给了学生再次选择专业与学校的机会。

如表 4-3 所示，宁波城市职业技术学院外国语学院近四年专升本情况呈现出报考人数与录取人数逐年增加的趋势。在经济新常态背景下，就业压力导致许多学生通过学历提升的方式来增加自身竞争力，高职英语专业考取专升本的优势促进了学生的积极性。同时，学院为学生专升本提供各类便利服务，如专升本辅导选修课、专升本备考教室、专升本政策咨询、专升本讲座等。专升本学历提升型作为高职英语专业学生的选择，还有效地促进了整个学院学风建设，形成了良好的学习氛围，学生学习积极性大为增强。

表 4-3　宁波城市职业技术学院外国语学院近年专升本情况

年份	2012 届	2013 届	2014 届	2015 届
报考人数/人	13	53	107	135
录取人数/人	10	50	65	112
录取率/%	77	94	60	83

2. 以创新创业为导向的自主创业型人才

2019 年，李克强总理在政府报告中提出："推动大众创业、万众创新。这既可以扩大就业、增加居民收入，又有利于促进社会纵向流动和公平正义。"尤其在经济新常态下，创新创业不仅可以有效缓解就业压力，还能培养学生各项能力，提升学生个人成长的空间与机会。

作为高职院校，学生创新创业意识的增强与实践也是人才分类培养模式之一。为此，宁波城市职业技术学院应用英语专业以"三位一体"模式鼓励有创新创业意向的学生开展多层面的创业尝试。首先，以创新创业课程为引导，使学生了解大学生创业案例与典型，积累背景知识与同伴经验，同时及时掌握政府、学校、学院的创业支持政策，利用好各类大学生创业优惠政策，减少创业成本。其次，以跨境电商实体店为抓手，鼓励学生利用英语优势开设真实店铺，感受创新创业模式。以 2015 届毕业生自主创业情况统计为例，在线网店已达 108 余家，成功注册工商执照进行实体店铺经营企业达 15 家。学院利用英语产学联盟和校企合作冠名班等途径手段为学生提供低成本、高质量货源，学生能有效上传产品，提高店铺曝光率和营业额。最后，优秀校友设立的创业基金为学生创新创业提供了资金支持，学院专门为创新创业学生提供办公场所与囤货仓库，给学生创业带来了资金与物质的保证。

以创新创业为导向的自主创业人才培养对于高职英语专业学生既是机遇也是挑战，在国家号召、学校鼓励背景下，自主创业的环境与政策有利于学生尝试各类创业项目。但是，创新创业并不适合所有学生，在积极创业的同时，也要注意正常课程的学习，许多创业学生以牺牲学业为代价，最后导致无法毕业的情况也屡见不鲜。所以，高职学生创新创业要平衡好个人兴趣与学校正常课程学习，切勿顾此失彼。

3. 以职业规划为手段的体面就业型人才

经济新常态下许多传统企业产能过剩，经济增长模式的改变使市场对于复合型、实用型、技能型人才的需求不断增大。高职院校人才培养模式也应与时俱进，紧密跟随市场对于高职英语人才的要求，为学生就业提供良好的培养环境与实践机会。宁波城市职业技术学院外国语学院以"三层次"手段，鼓励学生体面就业，在就业的同时注重就业质量与起薪。

第一层次是以模拟公司的形式，将学院集团化、班级公司化、学生员工化，积极营造企业氛围。为此，首先利用学院校友创办的宁波凯越国贸有限公司成立虚拟的"凯峰国际集团有限公司"，将企业文化、职业要求、企业项目引入学院。班级以分公司的形式成立组织架构，各分公司以班主任为分公司经理，经民主选举，自行任命各分公司负责人员，负责人员按期换届分别选出执行经理（班长）、业务副经理（副班长）、行政副经理（团支书）、行政部主任（组织委员）、人力资源部主任（学习委员）、宣传部主任（宣传委员）、后勤部主任（生活委员）、采购部主任（外联委员）、培训部主任（心理委员）、销售部主任（经检委员）、项目部主任（文体委员）等。日常考核以《外国语学院"职商千分制"员工考核制度》为标准，考核内容以日常行为规范与职业技能测评为主，定性定量相结合，促进学生团队合作的能力与职业素养的养成。

第二层次是建立校企合作冠名班订单式人才培养模式，以合作企业人才需求为参考，企业导师授课为支持，为学生提供实践机会为目的，定期将学生送往冠名班所在企业，在真实企业环境中集中培训与实操。冠名班级所有专业模块课程按照企业模式进行考核。同时，企业导师会选择优秀学生提前签订就业意向书，在寒暑假先行下企业实践，毕业前优先安排实习岗位、签订就业协议。

第三层次是以职业规划教育为载体的多形式培训，为体面就业做好充分的准备。如"职业素质核心能力""职业生涯与发展规划"等课程教学和开设"缤纷大讲堂""责任文化"等系列讲座，加强学生职业意识与职业素养。

（四）以翻转课堂为趋势的教学模式信息化

互联网的快速发展，给高职教学带来了重要的契机，教学形式与载体的多样化成为新常态下高职英语教学模式改革成功与否的关键。随着以翻转课堂为趋势的信息化、共享式、碎片化教学理念的深入发展，课程建设、师资培训和课程资源成为改善教学质量的重点。高职英语教学也应该在语言教学的规律基础上，主动利用多媒体与网络技术，为提高课堂教学有效性做出尝试与贡献。宁波城市职业技术学院应用英语专业开展"高职英语三化教学"探索，推动以服务学生为理念的课程建设慕课化、以合格课程为平台的师资培训科学化和以资源共享为目标的课程资源可视化，逐步高效推进高职英语教学模式的改变与进步。

1. 以服务学生为理念的课程建设慕课化

慕课作为近年来教学模式改革的重要平台，发展迅速并成为热点，影响了广大高校课程建设体系。高职院校应该以服务学生的理念来思考慕课建设的可行性与有效性，而不是盲目跟风模仿，更应该结合高职学生与课程的特点与各院校主客观条件，量力而行。宁波城市职业技术学院外国语学院的课程建设慕课化遵循以学生为本、教学优先、长期跟进的原则，选择具有高职特点的课程循序渐进推进慕课教学改革。主要将基础英语类课程与职业模块课程慕课化，同时在慕课平台建设完成后，开展适合高职学生学习习惯与心理的 SPOC 教学模式。将线上慕课资源与课堂教学相结合，避免完全利用慕课平台导致课程完成率低等现实问题，取得了良好的效果。

以"基础英语综合"课程为例，该课程是专业必修课，受众学生基数较大，涉及面广。通过成立慕课建设师资团队，将课文讲解、作业分析、考级辅导、英语素材作为四大主题内容，教师根据自身教学经验与擅长模块，自主选择某一主题，开展慕课课程资源建设。课文讲解主要解决高职学生英语基础薄弱，需要强化的特点，将课文内容以知识点为载体，拍摄微视频，可以帮助学生弥补课堂教学过程中遇到的问题，根据自己学习情况再次复习知识点。作业分析可以节约课堂时间，将更多的时间留给师生互动。考级辅导是将应试技能的视频讲解与习题训练系统移至慕课平台，让各类英语考级考证的辅导不仅不成为英语课堂教学的主导，还能为公外英语教学提供资源，服务全校学生。"英语素材"主题内容的设置，是为了拓宽高职英语学生专业学习的眼界，使其在课外通过慕课平台能够进一步选择适合自己职业的专业英语材料，从而不断提升英语能力与人文修养。

2. 以合格课程为平台的师资培训科学化

师资培训是高职院校教学质量的保障，宁波城市职业技术学院为了加强师资队伍建设，以合格课程测评为抓手，将所有核心专业课程授课教师纳入其中，以师徒结对、专家指导、督导听课等手段，要求教师将课程教案项目化。通过课程设计汇报会、所授课程说课、全校公开课等形式，完善教学体系与授课规范。

对于高职英语专业课程授课教师，以师资培训借助合格课程测评，鼓励教师参加各类职业技能培训，以专业模块课程为导向，积极促进双师培养，突出职业性与应用性。如香港职业培训局职业教育培训、澳大利亚 TAFE 教学培训、美国浸会大学访学项目、德国双元制职教体系培训、新加坡职业教育培训，以及浙江省访问工程师、台湾致理学院职业教育交流等多面向、深层次师资培训项目，让专任教师、新进教师都有平等的培训机会，使得师资队伍梯队化、专业化、团队化。教师在个人成长过程中培养了团队意识与职业训练，合格课程的开展为广大教师提供了交流借鉴的平台，学校还为优秀课程提供资金支持，为课程后续建设与研究做后盾，提高了教师的教学改革的积极性与主动性。

应用英语专业借力合格课程评估，自主培养了一大批涉及外贸、物流、电商、文秘等的职业化、专业性师资人才，提高了青年教师的教学技能和课堂掌控力，应用英语专业在合格课程评估之后，成功申报宁波市重点专业，取得了良好的社会影响，推动了该专业的招生情况与中高职“3＋2”合作的广度。

3. 以资源共享为目标的课程资源可视化

课程资源的积累是提高教学质量的有效形式，随着“互联网＋教育”等理念的深入，学生对于移动终端等新媒体的喜爱，共享教学资源也是高职英语专业开展教学模式创新的主要方式。宁波城市职业技术学院应用英语专业重视英语课程资源的多样化与公开化，开发专业教学资源共享平台（http://www.nbcc.cn/rcpy/jxzy），将精品课程、网络课程、数字化学习平台、微课程展示、教学音频资源网、职业素养在线学习平台、网络图书馆、视频学习网等各级各类教学资源融于一个平台之内，方便高职英语专业学生根据自身学习兴趣选择适合自己的课程资源。与此同时，学校无线网络免费全覆盖，为学生学习视频资源和学习素材提供了高速的网络宽带条件。

以数字化学习平台为例，该平台借鉴美国 Blackboard 平台，开设课程都可利用该学习平台，它有获得所有课程视频资源链接、课堂作业上传、过程考核、师生互动等功能，并可结合智慧教室等先进教学手段，开展可视化、多维度、全方位教学模式。高职学生利用手机客户端进行信息交流与学习的趋势日渐流行，在数字化学习平台上专门开设“英语数字化学习资源”板块，并开发英语学习资源手机 APP，方便学生不受时间和空间的限制，开展各种类型的自主学习，效果良好。

（五）高职英语专业人才分类培养模式反思

高职英语专业人才培养在经济新常态下面临的问题与困难很多，但更多的是应该结合市场对于人才的要求及时调整、创新培养模式。宁波城市职业技术学院应用英语专业根据新常态的特点与学校人才培养目标，以“城市”“职业”“国际化”作为人才培养的重点。

1. 服务地方经济

以服务宁波城市为目的，培养高职涉外英语人才。宁波作为浙东沿海开放城市，依托港口经济大力发展国际贸易与物流产业。高职英语专业除了语言技能教育以外，更应该加强外贸、物流、电商等涉外服务专业技能的培训，以模块专业课程为载体，培养“语言＋技能”式复合职业人才，提升高职英语专业学生就业市场竞争力，服务地方经济发展与职教人才需求。

2. 强化职业技能

以强化职业技能为根本，体现高职英语专业的特色性。职业技能是高职英语教学的核心，区别于传统本科英语人才培养目标，高职英语专业学生更应该利用校企合作、产学联盟等平台，熟悉企业运营与文化，开展各类职业技能实操训练，掌握相关职业技能，提早做好职业规划准备，明确未来职业方向，根据个体情况选择适合自己的职业道路。

3. 拓展国际视野

以巩固英语技能为重点，扩展高职英语学生国际化视野。高职英语专业给学生提供了利用语言技能开阔自身视野与选择的机会。在掌握职业技能与英语学习的过程中，不断积累人文知识，培养自身继续教育与终身教育的意识，有效提升个人综合素质与发展潜力。

宁波城市职业技术学院应用英语专业在经济新常态背景下，以服务学生为根本，不断创新人才培养的手段与方式。同时，将英语专业特色与市场实际需求相结合，以学生兴趣为依归，探索适合学生个性特点的分层分类教学模式。最后，以教育信息化为导向，不断提升和改进教学载体，将互联网技术运用于日常教学，日益丰富和完善线上教学资源，增强学生自主学习能力。

三、高职跨境电商人才分层分类培养模式研究[①]

（一）“互联网＋电子商务”背景下跨境电商人才培养的困难

1. 跨境电商实操平台的变化与局限

跨境电商实操平台是人才培养的重要保障，掌握跨境电商各类技能都需要平台的助力。对于高职院校而言，选择适合学生特点的跨境电商平台是人才培养的关键。对比国内外主要跨境电商平台，宁波城市职业技术学院在之前的教学实践过程中，选择阿里巴巴速卖通作为学生实践的跨境电商平台。紧紧围绕跨境电商产业的整个流程来进行具体的教学指导，涉及账号注册、店铺运营、发布产品、客服交流、物流方式、售后服务等环节。

但是，跨境电商平台的转型升级与政策调整的速度与幅度都大大超出外界的预期。2015 年 12 月，阿里巴巴速卖通平台开始实行年费制，给许多卖家增加了运营成本和提高了进入门槛。2016 年 3 月，阿里巴巴速卖通平台再次提高准入门槛，只允许企业进行注册。这一平台政策使得普通个人无法拥有开店资格，将整个平台从 C2C 转变为注重品牌效益的 B2C 模式。学生实操成本上升，可行性大幅度

① 说明：原文《“互联网＋电子商务”背景下高职跨境电商人才分层分类培养模式研究——基于宁波城市职业技术学院的教学实践》（孙从众）载于《价值工程》2017 年第 5 期，本次出版略有修改。

降低，对于跨境电商人才的培养影响较大。

2. 跨境电商师资队伍的薄弱与匮乏

跨境电商在“互联网＋电子商务”的背景下发展迅速，但是与之形成对比的是人才的缺乏，尤其师资的薄弱是制约人才培养的关键。高职院校教师毕业于综合性大学，专业性强，但缺乏职业化教育的理念与经验，尤其针对跨境电商类课程，实操与案例比理论更为重要。同时，跨境电商的教学与学习对教师的外语能力也有较高的要求，尤其是在与国外客户互动交流的过程中，语言应用能力是重要的基础，还有对各国文化特点与习俗的认识也是从事跨境电商教育的重要组成部分。

宁波城市学院鼓励外语类教师以“语言＋技能”为导向，将外语优势与跨境电商技能相结合，组成师资团队开发跨境电商类课程，将跨境电商融入外语专业模块课程，扩展了外语类教师的教学广度，提升了外语教师的职业化能力。通过培训，储备了科学化的师资梯队，有利于跨境电商人才培养的可持续发展，提高了教师的积极性和教学能力。在高考改革的背景下，专业性与特色化成为高职院校自身竞争力提升的有效手段，跨境电商与外语类专业的结合，不仅符合市场对于跨境电商人才的客观需求，也成为解决高职外语类专业缺乏职业化与应用性的手段之一。

3. 跨境电商校企合作的程度与效果

校企合作是高职院校人才培养的重要抓手，如何将跨境电商企业引入校园，使其成为人才培养过程中提供技能训练的平台，是校企合作成功与否的关键。但许多高职院校面临校企合作表面化、形式化、单一化等特点，找到解决这些问题的方式对于跨境电商人才的培养至关重要。高校的体制无法适应企业的人才培养需求，使校企合作达到双赢才是解决人才培养可持续化的关键。宁波开设跨境电商类课程的高校共有 8 所，其中 5 所为高职院校，各院校在校企合作方面有“入园办学”“企业＋基地”“团队创业孵化反哺教学”等模式。

宁波城市学院主要采取冠名班模式，提前让跨境电商企业介入教学过程之中，从教学计划设计、课程体系构建、教学实操指导、企业文化介绍等各个层面引入企业人才与资源。大二英语专业学生，可以根据个人意愿选择相关跨境电商类冠名班级，企业再进行面试选择。共建立了 4 个冠名班，每个冠名班实行坐班制。小班化教学，给学生更多的实操机会，提供电脑及教室，按照各企业文化布置教室，设立部门。跨境电商类部分课程邀请合作企业承担教学工作，将企业需求与人才培养相结合。大三阶段学生可以选择去该企业实习并提前签订入职意向书，提前做好职业规划并积累工作经验，使校企合作贯穿于整个跨境电商人才培养的各个环节。

（二）“互联网＋电子商务”背景下跨境电商人才分层分类培养模式

跨境电商人才培养是在“互联网＋电子商务”背景下发展起来的，有别于传统电子商务类专业课程。跨境电商人才培养模式仍需要根据跨境电商整体行业变化与政策引导相结合，与企业人才需求相同步，使教学模式与电商运营相适应。为此，宁波城市学院根据跨境电商课程教学实际，提出跨境电商分层分类培养模式，即技能型、运营型、多元型。

1. 以岗位技能为核心的跨境电商技能型人才培养

面对跨境电商平台的变化与准入门槛的提高，学生的跨境电商技能实操机会大幅度减少。宁波城市学院积极与阿里巴巴开展合作项目，在速卖通跨境电商平台无法用个人身份注册与企业资质准入的背景下，阿里巴巴鑫校园提供平台使用教学账号。学生在跨境电商教学过程中，可以分组进行跨境电商平台中所有技能模块的训练，涉及产品发布、运费设置、店铺营销、美工设计等多面向的操作实践，掌握基本的跨境电商知识。尽管教学账号无法正常出单，造成了物流与客服环节的缺失，但基础性的电商操作技能都可以在平台内完成。另一方面，学生在完成跨境电商基础性操作课程之后，可以知道自身是否适合从事跨境电商相关产业的工作。根据实际教学经验，许多学生在操作环节并未积极参与，而是为了完成课程、获得学分，学生主观能动性的缺乏影响了跨境电商类课程的教学效果。因此，基础性的跨境电商教学主要培养技能型人才，学生能够利用教学账号熟练掌握跨境电商的各项操作技能。

2. 以真实店铺为核心的跨境电商运营型人才培养

运营型跨境电商人才主要针对未来有意向从事跨境电商领域工作的学生，以真实跨境电商平台为基础，以项目化教学为导向，以实际订单为抓手。学生可以自主选择一些低门槛的跨境电商操作平台，如敦煌网、WISH 平台、兰亭集势等，开展实际运营，涉及跨境电商店铺运营的各个操作流程，在实际订单中处理进货、发货、客服、售后时遇到的问题。同时，运营型电商人才培养模式将课程学习与店铺运营相结合，充分发挥学生自主学习能力与主观能动性，在运营过程中遇到问题后解决问题，获得运营经验。在掌握基础运营能力后，将校企合作引入跨境电商人才培养过程，使学生以兼职模式参与跨境电商类企业的业务内容，如各大跨境电商类平台上的产品分销类代销服务，不断加强校企合作的广度与深度，真正实现双赢与可持续性发展。所以，运营型跨境电商教学主要突出培养实操型人才，学生可以在运营真实店铺的过程中积累跨境电商运营的各类经验。

3. 以电商业务为核心的跨境电商复合型人才培养

多元型跨境电商人才培养更侧重于培养与跨境电商业务相关的复合型人才，由于跨境电商的迅速发展，一些基础性的平台操作技能已经无法满足跨境电商企业对于人才的需求。尤其是在跨境电商的店铺营销、数据分析、视觉美工、客服服务、跨境物流等方面，人才缺口巨大，复合型跨境电商人才就是为了迎合市场需求，积极培养出的与跨境电商有关的专业性与高层次人才。学生可以选择有兴趣的模块进行深度研究与学习，并根据实操经验提升相关跨境电商平台操作领域的专业性与有效性。以跨境电商运营管理中数据分析类专业人才为例，其日常工作就包括利用“阿里指数”和“淘宝排行”对所经营的行业类目进行统计分析，准确判断所在行业的中远期市场走向与客户需求；利用“生意参谋”和“生意经”等进行后台大数据诊断，不断增加店铺产品的曝光量与客单价；利用“看店宝”和“魔镜”等进行产品分析，不断优化产品详情页与自然搜索排序，为打造爆款等营销活动进行数据支持与前期准备。总之，多元型跨境电商人才培养是基于技能型与运营型人才培养模式，根据市场需求，不断深化跨境电商相关产业链的专业性的人才培养，为跨境电商健康发展提供支持与服务。

（三）“互联网＋电子商务”背景下跨境电商人才培养的意义

跨境电商的发展无论对于地方经济发展还是高职教学模式改革都有积极的意义，尤其在“互联网＋电子商务”背景下，高职人才培养必须与企业需求与服务学生相结合。跨境电商人才分层分类的教学模式，有利于实现企业、学校、学生之间的良性互动与成果转化。

1. 服务地方经济，培养短缺人才

宁波在 2012 年成为全国首批 5 个跨境贸易电子商务服务试点城市之一，近年来跨境电商进出口总额呈跨越式增长，2014 年进口额仅为 3.7 亿元，2015 年进出口总额为 81.4 亿元，其中进口额 29.3 亿元，出口额 52.1 亿元。2016 年 1 至 4 月，跨境电商进出口总额为 85 亿元，其中出口额 67.3 亿元，进口额 17.7 亿元，进出口总额超过上年。到 2018 年，宁波将培育 20 个跨境电商产业集群、50 个跨境电商公共海外仓。预计跨境电商年交易将超过 150 亿美元，占全市进出口贸易额的 15%，高职跨境电商人才的培养有利于宁波地方经济的发展。

2. 基于高职特色，体现应用能力

高职教育以培养应用型、实践型、就业型人才为主旨，跨境电商人才培养与高职教学目标相一致，注重学以致用，强调理实一体。跨境电商人才的培养突出了高职教育的职业化特征与核心竞争力，学生能够很好地利用各种跨境电商平台掌握跨境电商操作的各项技能，为今后就业与职业生涯规划积累良好的经验。在分层分类的教学理念背景下，能根据学生需求制定实操内容，突出教学的有效性和科学性。

3. 改革教学模式，注重“以生为本”

在“互联网＋”背景下，跨境电商人才的培养也利用了各种互联网工具及平台，丰富了高职教学的媒介与手段。慕课及跨境电商平台提升了学生的自主学习能力，真正做到了在学中做，在做中学的教学理念。基于学生的综合素质与兴趣特长，分层分类培养技能型、运营型、多元型跨境电商人才模式，是对教学模式的创新，有利于学生的可持续发展，真正实现“以生为本”的教学宗旨。

四、会计专业分类培养实证研究[①]

(一)会计人员从业现状及未来发展

随着经济的持续发展,会计类专业的人才需求呈直线上升,随着越来越多的人喜欢读会计专业,各所高校会计专业的招生形势很好,为国家培养了大量的会计人才。当下,根据财政部会计资格评价中心的数据,我国会计持证人员(即持有会计从业资格证者)已经达到了2000万人次大关,据测算,真正从事会计工作的有1400多万人,其中高级会计师10多万人,中级会计师50万人左右,注册会计师20万人左右。40%以上的会计从业人员是大专和本科学历,硕士研究生只占到5%。我国中小企业成为吸收会计人才的主力军,会计人员的就业乐观。但是普通财会人员过剩,高级财会人员短缺,高端人才仅占0.46%,短口达到60%,高端会计人才主要从香港和海外引进,内地培训较少。基于上述情况分析,高等院校在培养会计人才时,要充分考虑普通财会人员过剩的问题,要根据学生的学习能力和就业方向,以生为本实施分类培养。

(二)会计专业分类培养类型分析

会计专业分类培养分为基本型和提升型,基本型是指顺利完成人才培养方案中的相关规定,包括修满最低学分、毕业前必须取得一个职业资格证书等基本要求。提升型分为升本型、技师型、创新创业型、国际化型。根据会计专业特点及生源特征,明确重点在升本型、技师型。

1. 升本型

第六学期,学生通过参加浙江省教育考试院的统一考试录取到相应的本科院校继续学习两年,取得本科文凭。经管类考生考数学和英语二门课。报考条件为:在校期间未受过处分,无考试作弊记录,无不及格课程(重修、补考及格视作及格),英语需要通过CET-3级或者英语应用能力A级(具体以浙江省考试院政策规定为准)。

2. 技师型

在考出会计从业资格证书的基础上,再考出助理会计师任职资格证书。

3. 创新创业型

通过选修创业类课程,提升自主创业的能力,在家庭、亲友的支持下,开设相关的公司创业。

---

① 说明:原文《会计专业教育分类培养存在的问题与对策探析——以宁波城市职业技术学院为例》(吴慧萍)载于《职教通讯》2017年第6期,本次出版略有修改。

4. 国际化型

申请转入中外合作办学的相关专业学习，或者出国留学，或者出国就业等。

（三）学情分析与分类培养规划

学校会计专业生源主要有中职生源和普高生源两类。中职生源英语、数学、语文等文化课程基础薄弱，但在高中阶段已经比较系统地学习过会计专业，有50%左右的学生入学时已经取得会计从业资格证书，另外50%左右的学生虽然没有取得会计从业资格证书，但具备一定的会计基础知识和专业技能。因此，鉴于中职生源的现状，分类培养目标主要定位是技师型，通过分类培养工作的实施，助力中职生源的学生毕业时取得助理会计师证书的比例达到70%以上。

普高生源的学生，英语、语文和数学基础较好，因此，对于这类生源的学生分类培养目标主要是专升本，希望这类学生毕业时能升入本科院校再学习的比例达到20%以上。

（四）分类培养教学实践

从2013级开始，以校内外的实训为载体，对课程体系进行改革，根据学生毕业后个性化的职业规划，分别开设专升本、创新创业、职业考证、国际化4个不同的方向，形成了高职会计专业公司制“三平台、四拓展”分类培养模式，培养高素质会计人才。

“三平台”是指把会计专业课程体系分为会计职业素质平台课程、会计实务技术平台课程和会计考证考级平台课程。会计专业课程体系按照工作任务的相关性设置，使得课程结构能够更好地与就业面向相对接，最大限度地培养学生职业能力。为了做到科学、准确，工作任务与职业能力分析在初始分析的基础上，聘请行业专家进行研讨、修订和确认。课程体系以项目课程为主体，但不排斥必要的系统知识学习及单项训练，从而体现“以人为本”的多元化设计思路。

会计职业素质平台课程：突出会计相关法律、法规等的教育，加强诚信教育，培养思想道德和职业道德，构建科学合理的会计职业道德教学体系。强化专业基础技能培养：包括会计核算技术、计算机操作、写作能力等的培养，强化技能，突出熟练，是会计工作的基本条件。具体课程包括职业素养、责任文化、通识课程。

会计实务技术平台课程：按照工作任务的相关性设置课程，使得课程结构能够更好地与就业面向相对接，最大限度地培养学生职业能力。核心课程包括中小企业理财、纳税实务、会计信息化实务、成本核算与控制、出纳实务、财务报表分析。

会计考证考级平台课程：明确学生必须获得的职业资格证书种类及其考核要求，将学历证书教育与职业资格证书教育有机融合起来，实现“双证融通”“以证代考”，为提高学生就业水平和就业质量打下坚实的基础。

“四拓展”主要是根据学生毕业后个性化的职业规划，分别开设专升本、创新创业、职业考证、国际化4个不同的方向，实现分类培养。专升本是指针对浙江省专升本统考，开设数学、英语、语文等课程，帮助要参加浙江省专升本考核的考生顺利进入本科院校进行深造。创新创业模块主要针对要创业的学生开设相关的课程。职业考证模块主要针对会计行业的职业资格证书考试开设会计师职业资格证书考试科目。国际化是指有出国意愿的学生，可以通过申请转入中澳会计专业学习，享受来自澳方的国外教育资源。

（五）分类培养实施工作保障与激励措施

（1）学院成立分类培养工作领导小组，由学院领导、所在专业负责人、教务管理人员及相关教师组成。

（2）实行主管（导师）制，分别由学院专任教师担任升本型、技师型、创业型、国际化型主管，具体负责协调、管理工作。

（3）在人才培养方案中，设计了升本型、技师型、创新创业型模块课程，学生可以自愿选择模块进行学习。

（4）新生入学始业教育时，给每个学生分发会计专业分类培养导图，由分管教学的学院领导、专业主任、班主任等全方位给予学生解读，增进学生对分类培养的认识和理解，帮助学生提前规划三年的学习目标、进程、路径、方法等。在此基础上，设计分类培养意向书，第一学期结束时，让每个学生带回家，结合本人及家长的意见，自愿选择分类培养的类型（一人一填报）。

（5）对于选择专升本的学生，先选择专升本模块课程学习，在没有开设英语和数学的学期，组建英语、数学学习兴趣小组，聘请专任的老师进行教学，对于报名参加专升本考试的学生给予报销学习考试资料费用，对于考上本科的学生给予奖学金奖励和颁发荣誉证书。

（6）对于选择技师型的学生：①在学校考证模块课程学习的基础上，根据财政部统一的考试时间，做出教学计划的调整，即及时开设考试科目的课程，个别公共课延后开课。②在每年财政部举办各级资格证书全国统一考试前一周，停止其他课程的学习，考前集中培训，提高考证通过率。③大三第五学期岗前综合实训实行职业资格考证培训，开设三个班级：考证班、提高班、精英班。未考出会计从业资格证书的学生，参加考证班；已经考出会计从业资格证书，但是未考出助理会计师职业资格证书的学生，参加提高班；已经考出助理会计师职业资格证书的学生，参加精英班，专门组织相应的学生去校企合作单位进行考前培训，提高通过率。④对于考出助理会计师职业资格证书的学生，给予奖学金奖励和颁发荣誉证书。

（7）对于选择创新创业型的学生，进行创业前的指导，学院在相关的政策层面和资金上予以支持，如采取小额贷款等措施。

（8）对于选择国际化型的学生，学院构建国际化教育直通立交桥，鼓励学生申请转入中澳、中美等中外合作办学单位的相关专业学习，另外开通出国留学的渠道，对于想出国留学的学生给予申请出国等方面的帮助，学院对于英语雅思等考试已经达到出国留学要求的分数的学生，给予奖学金奖励。

（六）实施成效与问题对策

1. 实施成效

2015届会计专业共有毕业生人数为96人，其中考出助理会计师的学生数为22人，通过率为23%，专升本考上21人，比例为21.9%；2016届会计专业共有160名毕业生，其中考出助理会计师的学生达68人，通过率为42.5%，专升本考上45人，比例为28.1%。2017届以后专升本率稳定在30%左右，助理会计师获证率稳定在45%左右，很好地满足了学生升学需求，以及高质量就业的愿望。

2. 问题对策

学生在选择专升本模块课程时，可能会与人才培养方案中的第五学期和第六学期的相关课程相冲突，如浙江省专升本考试统考时间在第六学期的4月份，而人才培养方案中的第五学期主要设置了岗前综合训练和岗位实践的课程，第六学期主要设置了岗位综合实践课程，学生为了专心备考，存在无暇顾及顶岗实践课的现象。针对这类学生和情况，学校层面需要进一步完善相关管理制度和政策，有效解决顶岗实践课程与专升本备考之间的衔接问题。

五、高职电商人才“X+1”协同创新培养模式研究①

（一）以协同创新视域审视高职电商人才培养模式

1. 传统高职电商人才培养模式的困境

传统高职电商人才培养主要通过独立专业设置培养和相关专业分类培养完成。前者主要以电商专业为平台，以符合经济社会动态发展的人才培养计划为原则，以不断改革优化电商产教融合教学环境和体制机制为突破口，紧紧依托校企合作教学团队和实训条件等专业资源，通过课程学习、顶岗实习和延伸课堂多渠道，培养符合电商专业高素质、高技能和可持续发展能力人才。后者是在分类培养多样化成才背景下，顺应当前互联网发展趋势，通过高职电商相关专业依托自身优势，开展“专业平台+电商模块”的人才培养模式改革，通过调研与规划专业培养的分流方案，拓展相关专业互联网创业与就业渠道，为电商交叉专业和行业领域培养专门人才，如市场营销专业开拓网络营销模块、应用英语专业开拓跨境电商模块。但上述两类电商人才培养模式存在校内教学资源整合不够、专业间互动性不强、产

---

① 说明：原文《高职电子商务人才“X+1”协同创新培养模式研究》（张作为）载于《职业技术教育》2015年第26期，本次出版略有修改。

教融合人才培养模式改革系统化不强与动力不足、相关方联合培养体制机制建设缓慢等问题。另外，高职院校实施电商人才培养通常采取产学合作联盟、特色学院等松散性组织形态，注重学校特定专业与相关政府、企业、行业和电商产业园的合作，通过链接式组织联盟弥补单个组织在某些领域和资源上的劣势，更倾向于单个专业与外部资源的整合利用，电商人才专业系统化培养和相关专业职业方向培养协同性普遍较差，传统电商人才培养模式的重构势在必行。

2. 以协同创新培养高职电商人才的必要性

随着“电商换市”政策的逐步推进，企业多元化的电商人才需求旺盛，不同专业学生纷纷加入电商创业与就业浪潮中来，特别是农村电商的不断发展，为高职电商人才的培养与输出提供了广阔空间。高职院校作为高端技能型人才培养阵地，其电商人才培养特点与学科综合性表现一致，主要表现为工作岗位需求的多样性和跨专业性，既需要培养学生电商知识与互联网意识，也需要培养学生借电商改造特定行业问题的职业能力、创新能力和综合职业素养，并且在“互联网＋”经济形态下，电商与行业融合度越来越紧密，跨专业复合型电商人才将成为社会需求热点。高职院校应结合电商人才发展特点和学校内部专业布局，强化协同创新教育理念与体制改革，组织多个相关专业实施电商人才协同创新培养模式改革，提升各行业电商应用领域人才培养的整体水平，助推高职院校内部人才分类培养、专业整合、科学管理和特色办学，为围绕电商专业打造特色专业群提供有效手段，为学校与科研院所、政府企业构建政行企校深度合作联盟提供条件，有效提升电商人才培养的产教融合水平和高职院校服务地方经济的能力。综上所述，高职电商人才协同创新教育培养既是学校创新型人才培养特色发展的内在需求，也是经济社会发展对高职电商人才职业标准的要求，同时也是高职院校有效开展社会服务的窗口，已成为我国高校重要的办学理念和发展战略。

（二）高职电商人才“X＋1”协同创新培养模式研究

1.“X＋1”协同创新人才培养模式的内涵

高职电商人才“X＋1”协同创新培养模式是指以协同创新组织联盟为载体，以“X＋1”人才分类培养为主要内容，基于学校内部体制机制改革创新的运作环境，整合学校范围内电商及其相关专业教学资源，组建跨组织、跨部门专业化的电商人才培养教学团队和创新型政行企校教育平台，协同化实施高职电商人才混合制创新培养的一系列流程与规范集合，是对传统高职电商人才培养模式组织载体的重构和运作流程的再造。其中“X”代表电商交叉专业和行业领域专业，如市场营销、应用英语、旅游管理等，“1”代表电商职业模块方向，“X”和“1”分别代表学生第一专业和电商职业模块的两个人才培养阶段，“X＋1”跨界性分类培养是实施电商人才培养协同创新战略的主要策略和路径选择。该模式以协同创新教育为核心理念，重视校内外专业资源之间的整合与良性互动，强调学校内部动力机制的综合改革和电商人才培养组织的重构与实体化，紧紧依托协同创新教育组织联盟平台，并根据典型电商综合项目和岗位工作任务构建多样化教学团队，择优筛选相关专业学生开展真实电商项目和岗位工作任务轮训，全面实施高职电商人才“X＋1”分类培养混合制教学，提升电商人才分类培养质量。

2.“X＋1”协同创新人才培养模式的组织重构

(1)组织总体功能重定位。首先，协同创新教育组织联盟在强调学校与外部链接式组织联盟的同时，更加倾向于协同校内电商与行业领域专业共建共享实训、师资和校企合作资源，能够在校方教学改革推动下，推动学校人事、组织和经费管理等方面改革，使组织联盟内的多方校内参与者具备较强群体内聚力。其次，协同教育组织联盟是学生第一专业分类培养的实体化载体，是打破院校内专业建设隔离、汇聚校内电商跨专业资源、整合校外优势资源、实施电商人才“X＋1”分类培养的实体化协同创新教育平台，能最大程度发挥教育资源校内整合和校外吸纳能力，提升学校电商人才产教融合水平和分类培养质量与成效。再次，协同教育组织联盟采用电商学院、网商学院和协同创新中心等载体来实施电商人才分类培养，通过创新组织形态聚集创新要素，提升高职院校校企合作吸引力和组织联盟群体与个体绩效，为尊重学生多样化成才和个性化发展提供路径，为获取更多校企合作电商人才培养资源与机会、输出更多符合相应职业标准的跨境贸易、网络营销、网站(店)运营与管理和行业电商化改造方面人才提供条件，并在此基础上逐步形成高职院校服务社会的有效渠道。

(2)组织内部结构重设计。协同创新教育组织联盟是由多个利益相关者构成的任务型群体，其群体结构由角色、规范、地位和规模等要素构成，共同解释和预测群体内大部分的个体行为与绩效，是高职院校开展协同创新教育重构，组织内部治理结构的重要考虑因素。首先，组织联盟角色定位与分布重设计。协同创新教育组织联盟围绕院校与联盟成员合作的紧密性关系、联盟内部成员地位与层次结构关系，确立好协同创新组织联盟的核心和外围个体，围绕院校专业布局和区域产业发展重点，确立好联盟结构中电商企业及其应用企业的分布与规模，使组织联盟内部电商相关专业、教学与管理部门、合作院校、主管部门、地方政府和电商相关企业等成员扮演不同的任务角色，表现出不同的角色认同和群体行为，改变传统电商人才培养组织联盟角色选择目的性不强、角色成员的分布层次不清、盲目追求大牌合作企业、组织联盟规模过大产生的社会惰化等现状。其次，组织联盟可操作性工作规范和制度重构。协同创新教育组织联盟具有群体成员共同接受的系列制度，有涉及人、财、物、教学、合作与管理等的全面系统化可操作性制度文件，其深入到组织联盟运作、管理和发展的方方面面，是影响群体成员行为、推动组织可持续发展、实现组织既定目标的重要手段，是在传统战略性组织联盟章程和框架合作协议等常见规范的基础上的丰富与深化，能有效提升传统组织联盟在电商人才合作培养过程中的可操作性和行为约束能力。

(3)组织动力系统再强化。协同创新教育组织联盟经过学校系统化制度改革，能自然而有效地激发各成员的参与性和合作动力，实现电商人才协同创新教育的互利多赢。高职电商人才协同创新教育作为新型教育合作育人模式，其组织动力系统是组织联盟可持续发展的重要影响因素，有关院校可围绕组织联盟资源依赖动力、高职院校发展性动力和组织绩效性规范要求展开重点强化。首先，协同创新教育组织联盟是资源聚集与双向流动平台，能整合校内外优质师资、教学设施和校企合作等条件性资源，有效提升学校电商相关专业特色化分类培养绩效，实现高职电商人才培养与区域内产业行业和企业需求的有效对接，同时高职院校通过组织联盟以社会服务形式为有关企业和地方政府解决员工培训、技术支持和电商管理等现实问题，为企业转型升级和政府创新发展提供智力支持，加强多方教育资源在统一平台下的双向流动，强化群体成员之间的吸引力和依赖程度。其次，协同创新教育组织联盟是分类培养实施平台，通过实体化组织形态实施协同创新教育促进更多学生多样化成才，为电商人才培养创造良好的产教融合环境，并提升教师专业视野和双师素质，真正解决高职院校教师的“教”和学生的“学”问题，强化高职院校电商相关专业和电商专业群发展的特色。再次，教育主管部门、电商主管部门、行业主管部门和校地合作政府机构作为协同创新教育组织联盟的主要成员单位和强影响力群体，出于职业教育区域特色发展、电商行业发展和地方经济转型升级需要，在组织联盟发展过程中具有较高的组织绩效与规范的心理预期，并在多元化政策支持、直接或间接影响和凝聚组织成员等方面为协同创新教育提供多元化支持，使协同创新教育组织联盟外部动力不断强化。

3.“X＋1”协同创新人才培养模式的运作流程再造

(1)组织联盟建设。协同创新教育组织联盟作为跨组织的利益共同体，是校内系列体制机制改革的结果，具有组织构成要素多元化、内部结构复杂性等特点。从组织成员筛选角度，高职院校作为电商人才协同创新教育组织联盟主要发起者之一，应结合电商行业及其应用行业实际，在选择吸纳协同单位时既要充分考虑岗位需求、实践条件和电商项目等资源状况，也要考虑与协同单位在实施高职电商人才“X＋1”分类培养时能就合作目标、方式、内容和形式等方面达到合法性认同，两者决定了协同创新教育合作产生的基础和可持续发展的条件。高职院校在发起组建协同创新教育组织联盟时也应结合电商相关专业的设置情况，紧紧围绕联盟结构、分布与规模等要素，在成员实力、合作基础和行业影响力等方面做出综合权衡，构建一个多方参与、结构合理和价值认同的政行企校教育合作平台。从组织内部架构而言，高职院校作为电商人才协同创新教育的实施主体，应充分考虑电商人才分类培养目标和特点，采取岗位工作室制和综合项目导师制人才培养形式，构建包括多个电商岗位工作室和典型综合项目团队在内的混合式培养框架结构，搭建业界精英与师生互动分享的电商俱乐部平台，设立教学办公室做好日常运行管理。为了提升协同创新教育组织联盟运作的有效性，高职院校应成立协同创新教育工作领导小组，筛选出主管政府、地方政府、核心企业与有关院校等关键成员作为代表，开展组织联盟内日常性群体决策与问题反馈、组织规范化建设与内部协商性交换工作，解决合作成员在资源付出与收益的延时性、收益不确定性等方面的问题。

(2)体制机制设计。为了有效开展电商人才协同创新教育，保证电商人才分类培养质量，高职院校应围绕合作模式、利益分配、分类培养、教学管理、机构设置和人员管理等方面探索创新型改革，紧紧围绕组织联盟的可持续动力系统构建协同创新教育体系。从协同创新教育组织联盟外部角度，高职院校应从学校发展出发做好顶层设计，突破学校内部传统体制机制障碍，建立校内外协同单位顺畅的人员流动机制和差异化管理制度，优化组织联盟内教学队伍建设，在更大范围内吸纳校内优秀师资和校外协同单位实战型兼职教师队伍，探索校外兼职教师入校教学的弹性工作模式。另外，高职院校应充分吸纳有关高校协同创新中心建设经验，组建横跨多组织多部门的实体化协同化运作机构，提高该机构在经费、人员、运作和内部制度等方面的自由度，明确协同创新教育组织联盟的目标与任务，理顺协同创新教育组织联盟与各利益相关者之间的关系，为高职院校协同创新教育营造良好外部环境。从协同创新教育联盟内部角度，高职院校应围绕电商人才混合式培养模式改革中涉及的工作室制、项目导师制、校企合作项目管理等操作层面制定相应规范，细化电商岗位培养与综合项目训练管理，激发组织联盟内部参与者活力，确保电商人才分类培养的协同化实施。

(3)"X+1"人才分类培养实施。在协同创新教育组织联盟与体制机制建设的基础上，高职院校紧紧围绕电商职业方向学生选拔、典型岗位工作室轮训、典型综合项目轮训和效果考核等环节，依托电商俱乐部平台培育师生专业视野和互联网思维，为电商人才"X+1"混合制培养营造真实岗位与项目学习环境。为了体现高职电商人才培养与多行业应用相结合的特点，协同创新教育组织联盟应充分吸纳成员单位合作项目，聚集典型真实电商项目和工作岗位载体，综合考虑项目规模、职业岗位、学生专业和学情等多种因素，科学组建专业背景多元化的小班化学习团队及其相应导师团队，开展高职电商岗位和项目的专项和综合训练，充分发挥"X+1"混合制培养团队成员之间的专业优势，为师生营造良好的相互学习团队氛围。另外，为了多渠道汇聚真实工作项目与任务，电商人才"X+1"协同创新教育组织联盟尝试以地方服务平台为载体，通过校地合作和校企合作等多种形式，结合当前高职院校职业素养和模拟公司制的人才培养模式，创建以实践教学和地方服务为主，盈利为辅的多样化教学型电商企业，采取组织联盟自建与内部师生共建相结合的方式，设立教学型电商企业，学校层面提供场地、培训和经费支持确保教学型电商企业的可持续化，并采取有效的监管手段维护教学型企业的性质和功能定位，定期开展教学型企业准入与退出评估。

(4)培养效果评价。在高职电商人才"X+1"协同创新教育培养模式下，由于学生在整个分类培养过程中处于多岗位多项目轮训的实战型学习场景中,学习团队组合和学生专业背景的多样性决定了培养效果评价的复杂性,但可参照如下评价原则。首先,评价对象要遵循分类分层评价原则,区分电商专业及其相关专业学生评价对象,并对每类评价对象按照技师型、创新创业型和复合型三个培养层次标准展开综合评价,保证评价结果的可参照性。其次,评价内容要遵循全面综合性评价原则,既要观测协同创新教育培养模式下学生的职业能力,如岗位业务操作能力、解决问题能力和电商创新能力等,也要注重学生在实战型教学环境下表现出的综合职业素养,如职业精神、职业道德和职业规范等,保证评价内容的全面客观。再次,评价手段要遵循多元化科学评价相结合原则,如过程性与终结性评价相结合、团队评价与个体评价相结合、教师评价与学生互评相结合、电商项目综合评价与岗位工作任务评价相结合的方法,保证评价结果的科学准确性,为电商人才"X+1"协同创新教育培养模式后续的制度调整和流程优化提供有效支撑。

(三)高职电商人才"X+1"协同创新教育培养模式实证

在国家和省市实施协同创新战略背景下,高职院校 A 紧紧依托当地跨境电商和电商换市系列政策,积极探索校企协同、校地协同、校校协同等开放、集成、高效的新机制,依托校内电子商务、市场营销、应用英语、旅游管理、艺术设计和城市园林等电商相关专业,瞄准地方电商人才需求和互联网创业特点,探索电商人才协同创新教育混合式培养模式改革,为高职院校探索电商人才协同创新教育培养提供了较好的借鉴。

首先,高职院校 A 以电商专业群一产业链为主线,开展电商人才协同创新教育利益相关者调研工作,在政府支持与校内系列政策保障下,组建由政府、院校、企业、乡镇村和校内电商专业群构成的协同创新教育组织联盟,并以电商协同创新教育领导小组实体化运作模式实施电商人才"X+1"分类培养模式改革,积极联合协同单位成员开展组织联盟群体决策、议事和反馈等工作。为保证电商人才协同创新教育的实施,高职院校 A 结合电商人才典型岗位和项目构建岗位工作室和综合项目工作室教学微组织,设立教学型电商企业弥补组织联盟在真实性电商项目引入上的不足,激发师生的参与性和发展性动力,同时设立电商俱乐部构建师生与企业行业交流分享平台,提升学生电商创业意识和能力。培养组织架构如图 4-2 所示。其次,为凝聚院校内部专业和校外联盟成员资源,有效开展电商人才协同创新人才培养模式改革,高职院校 A 积极探索校内机制改革,配套出台校内外师资流动、电商项目和岗位任务引入评价与管理、内部教学微组织单元的运行和管理、教学改革经费保障和小班化教学等可操作性文件,紧紧围绕组织联盟的宏观、中观和微观层面构建立体化内部治理政策,既重视组织联盟运行管理原则性和方向性,又重视组织联盟可操作性发展动力的强化。最后,高职院校 A 以电商人才"X+1"分类培养模式实施电商专业群建设,依托组织联盟产教融合条件资源,充分挖掘"一镇一校”“一村一品”等农村电商校地共建项目潜力，利用教学型电商企业创建运作批发、零售、团购、跨境贸易和微信等平台项目，并将上述资源融入岗位工作室和综合项目训练中去，使学生获得真实有效的实践教学载体和电商创业经验。高职院校A在实施“X+1”分类培养过程中，引入校内外协同创新教育师资教学团队、组建专业背景多样化的电商专业群学习团队，设立可扩展动态的典型岗位工作室和综合项目工作室，矩阵化配置教与学两团队师生，按照复合型、创新创业型和技师型不同的职业标准，实现学生岗位工作任务和电商项目滚动式轮训，提升电商专业群人才培养质量和社会服务能力。“X+1”人才培养流程如图4-3所示。

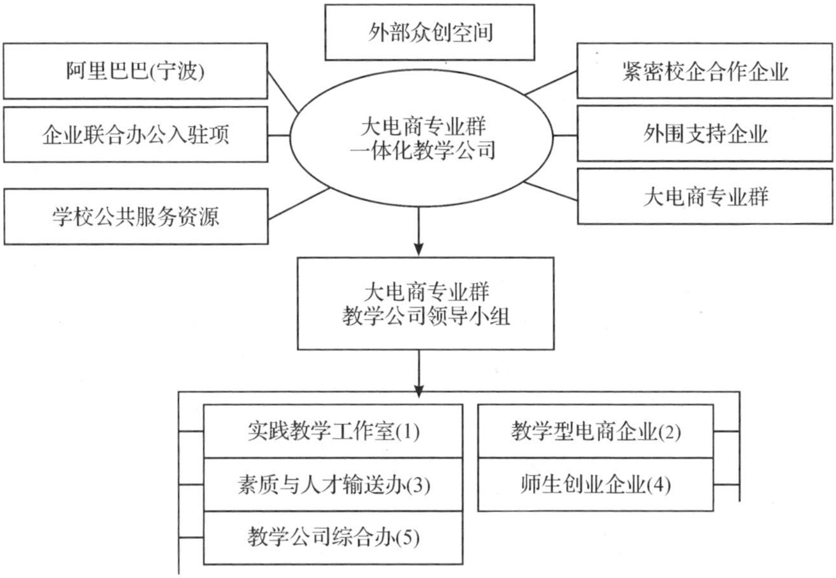

图4-2　高职院校电商人才“X+1”协同创新教育培养组织架构

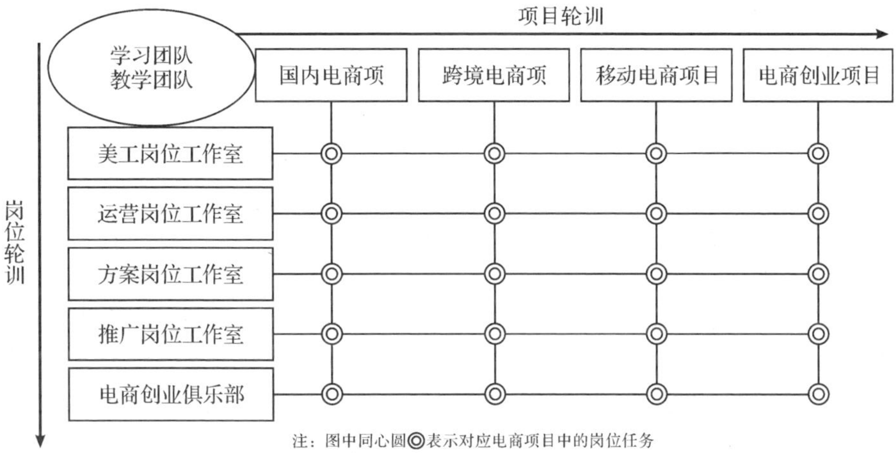

图4-3　高职电商人才“X+1”协同创新教育培养流程

（四）高职电商人才“X+1”协同创新教育培养模式实施建议

高职电商人才“X+1”协同创新教育培养模式改革是一个系统化工程，为提高电商人才培养质量，高职院校应充分认识电商人才“X+1”协同创新教育工作的根本出发点和方向，紧紧抓住高等院校人才培养和社会服务主要职能不动摇；以实施协同创新战略为契机，不断推动校内体制机制改革与协同创新教育组织联盟内部治理体系形成，使其成为院校实施协同创新教育的工作突破口和条件；不断完善以电商人才产教融合载体建设和“X+1”分类培养模式改革，使其成为实施电商人才协同创新教育工作的立足点和关键。

一是应把握好协同创新教育工作出发点和落脚点，正确处理好电商人才培养与社会服务之间关系，加强多方合作与沟通，通过组建与培育电商地方服务创新团队，深入企业和乡镇村开展定向的社会工作，提高合作单位对院校教育资源的依赖程度，进一步促进人才培养质量的提升。二是应找准协同创新教育工作切入点和突破口，全面深入开展校内人事、财务和教学创新机制改革，使电商专业群师资团队和办学条件性教育资源有效聚集，在学校范围内能形成良好的跨部门协同育人氛围，充分调动校内组织群体与个体的参与动力。高职院校作为协同创新教育组织联盟的发起单位，应定期审视协同创新教育组织联盟的角色、结构、规范、规模和动力要素，严格组织联盟的动态化管理，强化组织联盟决策和交流机制，积极探索政、行、企、校互利多赢机制，不断提升高职教育合作项目的吸引力。三是高职院校电商专业群应以产教融合载体建设和“X+1”分类培养落地为工作立足点和关键点，建议高职院校把握好农村电商发展契机，与乡镇村基层政府建立合作关系，积极探索电商工作室、师生教学团队和教学型企业运行模式改革，不断深化电商专业群建设。

第二节　基于分层教学理念的课程建设实践研究

一、高职院校教学创新的路径选择①

“十三五”时期，高职教育将以创新、协调、绿色、开放、共享的新理念为统领，推动高职教育快速、提升发展。当前，各高职院校正以“十三五”发展规划为契机，谋划新一轮高职教育的改革与发展，促进高职院校从规模发展转入内涵发展和质量

---

① 说明：原文《高职院校教学创新的路径选择》（潘菊素等）载于《职教论坛》2017 年第 15 期，本次出版略有修改。

发展阶段。在新的发展阶段，无疑创新发展是首要的。但是，如何进行创新发展？毫无疑问，教学创新是高职院校创新发展的基础，是实现质量发展的重要方面，必须多途径、多形式、多领域地推进。

（一）教学创新是当前高职院校创新发展的基础

中国经济已经进入新常态，“互联网＋”“大众创业、万众创新”“中国制造2025”是当前我国稳增长、促改革、调结构、惠民生、打造经济发展新动能的重要引擎，将在中国催生一场“新产业革命”。经济的转型发展和产业的变革正在积蓄新的增长动力，开拓新的市场前景和职业需求，而职业教育是面向人人和适应需求的教育。因此高职教育亟须不断进行创新发展、提高质量，以适应经济社会发展的新形势和新要求。

教育部《高等职业教育创新发展行动计划（2015—2018 年）》，从当前高职改革的“扩大优质教育资源”“增强院校办学活力”“加强技术技能积累”“完善质量保障机制”“提升思想政治教育质量”等 5 个方面提出了 32 条内容，明确了高职教育创新发展的行动任务和明确要求，成为当前高职教育创新发展的重要方向。

创新发展的重要任务和目标是质量发展，而质量发展的前提和基础是教学创新，各高职院校应深刻把握发展模式的变化，以人才培养工作为中心，以提高质量为核心，在人才培养模式改革、课堂教学改革、校企合作产教融合、信息化教学运用、教学管理制度改革等方面不断进行教学创新，实现发展模式从规模扩张向内涵建设、质量发展的转变。

（二）高职院校教学创新的主要途径选择

教学创新内涵丰富，形式途径多样，包括教学理念的创新、教学内容的创新、教学模式的创新、教学载体的创新、教学评价的创新、教学环境的创新、教学管理的创新等，但核心的要素是在人才培养模式创新、课堂教学创新、学习制度创新、课程质量保证体系创新等方面，必须要把握好这些方面，予以切实推进，并取得实效。

1. 创新基于“多样成才”的分类培养模式

经济新常态的发展需要高职教育人才培养的多样性，适应需求和面向人人的职业教育必然将带来学生发展需求的多样化，因此，当前在人才培养目标上，我们应树立多样成才的教育理念，努力让每个学生都有人生出彩的机会。如宁波城市职业技术学院近几年就按照因材施教、人人都可成长成才的教育思想，提出了“基本＋提升”型的人才培养目标，将学校基本型人才培养目标定位于“面向生产、建设、管理、服务第一线，培养一批素质高、知识实、能力强并具有一定创新创业能力的高素质技术技能型人才”，在这一基本培养规格基础上，根据学生的个性特长、职业生涯发展规划、学习能力等，开展了“升本型、复合型、技师型、创新创业型、国际化型”等提升型人才的培养，有效实施了“分类培养、分层教学、尊重选择、多样成才”的人才培养模式，已经取得了明显的成效。

2. 创新基于分层教学的课程教学创新

为保证分类培养目标的实现，各专业应根据专业特点、培养目标、学生发展和行业企业对人才的需求，明确专业分类培养的类型、各类型的培养目标及评价标准和工作目标，需构建与分类培养相适应的“平台＋模块”课程体系，并有效实施分层教学。

首先，需构建分类培养分层教学的课程体系。构建实施“平台＋模块”课程结构体系，在通识教育平台、专业群平台、岗位群平台基础上，为保证分类培养目标的实现，应设置岗位工作方向模块和专业选修模块课程群，并在模块课程群中特设分类培养类型方向衔接模块课程。

其次，在通识平台课程中实施分层教学。一些量大面广的通识基础必修课程要根据学生入学成绩或分类培养要求打破自然班重组教学班进行分层教学和培养，如公共英语课程根据新生入学时的高考成绩及专业分类培养要求进行大学英语三级或A级或B级教学；对要求高的专业及基础好的学生进行公共计算机二级及以上的教学；对不同专业进行高等数学的不同要求教学，如电子信息类专业的数学为信息数学、商贸类专业的数学为经济数学、建筑工程类专业的数学则为工程数学等。如在浙江省，为适应专升本考试科目要求，升本型学生可直接修读“大学语文”，其他则修读“应用文写作”，此外，面向有专升本需求的学生每学期可分别开设“大学语文”“高等数学”“大学英语”等辅导课程。

再次，对提升型的学生进行分类教学，通过在岗位工作方向模块课程或专业拓展选修模块课程设置分类培养衔接模块课程，对提升型学生进行分类教学，以保障提升型人才培养目标的有效实现。

最后，为实施分类分层教学，要不断扩大分类分层教学的课程比例，完善选课制度，对课程资源和教学资源进行有效整合和利用，逐步扩大小班化教学比例和选修课比例，并在教学工作量认定及教学经费投入等方面予以积极支持和保证，为分类培养分层教学营造良好的课程制度环境。

3. 创新基于“选择学习”的学习制度

“选择学习”指学校积极拓展各类学习资源并创造各方条件给学生充分的学习自主权，这正是当前选择性教育理念下的学习制度的重大改革。“分类培养、分层教学、尊重选择、多样成才”的培养理念和模式，就是充分给予学生在专业、分类的类型、模块方向、课程等方面选择的空间和自主权，同时学校充分尊重学生的选择，并不断完善学分制的教学和管理制度，促进学生成长成才。

(1)选专业。按大类招生入学的学生，经过一段时间的学习，对大类内各专业已有了初步了解或充分认识，可结合自己的兴趣和职业发展方向，在学校规定的时间和条件内选择自己喜欢的专业。同时学校需进一步完善转专业的规定，进一步扩大转专业的比例和空间，让有需求的优秀或学习困难学生找到自己合适的专业学习。

(2)选提升目标类型。在提升类型目标选择中给予学生充分的自主权，结合学生的职业取向、生涯规划、个性特征、兴趣爱好、学习能力等综合因素，对学生进行“升本型、复合型、技师型、创新创业型、国际化型”等提升类型的选择培养，并尊重学生的选择，同时通过新生入学教育、专业教育等途径不断加强学生的职业发展指导和专业教学指导，构建全员育人机制，完善导师制和辅导员、班主任制度，指导和帮助学生顺利实现分类培养目标。

(3)选模块方向。各专业根据岗位群中不同岗位的特征、技术技能要求，充分发挥学校“平台＋模块”课程结构体系的优势，在强化基础知识和能力培养，加强通识教育的同时，可科学设置两个及以上的岗位工作方向模块(含分类培养衔接模块)，由学生再根据就业岗位意向自主选择一个岗位工作方向模块进行分类培养，进一步体现尊重学生选择，注重学生个性的培养理念。

(4)选课程。根据学生不同的发展方向和目标，开出不同层次的课程供学生进行选择修读，主要体现在：

①基于分类分层教学的通识平台必修课程的选择。如在公共英语、公共计算机、公共体育、高等数学等通识平台必修课程中实施“1＋X”教学，注重让通识课程为专业服务，“1”是指为满足各专业群所需的通用基础知识，“X”是指根据专业群的性质、要求而设置的提升课程，注重为专业及岗位方向服务，因此，学生可根据自己的学习能力进行“X”的选择修读。另外，在通识平台课程开设了“大学语文”和“应用文写作”，根据浙江省专升本要求，对于有专升本需求的学生，可以不选择“应用文写作”，而是直接修读“大学语文”课程。

②岗位方向模块课程的选择。每个专业根据对应的工作岗位设置至少两个不同的岗位工作方向模块，学生按照自己未来就业面向和喜欢的岗位工作方向选择不同模块课程进行修读。

③分类培养衔接模块课程的选择。在完成基本培养规格和要求的基础上，根据学生的提升型分类培养目标，学生可选择其提升型相对应的分类培养衔接模块课程进行修读，以达到提升型的学习目标。

④专业选修课和任意选修课的选择。按照学生培养的知识、技能、素质要求可开设一定数量的通识选修课程和专业选修课程供学生选择，为学生提供拓展空间，以进一步拓展和提升学生的知识面和技能水平。

4. 创新基于“以学为中心”的信息化教学应用

随着互联网等现代信息技术的迅猛发展，教育信息化正推动着全球范围内教育理念和教学方法、学习环境和学习模式的深刻变革。互联网、云计算、大数据等信息技术在教育教学中应用和融合，加快从以教为中心向以学为中心转变，从知识传授为主向能力培养为主转变，从课堂学习为主向多种学习方式转变。高职院校应把“运用现代互联网技术进行教学形态的创新应用”作为课程改革、学生学习方式改革的新的载体和途径，充分利用网络课程、专业资源库、精品课程、资源共享课、微课、微课程、微信、慕课等丰富多彩的信息化教学平台和载体，紧紧围绕慕课、微课、翻转课堂等新的课程形式，探索互联网信息技术支持下的线上线下相结合的混合式教学模式改革，建设一批网络在线课程，推动O2O式的教学形态改革与创新，使信息技术在专业建设、课程改革、课堂教学、学习模式等人才培养中的支撑和引领作用得到充分发挥。

混合式教学(Blended Learning)被认为是能有效提升教师教学效果、较好地促使学生学习目标达成的教学模式。混合式教学可以把传统学习方式中教师便于主导和监控课堂的优势，和网络化学习(e-Learning)中学生易于自主和发挥能动性的优势结合起来，既能发挥教师引导、启发、监控教学过程的主导作用，又能充分发挥学生作为学习过程主体的主动性、积极性与创造性。通过混合式教学实现传统教学与网络学习、线上学习与线下学习、课内学习与课外学习、课前学习与课后学习的结合，改革以教师"教"为中心转为以学生"学"为中心，培养学生基于互联网的自主学习能力，充分调动学生学习的积极性和主动性，使不同学生得到不同的发展，能有效实施分类分层教学和培养。

5. 创新基于"有效教学"的课程质量保证体系

课程质量是高职院校教学质量的核心和难点，建立课程质量保证体系是高职院校课程改革自我需求，发挥质量保证主体作用，不断完善内部质量保证体系和运行机制，持续提高人才培养质量的重要举措。结合高职院校特点，可建立基于说课的教师职教能力测评制度，基于合格课程评估的课程准入制度，基于有效教学的教师教学效果评估制度，基于人才培养工作状态数据平台的信息反馈制度等，探索和实施"职教能力—课程准入—教学效果—平台反馈"四位一体的全覆盖、具有较强预警功能和激励作用的课程质量自我诊改和保证体系(见图4-4)，并以此作为课程改革与教学创新的突破口，实现课程质量、人才培养质量和教学管理水平的持续提升。

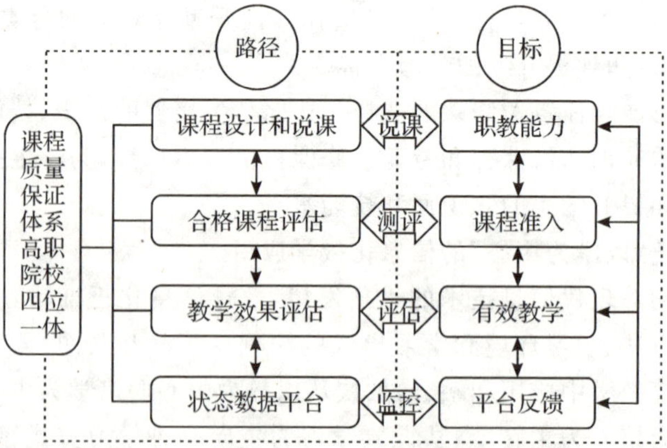

图4-4　高职院校"四位一体"课程质量保证体系

在该体系构建过程中，要把握好几个关键环节并有效实施：

第一，要明确各质量标准。如要按照基于工作过程系统化课程改革要求，制定合格课程评估和教师职教能力测评办法，按课程类型制定《课程整体及单元教学设计要求》《听说课评价指标体系》《课程教学基本建设评价指标体系》《教师教学效果评价标准》等质量标准。

第二，要说评结合，提高评估质量。要有效解决教与学中"为什么教—教什么—如何教—如何学"的问题，使教师进一步明确所授课程的性质、地位、作用、目标、标准，优化工学结合的课程体系和教学内容，推动"教学做合一"的教学模式改革，调动学生学习的积极性和主动性，可对每个教师、每门课程按照标准开展课程准入制度，即实施基于说课的教师职教能力测评和合格课程评估制度，使教师的职教能力达到高职教育的要求，每门课程达到学校课程质量标准要求。

第三，要加强课程教学有效性。为加强教师对课程教学的有效管理和实施，可要求教师按照课程改革与建设以及课程实施过程的主线，在课程标准与专业人才培养方案的有效对接与实施、课程教学目标与专业人才培养目标的有效对接与实施、课程整体和单元教学设计与课程标准及课程教学目标的有效对接与实施、课程教学模式改革与教学设计的有效对接与实施、校企合作工学结合的有效性、学生学习考核评价与课程标准及教学设计目标的有效对接等方面加强课程教学的有效性，全面提高课堂教学效率和教学质量。同时，为加强课程的有效教学，每学年对所有课程和任课教师进行教学效果有效性评估，建立健全教学评价与激励约束体系，激发教师不断加强教改，提高教学能力和水平。

第四，构建与数据平台对接的质量监控与反馈机制。每学年通过人才培养工作状态数据平台的数据采集、统计、分析、反馈，了解人才培养过程、质量及存在问题，成为学校决策参考、自我诊改的依据，并每年向社会公布人才培养质量年报，自觉接受社会监督。

第五，要形成常态化的课程质量自我诊改与保证机制。要将职教能力测评、课程准入、教学效果评估等结果与课程退出机制、教师岗位聘任和考核、职称评定、评奖评优、绩效发放、出国培训选拔等相挂钩，形成常态化的课程质量自我诊改与保证机制，以有效保证课程教学创新的质量。

二、服务学生发展需求的高职院校英语分级分类教学体系研究①

分级教学是普通高校及高职院校针对公共英语课程普遍采取的一种教学模式。通常以在一定范围内把学生按照英语成绩列为不同级别另行组班进行英语教

① 说明：原文《服务学生发展需求的高职英语分级分类教学体系研究》（蒋玉琴）载于《职教通讯》2013年第3期，本次出版略有修改。

学为主要形式。在各类高职院校，分级教学主要从 2002 年起陆续开始实施，究其原因主要是 2000 年 10 月教育部高教司颁布/试行《高职高专教育英语课程教学基本要求》，提出“高职英语课程要重视培养学生实际使用英语进行交际的能力，由于该类院校学生入学时英语水平差异较大，教学要求分为 A、B 两级，实行分级指导”。此外，分级教学的实施符合教育学中因材施教的教学原理；美国著名语言学家 Krashen 的二语习得输入假说“i+1”也为分级教学的实施提供了有力的理论依据。

作为迄今最具影响力的高职英语教学模式之一的分级教学在教育较发达地区的绝大多数院校都曾经或正在实施，一些院校已积累了丰富的分级教学经验。但是，随着高职教学改革的进一步深入，尤其是教育部教高〔2006〕(16 号)文件和 2009 年《高等职业教育英语课程教学要求》颁布以来，一些走在改革前沿的示范性高职院校不断深化高职教育改革，贯彻“以服务为宗旨，以就业为导向”的职业教育指导思想，继而探索服务于学生专业和就业岗位的行业/职业英语(也有称“岗位英语”)教学。

显而易见，分级教学与行业/职业英语教学已成为当前高职院校高职英语课程教学的两大特色。

那么，分级教学经过 10 来年的改革实践，成效如何？行业/职业英语教学能否真正服务学生的就业与发展？是否有更好的高职英语教学模式或课程体系能够帮助培养高职院校复合型人才？带着这些问题，综合了多数高职院校实施的分级教学实践经验，并结合新形势下高职英语的改革发展趋势，通过调研及所在院校的改革实践探索，提出了高职英语分级与分类的课程教学体系改革思路。

(一)高职院校英语分级教学调查与分析

1. 高职院校英语分级教学实施形式调查

经过对以浙江省为主的高职院校的调查发现，在实施英语分级教学过程中不同院校在具体实施形式方面有所区别。具体表现在：实施英语分级的依据和范围有所不同；具体采用的级别和分级时间跨度有所区分。

关于分级的依据，一些院校直接参照学生入学时高考英语成绩；一些参照学生入学时统一参加的英语水平测试；还有的综合了学生的高考和入学测试成绩。在采用的分级级别方面，有院校在全校范围内实施分级；还有的在相近几个专业范围内实施；也有仅在一个专业范围内实施的。在设置级别方面有分为 A、B 级的或 A、B、C 级的，也有快班和慢班形式的。分级的时间跨度，不同院校从 1 个学期到 4 个学期不等。体现出分级教学具体实施形式的多样化特点。

2. 高职院校英语分级教学实践结果分析

(1)分级教学实施效果分析

高职院校多年的分级教学改革实践证明：分级教学把学生按照英语水平的差异分别编排在不同级别的班里进行英语课程的授课，有利于教师根据学生的英语程度合理安排教学内容,避免了原始班级里差生“消化不了”而优生“吃不饱”的无奈现象。实验结果证明分层教学对提高学习效果有一定的作用,尤其是对A层学生的高级目标培养和防止C层学生英语学习兴趣的遗失有很好的作用;梯级教学承认学生的个体差异,有利于培优补差并合理开发不同学生的潜质,使他们发挥各自的最优效能;经过一年半的分级教学,学生的成绩有了明显的提高,分级教学效果显著;分级教学有利于提高学生实际英语应用能力,教学效果显著。

(2)分级教学存在的不足分析

高职英语分级教学在取得成效的同时,也逐步显现出一些不足:首先是一些院校分级方式不科学,直接影响了分级效果;配套教材的不足和师资力量的不稳定也为分级教学打了折扣;考核方式的不健全和分级新组班级带来的管理问题等也影响了效果。分级教学存在先天不足,尽管经过10年的发展,还是存在很多难以解决的问题。分级教学按一定的成绩分班,在一个班的学生自然分为A、B、C级,其中A、C两个级别的学生最容易产生心理问题。

3. 高职院校英语分级教学经验启示

10来年的高职英语分级教学,从考试成绩来看,的确大部分学生都有提高,事实上,很多高职院校以学生参加全国英语统考,尤其是高等学校英语应用能力考试A、B级和大学英语三级的成绩来衡量分级教学的成败,这一教学模式也解决了学生层次差异过大而导致的教师授课难问题;但是现有的分级教学形式由于缺乏统一性和一定的科学性,其经验还无法提升到一个理论的层次和推广应用的层面,而且大多数院校把不同专业类别的学生重新编排在分级班级里授课,导致授课内容仅局限于GE(通用英语),这与2009年《高等职业教育英语课程教学要求》明确的教学目标“以培养学生实际应用英语的能力为目标,侧重职场环境下交际能力的培养,使学生逐步提高用英语进行交流与沟通的能力”显然是相悖的,也没有充分体现“以服务为宗旨,以就业为导向”的职业教育指导思想。总而言之,现有的分级教学没能从服务学生的专业和未来就业与发展的角度培养学生,因此体现出一定的局限性。

(二)高职院校EOP(行业/职业英语)教学模式分析

EOP(行业/职业英语)教学是目前部分走在改革前列的高职院校继分级教学之后探索的另一种高职英语教学模式。它以服务学生的专业和未来的职业岗位为目的。所有学生在原始班级里接受基于未来职业岗位的行业/职业英语课程教学。2009年《高等职业教育英语课程教学要求》(征求意见稿)提出了“以职场交际为目标,以应用为目的,将行业英语教学渗透到教学的全过程”的指导思想,无疑也为EOP(行业/职业英语)教学提供了理论的支持。从现有的改革实践来看,行业/职业英语教学服务于学生今后的就业问题,能够让学生及早接触专业和未来职业领域中的英语应用,的确有助于学生今后的上岗就业。但是,对于本身英语基础差的学生来说，行业/职业英语由于过强的专业性和相对难的专业词汇，往往使得他们难以理解和消化；不区分专业和学生未来职业与英语的相关性而一概授之以教学方式方法雷同、学时相同的行业/职业英语课程对于很大一部分学生而言，不能不说是一种浪费。懂专业与行业知识、技能的英语教师的匮乏和配套教材的不足又为 EOP(行业/职业英语)教学打了一定的折扣。

现阶段本着服务学生的专业与就业的高职 EOP(行业/职业英语)教学显然仍处于探究阶段，需要不断摸索与完善。

(三)高职院校英语“(分级)+分类”教学体系建构

1. 高职院校英语“(分级)+分类”教学体系建构

首先，高职英语“(分级)+分类”教学体系指在学生入学之初的 2 个学期左右时间里，先把不同英语水平的学生在大的专业类别范围内进行分级和分班，统一接受 GE(通用英语)的教学。具体是否需要实施分级教学以及分级教学实施的具体时间跨度看不同院校的具体情况而定，高职英语分级教学并非适合所有高职院校的所有专业。因此，分级打上括号表示可以选择性地采用。分类，在这里指学生经过一年左右的通用英语学习，在对自身今后的发展有了相对稳定的目标之后，按照学生的发展类别进行高职英语的授课。分类完全按照学生的今后发展目标进行，主要类别有：专升本继续深造类、出国深造类、直接就业类和创业类这四大类别。针对有志于专升本的学生，在全校范围内编班继续开设针对专升本考试的 GE(通用英语)教学，以帮助学生顺利通过该考试；对于有志于出国深造的学生，另外组班开设诸如雅思等课程；对于直接就业的学生，按照专业大类，根据他们今后的就业岗位与英语相关度的不同分别设置侧重点有所不同的 ESP(专业英语)和 EOP(职业/行业英语)等英语课程，有条件的院校，在不同的专业类别内部，还可以进行分级分班授课，以便英语层次不同的学生在今后就业岗位上朝或管理者或卓越技师或普通技师的方向发展；对于创新创业型学生，允许他们在全校范围内自行选择某一高职英语课程进行研修。即根据不同学生的不同发展方向和目标构建高职英语的“(分级)+分类”教学体系。

2. 高职院校英语“(分级)+分类”教学体系建构的理据分析

实施高职英语“(分级)+分类”教学体系首先基于“以人为本”的马克思主义基本原理，重视主体——学生的需要，以培养学生为目标，为学生的发展服务；2000 年 10 月教育部高教司颁布/试行的《高职高专教育英语课程教学基本要求》和美国著名语言学家 Krashen 的二语习得输入假说“i+1”为分级教学提供了理论依据；教育部教高〔2006〕(16 号)文件提出的“以服务为宗旨，以就业为导向”的职业教育指导思想和 2009 年《高等职业教育英语课程教学要求》都为高职英语根据学生发展所需设置课程提供了很好的理论依据。其次，分类教学吻合因材施教的教育学原理，也符合学生个性化发展之所需。

高职英语课程分类教学依据学生的发展和实际需求，顺应高职人才培养的指导思想，符合学生发展所需，契合学生的内在学习动机，也必定会较好地调动起学生的学习积极性，学习效率必定也会大大提高。

高职英语分类教学由于紧贴学生的未来发展设置课程，安排相应教学内容和学时，为学生发展目标的实现提供了有力的保障。

3. 高职院校英语“(分级)＋分类”教学体系建构需注意的一些问题

(1)解决是否需要分级的问题

首先，要根据高职院校具体的情况决定是否需要进行分级教学，如果院校存在专业单一、专业与英语相关度较低、学生英语层次差别不大、师资力量薄弱等其中的一个现状就可以考虑不采取分级教学；反之，在条件允许的情况下，为提高英语的教和学的质量，建议科学合理地进行分级教学。

(2)解决科学分类的问题

①如何进行科学分类

首先，涉及分类的时间。目前最佳的时间确定在学生入学一年之后，一则学生经过一学年的 GE 英语的巩固与提高，为继续 GE 学习或行业/职业英语学习打好了基础，二则学生对自我的发展在这一阶段有了较清晰的认识，已从入学时的懵懂开始转向规划自我。

在具体分类时，需充分掌握每位学生的今后发展目标和现有英语水平，在征求学生本人的意见和英语等任课教师的建议下，进行合理地分类和分班。针对专升本和出国深造的学生，如果数量较大，宜在专业相近的专业大类范围内分类；数量不多，则在全校范围内实施。对于直接就业型学生，原则上按照原始班级授课，如果学生数量不足，则在专业大类范围内分班。现实表明，直接就业型学生占绝大多数，因此，有条件的院校还可以在就业型类别学生中以专业为范围实行分级教学，以适应不同英语水平学生的需要，同时每一学期根据学生的英语水平提高程度实行动态调整。对创新创业型学生，允许他们根据个人的发展需要和英语水平，选择以上提及的一个类别中的某一班级选修英语课程。

在分类时，针对直接就业型学生，考虑到他们不同专业与英语相关度的不同，英语课程的学时设置宜有所区分。

②如何合理选取不同类别学生的英语学习资料

由于高职院校英语课程完全针对学生的发展进行分类教学，因此，在具体的教学内容方面不同类别区别很明显。针对专升本类型的学生，完全以提高 GE 的英语水平为主，旨在帮助学生提高英语综合水平，并顺利通过专升本考试；针对出国深造型学生，参照雅思考试的要求主要从听、说、读、写四个方面对学生进行集中强化和提高；直接就业型学生则可根据专业及今后岗位与英语的相关度合理选取教学内容，进行相应能力的训练。

③解决针对不同类别学生的教师问题

由于学生的英语培养目标不同，课堂的教学内容也不一样，这就要求应给不同类别的学生分别安排擅长于不同教学内容的任课教师。尤其是，针对直接就业型的学生，要求英语课程的任课教师既能够从综合的角度提高学生英语总体水平，又熟悉学生今后的岗位特征以及英语在岗位上的实际应用。如果教师不能够针对学生的今后发展来安排内容，或者说没有能力紧贴学生的发展目标来开展教学，那么高职英语的分类教学就毫无意义。因此，在新一轮的高职英语课程改革之前，合理的师资队伍建设是必要条件。

④科学的考核方式的落实

落实针对不同类别学生开设的英语课程的考核方式同样至关重要。只有科学的考核才能让我们随时把握学生对英语的掌握程度并检验教学的效果，同时更好地总结和调整今后的教学。一旦考核方式缺乏科学性，如所有类别学生统一参加某一统考，那么分类就失去了意义，成效也就无从谈起。

（四）结论

高职院校建校以来，高职院校英语课程经历了从照搬大学英语模式到逐步确立以应用为目的的改变，从教学方法的改革到分级教学模式的探索、行业/职业英语教学的尝试，再到今天基于服务学生发展需求的高职英语分级与分类教学改革，进一步体现了高职总体改革目标和方向："以服务为宗旨"，服务学生的发展，服务学生的就业。如果说，最初的分级教学仅仅是帮助学生提高了 GE 水平，而 EOP 英语教学过于片面地强调基于职场的英语教学，那么，高职英语"（分级）＋分类"教学体系无疑是目前针对高职英语改革较为完善的一种课程体系建构，值得广大高职院校在高职英语课程改革过程中借鉴并给予不断的总结与完善。

三、高职院校计算机基础课程的分层实验教学[①]

《国家中长期教育改革和发展规划纲要（2010—2020 年）》提出了"加快教育信息化进程"，党的十八届三中全会提出了"构建利用信息化手段扩大优势教育资源覆盖面的有效机制"。而高职院校是培养高技能的应用性人才的学校，这就要求每位学生都必须掌握信息技术，而计算机基础教育是信息化普及的重要力量。关于计算机基础教学和实验的知识体系，教育部计算机科学与技术教学指导委员会（简称教指委）认为，计算机基础教学没有数理化学科的深厚沉淀，没有国外现成成果可搬，而且有着以应用为主的基础实验随技术更新很快被淘汰等问题。在计算机基础课程的教学过程中，在新的实验条件下，探索建立以应用为核心、以需求为导

---

① 说明：原文《高职院校计算机基础课程的分层实验教学》（李雪花）载于《计算机教育》2015 年第 5 期，本次出版略有修改。

向的具有高职特色的计算机基础课程实验教学体系与立体化教学资源显得十分迫切。

(一)高职院校计算机基础课程分层实验教学的必要性

全社会信息技术的不断普及和深化,也带来了中小学计算机教育的发展,大多数学生在上大学前就掌握了一定的计算机知识。中小学阶段的信息技术课主要的目标是让学生对计算机有一定的认识,对操作和应用的水平要求不高,这就导致了学生的计算机应用水平参差不齐。高职院校的招生对象分两部分,一部分是全国高考生,另一部分是"三校"生,即由中专、中职和技校升上来的学生。学生的来源不同,他们的计算机知识水平和应用能力也不同。在这种情况下,就必须根据学生的不同计算机水平进行分层教学,才能够有效提高计算机基础课的教学质量和学生的计算机水平。

高职计算机基础课属于培养通识能力的技能类课程,这门课的教学效果与学生的计算机掌握程度和能力的培养,很大程度上依赖于实验教学的改进。

(二)分层实验教学的实施方法

1. 对学生进行分层

在高职新生入学后,对全校新生进行一次计算机基础水平的摸底测试,通过摸底测试摸清高职新生计算机水平的基本状况,准确把握学生的层次结构,了解学生对计算机教学的需求,为高职院校计算机基础课程的改革,尤其是教学内容改革和分层教学实施提供可靠的依据。摸底测试最重要的一步是进行上机测试。主要测试的学生的计算机基本操作技能包括:(1)操作系统的使用;(2)以办公软件为主的应用软件的使用;(3)因特网的使用情况等。接下来进行问卷调查,主要内容包括图像处理软件、QQ 聊天、博客、网络游戏等计算机常用软件的使用情况。然后是举行学生座谈会,主要听取学生对计算机课程教学的意见或建议,了解学生在自身发展过程中对课程设置的要求和希望。实施完这一步后就可以对学生进行分层。根据测试结果、问卷调查和座谈会所了解的情况,结合浙江省高校计算机等级考试大纲,将学生分成三个层次:一级层次、二级层次与三级层次(三级主要为信息类专业学生开设)。

2. 对实验教学内容进行分层

实验教学内容要适应每一层次的教学目的,增加实验教学在总课程学时中的比例。通过对学生计算机应用能力的测试,发现学生在中小学都学过Windows操作系统、Office 办公软件和如何从网络上获取资源等。教师在讲解操作技能时就不应该只是按照软件菜单把功能介绍一遍,而是应根据现实工作和企业实际需求精选出一系列仿真实验教学案例,形成基于工作过程的案例群覆盖知识面,以项目体系构建教学布局。实验教学内容必须根据高职院校不同专业的需求特点来编排，我校根据文秘专业的学生的专业特点，加强 Word 实验教学内容的学时，案例均来自企事业的实际工作，而对于会计财经专业的学生，则在 Excel 这一部分增加学时增大实验的难度。为适应这一需求，学校应大力开发符合不同专业特色的校本教材。实验教材应以综合项目带动、岗位任务驱动、工作案例引领等方式开发编写，紧紧围绕课程目标要求，以项目或任务方式引出章节知识和技能，让学生能通过岗位实际任务的解决掌握课程的知识和技能。这样的教材不仅能激励学生自主探究的兴趣，有利于组织教学，还能拉近学生与工作岗位的距离，提高学生的综合职业能力。这是贯彻高职教育的宗旨：职业教育培养的是生产管理第一线所需要的动手能力强的基础技能人才。

（三）实施有效的实验教学方法

高职计算机基础课程要改变以往的理论加实验的教学模式，采用“教学做一体化”的模式。目前，学校计算机基础课程的教师都是“双师型”教师，为实验教学的改革奠定了基础。学生的计算机基础课程全都在机房里上，利用现代化的多媒体教学设备进行教师广播教学、学生机演示共同纠错、学生机以窗口方式接受屏幕广播等。教师在课堂上精讲知识点，边讲边操作，学生可实时跟随老师进行操作，这对于高职学生是一种有效的实验教学方法。现在新型的先进的教学设备的涌现，也为计算机基础的实验教学带来了便利。数字化校园中的网络教学平台让老师和学生的教与学拓展到了课外。大多数学生都有自己的电脑，在上课以外学生也可以在自己的电脑进行实践操作。新的实验环境的变化使师生互动变得更加灵活多样。

1. 充分利用新技术推动任务驱动教学法发展

任务驱动教学法一直是被认为是具有很好教学效果的教学方法，在分层实验教学的环境下，这一方法也同样不可缺少，任务驱动法把知识点巧妙地融入任务中，使任务更能贴近日常岗位工作。学生在完成任务后能够获得很强的成功感。以前受学时少、课堂时间少的限制，学生自主学习任务量小不易取得效果，量大了课内完不成，现在有了新的网络技术的应用，教师可根据不同的教学内容，调整自己的思路，充分利用新的软硬件功能开发一些新的软件和课件，使实验教学内容更加丰富。

2. 利用新技术培养学生的兴趣，使学生养成自主学习习惯

智能手机的普及，微信的盛行，为计算机基础教学带来了便利，计算机教师要紧紧抓住这一时机，将实验教学拓展到移动学习上去。针对高职学生的乐于动手，社会活动能力较强，可塑性较强，但学习基础较差，学习习惯、方法、能力欠佳，逻辑思维能力较弱和空间想象能力较差的特点，教师将一个个典型任务的操作做成微课微视频，上传到学生的微信公众平台，让学生自行点播，自主学习，还可以设计一些考查学生学习效果的任务上传到微信平台，按时间节点检查学生的学习状况，督

促落后鼓励先进。

3. 建立立体化教学资源

信息技术的进步使全社会都进入了网络化、信息化的时代，各高职院校的计算机和网络设备都得到了很大的发展。信息技术的普及应用，为立体化教学资源的建立带来了可能。学院分别在数字化学习平台中建立了计算机基础教学网和计算机精品课程网，根据不同的层次设有不同的目标。计算机基础教学网中包括教学论坛、签到系统、作业上传与下载、资料下载、在线答疑、网上考试等栏目。学生的作业与教师的批改全部在网上完成，学生能随时看到自己的作业反馈，学生的成绩也能实时地反映到网上。在精品课程网中有实训案例库及自主学习系统、重点难点的动画演示、演示性屏幕录像、模拟练习屏幕录像、网上自测等教学资源。随着微博、微信的普及应用，立体化的教学资源也延伸到了移动互联网上，计算机基础课程的教师紧跟信息技术的步伐，将重点难点问题做成 Flash 小视频，发送到微博、微信平台上，不但能激起学生的学习兴趣，也能促进学生养成自主学习的习惯。

4. 分层实验教学的实验条件保障

学校及时更新机房的实验设备，使计算机应用基础课程全部教学过程均在机房进行，每台机子都有一个固定的 IP 地址，学生每人一机，每个机房为一个独立的局域网，并接入 Internet。学院的公共机房向学生全天开放，学生只要刷校园卡就可以在机房里练习，也可在自己的移动设备上进行练习，为每位学生开放一个账号，即使学生是在校外，也可以通过 VPN 进入校园网进行学习练习，这是实验条件与立体化教学资源的配合，使学生能随时随地学习，消除知识的薄弱点。

(四)考核方式适应分层实验教学的要求

实行分层教学后，考核完全采用操作考核(不用纸质的考试试卷)，根据不同的层次，学生可以进入计算实训中心网络考试系统进行考试，试题由系统随机抽取，题型采用完整的仿真案例形式，主要考核学生的计算机综合应用能力。学校实施校园一卡通和统一身份认证，学生可以在充分完成任务后，随时在网络上进行自己的期末考试。计算机的考核方式也借鉴了高校计算机的等级考试的模式，在高职计算机基础教学过程中，广大计算机教育工作者也在探索高职的考证方式，怎样以考促教也是教学改革的一个方向。

(五)分层实验教学后的成效

通过在全校学生中进行问卷调查，调查显示，认为分层实验教学对能很大提高学生计算机操作能力和解决实际问题能力的占 9.6%，认为有较大提高的占 42.3%，认为提高一般的占 40.7%，没有提高的占 7.4%，超过一半的学生认为这种分层教学方法对自己有帮助。

信息技术必然会继续发展，计算机教学也要随着技术的发展不断调整，如何改革教与学的内容与方法等从而提高教学质量，真正使高职学生成为高技能的人才，是计算机基础教育工作者的一项长期课题。

四、基于分类培养的建筑课程差异化教学实践研究——以工程测绘技术教学为例①

分层分类教学最早出现在美国。20 世纪 20 年代，世界形势风云突变，大量移民涌入美国，面对形形色色不同肤色、不同民族、不同祖籍、不同文化背景的移民儿童，当时的教育官员认为必须要按一定的能力、文化、兴趣等对他们进行分类培养。

到了 20 世纪 80 年代，随着改革开放，我国引进了分层分类培养的理念，同时也进行了相关的教学研究和教学实践，其中有失败的例子，也有成功的案例，他们从学科教学的角度证明了进行分层教学的可行性，但并没有形成可以推广借鉴的统一模式。

学校在充分考虑学生的智力水平、学习兴趣的基础上，着重依据学生个体的学习目标规划，进行有指导的分类，建立了以培养技能技术型、创新创业型、复合型、升本型、国际化型为主的应用型人才的目标。而鉴于建筑工程专业的特点，我们学生的方向主要为升本型、技能技术型、创新创业型。升本型平时的教学侧重于基础理论、基础知识的掌握。技能技术型平时教学注重专业技能训练，以学生能够获得职业资格证书和职业工种的鉴定为目的，提高学生的就业求职能力。创新创业型主要开设以激发创业意识和提高创业能力为目标的课程，包括工商、税务、法律、营销等，要求学生掌握项目申报、规划、建设等方面的专门知识和技能。

（一）差异化的教学目标

传统的教学目标往往是根据课程标准为全体学生统一制定，它实质上是一种“以教师为中心”的教学模式，这种方式缺乏灵活性。而差异化的教学目标是针对不同类型的学生进行设计的，是具有层次性和差异化的，它可以使学生变被动学习为主动学习，形成“以学生为中心”的教育理念。

我们把教学目标分为两个层次：基础性目标和提高性目标。提高性目标又分为延伸性目标、技能性目标、创新性目标。基础性目标是对所有学生的基本要求；提高性目标是在基础性目标的基础上提出的要求，其中延伸性目标主要针对的是升本型的学生，技能性目标是对基础好、对工程测量有强烈兴趣的学生的要求，主要针对的是技能技术型学生，创新性目标是对具有一定创新精神和创业能力的学生的要求。如图 4-5 所示。

---

① 说明：原文《基于分类培养的建筑课程差异化教学的实践研究——以工程测绘技术教学为例》（徐晓东等）载于《太原城市职业技术学院学报》2016 年第 11 期，本次出版略有修改。

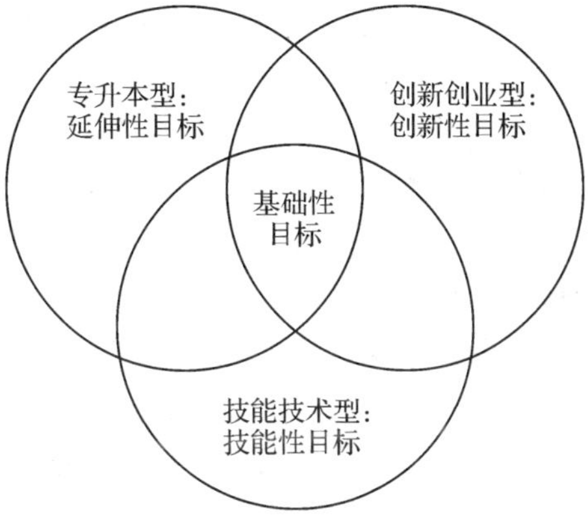

图 4-5　教学目标层次

我们把差异化的教学目标分解在多个项目模块中完成，形成几个小目标，而这些小目标最终形成目标链，达到我们教学的目的。

（二）差异化的教学策略

依据学生个体的学习目标规划，不同专业培养目标的差异和学生生源起点的不同，我们分别构建了三大类别三个层次的分类分层教学体系，采取不同的教学策略（如表 4-4 所示）。

表 4-4　差异化的教学策略

类型	教学策略	培养方向
升本型	重点辅导理论体系	专升本
创新创业型	创新讲座、创新实验	自主创业
技能技术型	技能比赛、实测项目	考证、工程技术人员

对于升本型的学生，在保证正常的教学基础上，我们利用课外时间给这些学生单独辅导理论体系。这些学生考上本科院校以后，经过调查他们的理论成绩都能达到良好以上的水平。几年的教学验证了这种办法是非常有效的。

对于创新创业型的学生，我们经常邀请校外专家和行业的知名人士进行前沿知识的讲座，启发学生的创新思维，也满足了这类学生对先进学科的求知欲望，我们提供开放式的实训场地，增强学生学习的主动性，发散学生的创新思维和解决实际问题的能力。

对于技能技术型学生，我们利用第二、第三课堂，培养学生的兴趣，积极组织各类技能比赛，在比赛中锻炼学生的技能，同时让学生参与到老师的课题项目中，通过实地测量锻炼他们的专业技能。

教师在课程的授课过程中，都会理论联系实际，特别重视将自己的教学改革和科学研究的成果运用到教学中，特别是实训环节，以保证课程内容的先进性。同时，区分不同类型的学生，在进行不同项目模块教学的时候，采用多种多样不同的教学方法，如小组讨论法、任务驱动法、项目驱动法、案例引入法等。

（三）差异化的教学内容

本课程主要参照国家工程测量员职业资格标准，采用项目式一体化的现场教学模式，围绕完成测量工作任务的需要来选择课程内容，以典型工程测量项目为载体，模拟实际测量情境，设计教学活动。

为了保证工程测量课中各模块内容的教学能达到预期效果，我们对项目式一体化的现场教学内容进行整体优化，以典型工程测量项目为载体，根据不同类型学生应该要达到的能力和素质建立差异化的项目模块体系。我们一共把项目模块分成了三个层次，分别是基础技能层、综合应用层、创新应用层，如图 4-6 所示。

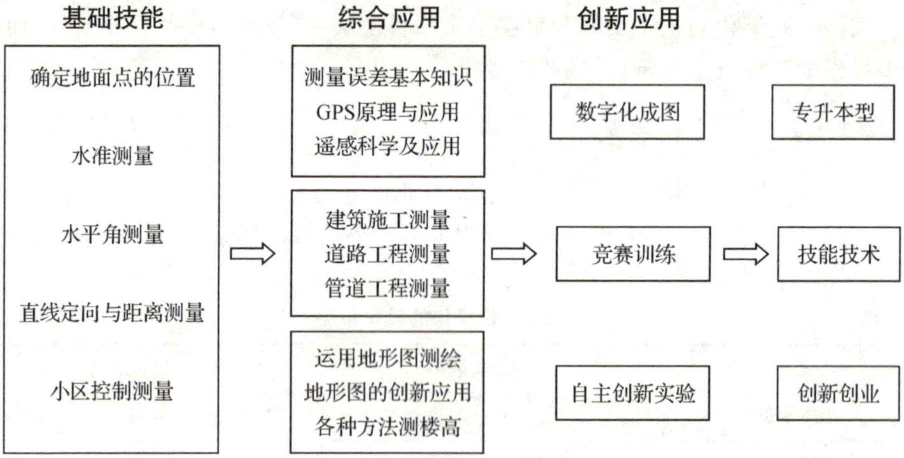

图 4-6　项目模块层次

基础技能层，涉及的知识领域主要是测量的基本理论和基本技能，大部分内容都是很简单的，要求所有学生必须要掌握，在每学期 2/3 学时或是第 10 周左右的时候完成，是各类型学生在接下来 1/3 学时的项目模块训练中所要具备的基础技能和知识。

综合应用层，主要是针对不同类型的学生所开设的相关的项目模块，主要的教学方法为任务驱动法。升本型学生以深化的理论为主，技能技术型学生以工程实地测量为主，而创新创业型学生以测量的创新应用为主。

综合应用层的实训项目针对不同类型的学生对同一知识点设置不同深度和类型的实训项目，采用分类方式指导学生完成实训。如关于地形图的应用实训项目中，升本型的学生主要掌握 GPS 的相关知识，技能技术型学生主要掌握各种工程测量，而创新创业型的学生掌握地形图的创新应用。

创新应用层是在前两层教学内容的基础上进行深化的教学内容，很多内容需要结合第二、第三课堂，其目的是深化差异化教学，根据不同类型学生应该要达到的能力和素质，设置培优式的教学项目，以提高学生的理论水平、解决实际问题的能力，培养学生团队精神和创新意识。这一层面的实训项目大部分都是教师的实际课题和工程项目，我们鼓励学生运用工程测量技术去解决工程中的实际问题。

（四）立体化的教学管理体系

1. 建立完善的档案管理制度

大一新生一进校园，学校即根据他们的自主选择，进行有指导的分类，对每一位学生的基础能力、发展规划、兴趣方向进行统计和建档。同时，我们根据不同类型学生应该要达到的能力和素质，按照三个层次编写新的课程标准和实验实训手册、实训计划，使每个学生都能很好地了解学习工程测绘技术这门课的意义、内容，了解这门课的学习方法、实训的内容、要求和模块项目。

每年我们都将学生的实训作业包括电子版的实训报告进行保存并编号存档。有关教学日历、教学实训计划、教学设计方案、考试分析与总结、考评资料、会议记录等，坚持每年上交、整理与归档。

2. 开放式实验实践管理制度

很多实训项目具有创新性和实地性，需要学生在课后完成，这就需要开放式的实训教学。它包含了三个层面的含义：第一是测量仪器的开放，第二是实训室的开放，第三是实训内容的创新和开放。为了做到真正的开放式实训教学，我们制定了严格的实训室管理制度，测量社由学生轮流值班，实训室指导老师严格执行测量仪器的交接手续。实训室开放增强了学生学习的主动性，发散了学生的创新思维，增强了学生的动手能力和解决实际问题的能力，也促进了教学改革。

3. 改革实践教学考核方式

根据课程教学模块及实践性教学与相关职业能力的关系，学校实施分阶段分项目模块考核，以项目实训任务为载体，建立课程的考核和评价体系，从学生的职业素养、考勤、误差分析、项目完成速度、项目完成质量、问题分析与解决能力、实训成果答辩情况等方面出发建立课程考核评价体系。采用多样考核评价方式来评定学生成绩，主要采取的考评方式有笔试、答辩、操作、报告等。成绩评定均按百分制，期末将平时各个模块的成绩汇总得到每个学生该门课程的成绩，累计得分在100～90分为优；89～80分为良；79～70分为中；69～60分为及格；60分以下为不及格。在期末总评中，平时成绩权重占到60％，期末综合实训成绩权重占到40％。

期末考试完成以后，任课教师认真对考试成绩做出分析和评价，撰写课程总结，讨论课程下一步改革的方向和目标。

4. 实训教学效果

经过多年的建设，我们已取得了可喜的成果。2012—2016年在浙江省历次测绘技能大赛中我院学生获得二等奖若干，三等奖若干。

通过差异化的分层教学，我院不光在技能大赛上，取得了很多成绩，学生的社会服务能力也大大增强，先后完成了溪口新建村地形图的测绘和施工放样的工作，以及杨明山庄的规划设计测量等多个项目，受到业主方的一致赞扬。

五、分类培养下高职院校学生职业生涯规划实践教育探索与研究①

课堂教学与实践活动两部分已基本组成了职业生涯规划课程，课堂教学包括自我认知、环境认知、就业形势等内容，学时较少，让学生有了初步的职业规划意识。但实践教学内容较单一，缺少形式的多样化，基本上是安排学生进行各类兴趣、性格、技能、价值观的专业测评，安排校内专家讲座，学期末形成一份简单的生涯规划书，该门课程远远达不到预期的教学效果。在分类培养下，职业生涯教育的实践活动应设计得更加有实际意义，让学生们在职业生涯选择中目标更明确。

（一）我国高职院校职业生涯规划实践教育内容缺乏

当前，大多数高职院校中职业生涯规划课程的内容都较为单一，并且过时，很少结合当前社会的发展需求，导致课程内容和社会脱节严重。一个人的职业生涯规划是会不断受外界各种因素的影响，以及本身能力等各方面变化，而不断地进行调整的。因此，这也是一个全程化的过程。而目前的一些职业生涯规划课程缺少全过程的、科学化的、完整性的设计，一般课程内容都是重理论轻实践。

（二）分类培养下高职院校学生职业生涯规划实践教育内容

课堂教学和实践活动是职业生涯规划的课程的组成部分，课堂教学应传授基本的概念知识，实践活动必须依照学生的实际需求来设计，真正起到职业生涯规划课程的作用。实践教育的具体内容，应结合学生所学的专业，所选择的分类培养的五个不同类型，开展有针对的教学，来提高学生的沟通技能、人际交往技能、自我管理技能。

1. 主题班会的实践教育内容

利用主题班会的实践教育形式，开展不同主题内容的室内室外班会，来培养学生的团队合作精神以及凝聚力等。将生涯规划理论知识与职业三叶草理论相结合，并展示升本型、创新创业型、技师型的成功案例，让学生学会在职业生涯规划主题班会中，根据自己不同的性格特点以及价值观与未来的职业目标进行相互匹配。（职业三叶草：兴趣、能力、价值进行自我探索，把兴趣发展为能力，再找到平台兑换价值，然后用价值强化兴趣。）职业生涯规划实践教育与职业三叶草理论进行融合，对大学生确立未来职业目标有很大帮助。

---

① 说明：原文《分类培养下高职学生职业生涯规划实践教育探索与研究》（李燚）载于《科教文汇（下旬刊）》2016 年第 10 期，本次出版略有修改。

具体的内容可以包括：自评和互评的活动，让学生重新认知自己，全面地了解自己；价值竞拍活动，安排学生进行人生价值模拟的一个活动，可以好好感受追求人生价值观。360度评估法，这是一个很直观的自我认知方法。将四个方面的自我评估进行总结分析，如我在朋友眼中、在家人眼中、在老师眼中、在自己眼中的优点、缺点，通过对其的分析就可以全面地认识自我。

比如：在分类培养中选择升本型的学生，在职业生涯规划实践教育中，教师可以先分享一些升本型学生的成功事迹，并安排相关的分享咨询会，再利用督促陪伴的策略，鼓励学生，做好自我监督，同类型的学生相互陪伴，共同成长，达到预期的职业生涯规划实践教育效果。

2. 就业指导实践教育内容

就业指导是职业生涯教育很重要的一项内容，学生们在校期间，除了学习好专业知识外，还需要树立正确的择业观念。就业指导实践课程中，教师应分析当今社会就业形势，讲解求职相关的知识和技巧，教学生如何做好简历，并且让学生亲自参与到就业招聘市场中，体验真正的企业招聘现场与面试内容，尽快地适应社会需求，明确自己的职业定位。

例如，在分类培养中，楼宇智能化技术专业的技师型的学生，利用SWOT分析法，从职业目标的优势、劣势、机会、威胁对自己进行分析。优势内容，可以包括专业是否对口，自己的组织能力、交际能力、管理能力等；劣势内容，可以包括自己学习的知识内容是否零散，平时的专业实践多少，企业接触如何等；机会内容，可以包括人才需求是否上升，智能化需求大小，家人支持鼓励程度，能否被对口企业录用等；威胁内容，可以包括能力要求高，人才竞争激烈，市场变化快，目标职业对证书要求高等。

3. 职业心理辅导实践教育内容

职业心理辅导可以培养个人心理意识，通过专业的心理专家辅导，能让学生更好地认识自我，形成职业自我观念，帮助学生制定合理的生涯规划，完善学生心理上的不足。职业心理辅导内容一般可以是：自我认识，环境认知，目标职业匹配等。将学生的心理辅导与环境世界、职业目标相联系起来，能够帮助学生们全面发展。

在分类培养中，比如一位计算机专业的国际化型的同学，必须要有很强的职业心理素质，在学好本专业的同时，要加强英语的学习。在大三难以确定自己的职业目标时，可以采用列职业决策平衡单方式，从个人物质、个人精神、他人物质、他人精神四个方面得失来衡量。具体内容：从收入情况、工作环境、工作时间、工作强度、成就感受、支持赞赏、兴趣满足、能力体现、家庭经济、社会需求、社会地位、人际关系、家人支持等方面，来设置自己的权重，根据自己的目标职业，进行加权加分，得出最后的得分。可以对比不同的职业，得出哪个才是最符合自身的职业价值观的。

(三)分类培养下高职院校学生职业生涯规划实践教育形式

大多数高职院校职业生涯规划课程采用课堂授课和讲座的方式,这种形式偏向于政策解读、事迹故事分享、讲授应聘技巧等,不系统且缺乏针对性,无法针对不同兴趣爱好、性格特点,专业背景不同,职业目标不同的学生进行指导。大多数高职院校的实践教育形式都较随意且单一。

1. 校企合作的实践教育形式

高职学校的职业教育,非常重视学生的职业素质与实践能力的培养,校企合作与顶岗实习是一条关键的路径。学校与企业进行长期合作,学生的实践教育活动可以提前在企业里进行。进入企业实习后,可以进行有针对性的生涯人物的访谈。在实习过程中,会产生自己的目标人物,对该人物的职业岗位进行深入探讨,对自己以后的发展方向有很大帮助。

2. 网络课堂的实践教育形式

在互联网时代,利用网络平台,老师和学生的沟通与交流更加便捷。网络课堂里可增加职业生涯实践活动视频,教育的范围将被扩大,可实施全程化教育。网络上可以设置多门课程,供学生自主选择,并且可以单独与专业的职业生涯规划导师进行咨询,这样大大提高了生涯规划教育的效果。

3. 文本案例的实践教育形式

文本案例法和生动形象的实践教育法,有助于培养学生分析问题能力,学生之间的讨论与交流,能激发其创新能力。收集相关的原始案例,可以将毕业生真实的案例、用人单位反馈的案例进行加工,形成适合该阶段的学生教育的经典案例,这也是该课程较有创新性的教学方式。

4. 举办职业生涯规划大赛实践教育形式

举办职业生涯规划大赛,可以推动学生对未来职业进行合理规划,并在规划过程中不断进行社会环境、目标职业探索,也能做出合理的人生规划。除了职业生涯规划大赛,还可以设计不同主题,以及让分类培养中不同类型的学生,进行职业技能大赛,学生可以在职业角色模拟中扮演不同社会角色,从中体会他们的工作职责,知道自己的目标职业所必备的岗位要求,提早为目标职业作准备。

5. 举办职业生涯规划讲座实践教育形式

开展不同类型的职业规划讲座,邀请专业的职业规划师、企业资深的人力资源管理人,给学生做专题讲座,分享求职面试技巧和社会就业政策;对于创新创业型的学生,可为其举办各种创业大赛,提高学生的创业意识,为学生分析创业目标的可行性,邀请创业成功的人士,讲述创业的艰辛历程及宝贵的经验等。

(四)分类培养下高职院校学生职业生涯规划实践教育评价效果

任何一门课程都应该有完整的评价体系,而大多数高职院校职业生涯规划课程的评价体系都不太客观，而且不够标准化，得不到很好的效果，也就约束了该门课程的深入发展。目前该门课程的评价方式基本上以考试为主，很难衡量学生的过程变化。而生涯规划课程与以往其他课程不同，该门课程教育是有过程性的，也是一个人进行自我探索、自我完善的过程，对学生的职业规划也会起到重要作用。

评价效果可以从学生和用人单位两个层面，来反馈实践教学的实际内容效果如何，师资水平如何，借此完善整个职业生涯规划教育的体系。在学校层面，可以进行不定期的自查，在这个过程中查找出问题与不足之处，在总结不足经验的同时，可以不断完善该门课程的建设。在用人单位层面，我们的评价体系，可以结合当今社会的不断发展与时俱进。结合用人单位对岗位的要求，以及社会的需要，我们的课程实践内容也需要不断地完善和改进，将社会的评价要求加入到我们的评价体系中来，这样才可以与社会共进步，职业生涯规划教育的课程就能更加有系统性。

（五）结束语

高职院校学生职业生涯规划教育不够受重视，使得学生们不明确自己的职业目标，不端正自己的就业态度，不科学地进行职业选择，在求职中存在盲目性。又因自己不太了解行业发展，不知道企业需要怎样的员工，对自己缺少明确的职业定位，从学生身份到职业人的身份转变较慢。在分类培养教育模式下，设计不同类型的实践教育内容，可以更加吸引学生的学习兴趣，更有利于培养职业生涯规划意识。

六、无界化理念下高职院校英语分层教学分类培养教学体系探索[①]

早在 2000 年 10 月，教育部高教司就颁布了《高职高专教育英语课程教学基本要求（试行）》，提出“鉴于目前高职、高专和成人高专学生入学时的英语水平差异较大，本课程的教学要求分为 A、B 两级，实行分级指导”。随后相继有高职院校在公共英语教学过程中采取分级教学形式。根据学生入学时英语水平进行分级的形式有利于教师更好地遵循因材施教的原则，在一定程度上避免了因学生英语层次参差不齐带来的教学困扰。实践证明，分级教学形式能够起到较好的教学效果，较明显地提高学生的英语等级考试通过率和英语综合成绩。但是，分级教学形式也存在一些弊端：一是单一以学生的英语入学成绩和/或摸底考试成绩为依据把学生分为 A 级、B 级甚至 C 级，忽略了学生的个体自主性；二是分级教学不同级别学生基本上都统一上基础/综合英语课程，忽略了学生的多样化发展需求和兴趣爱好；三

① 说明：原文《无界化理念下高职英语分层教学、分类培养教学体系探索》（蒋玉琴）载于《职教通讯》2017 年第 9 期，本次出版略有修改。

是分级之后重组班级的管理难问题和低级别班级学生的自卑心理和放弃学习思想的蔓延等都在考验着英语分级这一教学形式。之后，也有一些院校取消了分级教学形式，从服务专业和就业的角度设置了职业岗位英语（EOP）课程，但是职业岗位英语课程由于其过强的专业性给学生和任课教师都带来了新的挑战，教学效果也不甚理想。在这样的背景下，我们有必要探索既能够保留分级教学的优势、又能够考虑不同学生个性化需求和兴趣爱好的高职英语（此文中专指非英语专业的公共英语）课程体系。那么，英语分层分类课程不失为一种优于单一的分级教学和职业岗位英语教学的英语课程体系。

（一）无界化理念下高职英语分层教学分类培养教学体系探索

1.“无界化”理念的倡导

“无界化”理念（Borderless Mindset）是新加坡南洋理工学院大力倡导的一种创新性理念，强调在学校、机构等的内部打破各部门、院系、不同岗位人员之间的分界和隔阂，提倡相互合作的团队精神，实现资源与人才的共享。

基于“无界化”理念，新加坡南洋理工学院不同院系和专业的师生通过人力、物力等资源的共享和精诚合作完成了不少卓有成效的项目，也因此培养出了一大批复合型的优秀学子。

在高职院校英语课程的设置和教学过程中，我们也需要倡导“无界化”的理念，实现全校各部门和院系之间、不同专业师生之间的协同合作，做到资源共享，最大化地发挥各自优势以达到最佳的教学成效。

2. 高职院校英语分类课程体系探索

高职公共英语分级教学的研究最早出现在2001年，之后，这一方面的研究呈现越来越多的趋势。总体看来，这些研究就高职院校公共英语教学形式采用了分级、分层或分类的措辞，实际上绝大多数都还是在研究如何根据学生的英语水平进行层次或级别的划分，只是措辞不同而已。

今天我们要探索的高职英语分类教学，有别于以往的分级、分层教学。分级教学把学生按照英语水平进行高、中、低层次的划分，最终的教学目标基本保持一致——提高学生的英语综合能力和水平。而分类课程则主要根据学生的发展需求和兴趣爱好的不同，设置不同类别的英语课程，不同类别课程的教学目标也存在明显的差异。

目前，笔者所在院校正在全校范围内开展英语分层、分类的教学改革，主要改革举措如下：

（1）根据学生的发展需求开设不同类别的英语课程

在课程改革之前，学校曾经就学生的不同发展需求和诉求进行过问卷调查，发现学生的发展趋向大致分为四类：直接就业、专升本、出国留学、自主创业，比例分别占到61.94%、14.15%、5.85%和15.14%。根据这些学生的需要，分别开设了岗位英语课程、大学英语课程和应用基础英语课程，供有不同需要的学生自由选择，此外，学校有专门的出国留学培训课程为今后有出国留学需要的学生提供语言的帮助。

(2)根据学生的兴趣爱好和特长开设不同的课程

学校根据学生的兴趣爱好及特长，开设了英语口语、英语写作和针对某些英语类竞赛的辅导课程。这些课程面向全校学生开放，让有兴趣并具备一定特长的学生选择，同时把这些专项技能类的课程与学校、省市甚至全国的各类英语技能竞赛接轨，为发挥学生在英语某一方面的兴趣和特长提供另类的平台。这些分类培训课程帮助学校的学生在全国和省市的各类技能竞赛中取得了优秀的成绩。

(3)根据学生今后工作单位对学生的要求设置不同类别的课程

除了以上提到的几类课程，学校还根据不同就业单位对学生的入职要求开设了不同的英语考级辅导课程。由于一些单位在学生入职时有硬性规定，如要求学生一定要具备大学英语三级以上水平，为此，需要学生持有相应的英语等级考试证书。为了帮助有需要的学生顺利考取该类证书，学校同时开设了考级类的英语课程，如大学英语三级辅导课、大学英语四级辅导课、大学英语六级辅导课。

(4)分层教学适时介入到分类课程中

在学校分类课程教学过程中，不同类别课程内部采取分级分层的教学形式，针对学生选学数量较大的课程，实施显性的分级教学；对学生数量相对较小、只存在一个班级类别的课程实施隐性分级教学，运用因材施教的原则尽可能地提高不同类别课程的教学质量。

(5)分类课程授课形式灵活多样、课程性质设置不同

根据不同标准分类的课程，授课形式根据课程本身的特点体现出灵活多样的特色。综合英语类课程以传统授课形式为主，辅以混合式的网络教学；考级辅导课程以培训形式为主；技能专项类课程以学生竞技辅导和模拟训练为主。

此外，在不同阶段，分类课程的性质也有所不同。第一学年内的课程一般定性为必修课程，从第二学年开始一般设为选修课。这样便于学生根据自身需要灵活选择，把更多的自主选择权留给了学生。

(6)无界化合作促进分类课程改革的顺利推进

在高职院校英语分层教学和分类培养的课程体系改革过程中，学校各部门之间无界化的合作为课程的改革提供了很好的保障。首先，在课程的分层和分类过程中，打破了原有的班级重组新班，导致英语课程的安排必须先固定时间，同一系院学生同时安排在同一时段上课，需要其他课程老师的配合；其次，学生真实英语水平的摸排和发展的趋向定位、特长的发现和挖掘都需要所有任课教师共同参与把握；最后，岗位英语课程的教学内容和教学形式需要英语教师和专业教师协同确立，尤其是在高职院校双语教师缺乏的现状下。

总之，分类分层的高职院校英语课程教学离不开学校各部门、系院和不同专业

背景教师之间的无界化合作，只有无界化合作才能保证分层教学和分类课程教学的顺利开展。

(二)高职院校英语分层教学分类培养教学体系改革过程中需注意的一些问题

高职英语分层、分类课程体系改革过程中需要注意以下这些问题：

1.正确把握学生的真实英语水平和发展去向及爱好与特长

在高职英语课程的分级过程中，我们需要根据学生的真实英语水平进行隐性或显性的分级，因此对学生真实英语水平的掌握至关重要。一些学生可能会因为跟某个英语水平不同的学生关系好而选择去某一级别，还有学生可能因为考试时的异常发挥导致分级考试成绩失真，这就需要任课教师和班主任以及其他老师协同合作通过面谈和座谈的方式从学生自身和身边同学处多方面了解以把握学生的真实英语水平。此外，关于学生的发展去向和爱好特长等，也需要不同任课教师和学生协同调研、访谈、配合来最终明确。

2.把握不同专业学生今后工作岗位对英语的要求

针对人数最多的直接就业类型的学生，需要了解不同专业学生今后就业岗位对英语的实际需求。这样，一方面以便于确立合理的教学内容，另一方面也能够正确把握不同单位和岗位对于毕业生英语的准入要求和实际工作要求，从而为英语课程的教学提供指南。

3.分类课程的设置需要呈现梯度性特征

学生在校期间，不同学期有不同类别和性质的课程存在，一些课程可能会延续一个学期以上，这就需要分类课程在不同时段呈现出一定的梯度性，内容呈现简单到复杂的特征。要求学生只有在修完了简单课程的基础上，才能继续修学更难的课程，这样在给学生压力的同时也给了他们不断挑战自我的动力。

4.分类课程的师资和教学材料、设备需要得以保障

适应不同学生需求的分类课程需要配备足够的师资和合适的教学材料。这一方面需要学校的大力支持，预先通过引进和培养的方式储备必要的师资力量，同时配置必要的教学设备；另一方面需要不同院系、部门、教师之间的合作以确定合理的教学材料，从而在师资、教材和设备等方面保障分类课程的顺利开展。

(三)结论

综上所述，分层教学能够解决高职院校学生英语水平参差不齐带来的教学难问题，但是分层教学往往只是把学生往一个方向培养，忽略了学生多样化发展对英语的需要；职业英语课程考虑了英语课程服务于专业的特点，却同样忽视了学生的个性化需要，并且因为专业性过强等课程本身的特征，教学效果不太理想。分层教学、分类培养的课程体系，既考虑到了学生的真实英语水平，更考虑到了学生的不同发展对于英语的需要，还考虑到了学生的自身兴趣爱好和特长，并且采取了灵活多样的课程形式和授课方式，比单一的分级教学形式和职业岗位英语课程更趋合理。这样的分类课程体系，在无界化合作的校园氛围内一定能够发挥出课程本身的优势，并且越来越受到广大师生的欢迎。

七、分类培养视域下慕课在高职院校专业教学中的有效应用研究①

高职院校应当根据不同学生的认知水平、知识结构、能力表现、个性专长等，对他们进行分类培养，这既符合以人为本、因材施教的教育理念，又是当前生源多元化倾向的现实需要，也是国家教育改革的新要求。《国家中长期教育改革和发展规划纲要(2010—2020年)》提出，要"树立人人成才观念，面向全体学生，促进学生成长成才。树立多样化人才观念，尊重个人选择，鼓励个性发展，不拘一格培养人才。"越来越多的高职院校开始改革人才培养模式，探索培养多样化人才的路径，如，宁波城市职业技术学院的"分类培养、分层教学、多样成才"培养模式，湖南工业职业技术学院探索的以"分类招生、分类教学、分流培养"为主要内容的"分类培养"教育教学改革。

高职院校实施分类培养工作，意味着大而统的标准化教学形式被打破，传统教学形式不能满足学生个性化学习的需要，教学资源类型要更加多样，同时对专业教师提出了更高要求。教育教学工作如何适应人才培养模式改革是高职院校面临的新挑战。本节拟从教学法层面探讨慕课在分类培养工作中的应用。

(一)慕课对高职院校分类培养模式改革带来的积极意义

慕课(MOOC)作为Web2.0时代教育信息技术的新成果，表现出了诸多优点，如学习开放自由、优秀教育资源实现共享、满足学生个性化学习需要、互动多元等。从课程教学角度，慕课必将为高职院校分类培养工作带来积极意义。

1. 缓解教学资源不足的问题

高职院校实施分类培养，就要打破大而统的标准化教学的格局，改变现有模式化的培养目标、教学要求和评价标准。学生有更多的选课自主权，发展方向多样化。平行班授课、大班授课的比例会因此减少，"行政班"被拆分，组建形成更多的"教学班"。原先一个专业只有一个培养方向，师资、教学条件、学时分配无需多样配比。培养类别多了，"教学班"多了，学生个性化需求多了，对教学资源的要求也更高了，高职院校原本紧张的教学资源因此更加局促。运用慕课这一在线课程形式，借助现有慕课平台，可以共享优秀大学的优质教学资源。同时，由于慕课事先

---

① 说明：原文《分类培养视域下慕课在高职院校专业教学中的有效应用》(叶绿美)载于《科教导刊(中旬刊)》2016年第1期，本次出版略有修改。

制作、团队管理，没有传统课堂的时空局限，能够吸引越来越多的行业企业专家在线授课。专任教师通过慕课教学，也可以把更多的精力放在如何更好地因材施教上。

2. 满足学生个性化学习的需要

高职院校由于生源多元化的原因，学生的个体差异比较明显。每一位学生的基础和兴趣都不一样，即使同一类培养方向的学生之间也会存在差异。班级授课不论是“行政班”还是“教学班”都无法实现真正的个性化教学，而慕课能够较好地满足学生个性化学习的需要。学生往往是在兴趣的驱动下，根据自己的学习目标和先验知识在慕课平台上选择适合的课程，自主把握学习进度。学习内容自主、学习时空不受限、学习节奏自行把握，这也是慕课被推而广之的原因之一。

3. 提高分类教学的效率

绝大多数高职院校已经完成了“项目教学法”改革，而“教学做合一”的教学方法在实践中也带来了课堂教学容量受限的问题。学生分类培养，意味着他们除了学习共性课程，还要学习分类课程。在总学时保持基本不变的情况下，教学任务完成有难度。将一部分教学内容转移到课外，通过慕课的形式进行教学，在一定程度上可以弥补这一缺憾，从而提高分类教学的效率。

（二）明确慕课在分类培养课程体系中的角色

实施分类培养就要明确培养类别，重构课程体系，按类别开展教学。

分类培养课程体系如图 4-7 所示，可以设置四个层级的课程类型。公共课程包括公共必修与公共选修课程。公共必修课程应区分共性教学内容与分专业教学内容，以便为分类培养打下良好的素养基础。专业基础课程为同专业学生的必修课程。专业模块课程则由学生在教师指导下自主选择适合自己的模块进行修习。专业拓展课程为提升型课程，对应专业各模块开设，旨在进一步提高学生的职业发展能力。

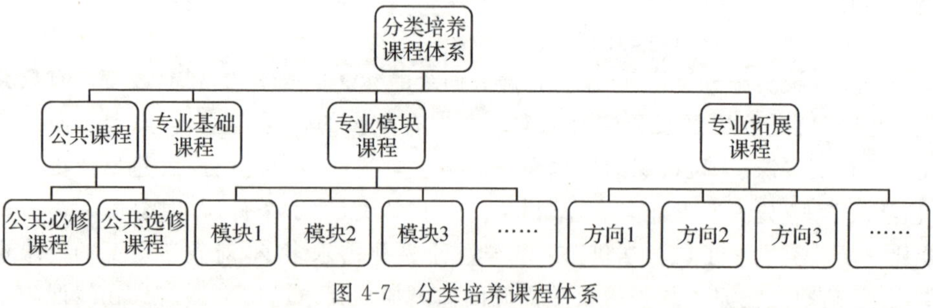

图 4-7　分类培养课程体系

哪些课程或教学内容适合采用慕课形式，则要根据高职院校的教学资源情况、专业建设情况、课程特点、学生生源差异等因素综合考虑。一般来说，公共课程中的“共性教学内容”、专业基础课程中的理论课程较为适合采用慕课形式，可借助现有的慕课平台，或开发校本慕课。专业模块课程与专业拓展课程中，实验实训条件要求低的内容或课程、理论性较强的内容或课程、行业企业专家教授的内容适宜通过慕课或翻转课堂的形式开展教学。

需要明确的是，并不是所有的课程都适合以慕课的形式开展教学，也不意味着慕课这种虚拟课堂可以替代大学传统的面授课堂。高职生较之本科院校学生，在知识水平、学习自觉性、学习能力方面存在差距，大规模开设慕课并不妥当。传统的面授课堂仍然是当下高职院校开展专业教学的主要场所，而慕课则是有力的补充。

（三）构建基于慕课的分类、分层、分段的教学模式

在分类教学中，应合理运用慕课，并与传统课堂有效对接，通过分类、分层、分段的设计发挥积极的作用。

1. 慕课分类教学与传统课堂统一授课相融合

高职院校的分类培养各有特色，但在课程设置上都有共性课程与分类课程之分。若按老办法，分类课程只能被统一、固定地安排在某一或某几个学期。学生不能自主选择修习时间，不论基础好坏、学习能力高低，按照同一进度开展教学，忽视了学生的个性化学习需求。分类课程若采用慕课，以数字课程包形式呈现，一类培养方向对应一个分类课程包，每一位学生从入学开始即可按其培养类别自主选择课程包里的课程或内容，自行把握学习进度。在可允许的期限内，学习能力强的学生早些修习，学习能力较弱的学生多花时间修习或晚些修习，保证每一位学生都能较好地达到教学目标。这意味着整齐划一的教学节奏被打破，个性化学习可以贯穿专业教学整个过程。

事实上，不是所有的分类课程都适合采用慕课，高职院校现有的教学条件也无法完全实现“全慕课”教学，这就给建设分类课程包带来了一定难度。一个有效的办法是，一个分类课程包尽管不能涵盖某一类别的所有课程，但纳入其中的几门课程或部分内容彼此之间应有关联、分层次，易于学生按某一类别渐进式开展学习。

分类课程包之外的课程或内容则仍然在传统课堂上开展教学。这种面授形式的课堂教学有其不可替代的优势，课堂交流便捷即时，修课学生容易结成稳定的学习共同体，教师可以随时根据学生的学习反馈调整教学方法和教学节奏，而且教师自身的人格也能在教学中潜移默化地影响学生。这些都是在线教学所不具备的。

2. 慕课分层构架与学习权限有限开放相呼应

分类课程包应循着“公共课程—专业基础课程—专业模块课程—专业拓展课程”这一逻辑顺序选取课程或内容，课程与课程之间、内容与内容之间层级鲜明又相互衔接。慕课教学采用“微视频”即微课形式，每节课时长为10分钟左右，这是基于学生最佳注意力时长的考虑。做成慕课的课程或部分教学内容由若干节微课

组成，学习内容有逻辑顺序的微课与微课之间，应按学习规律与教学进度进行有序架构，设计学习权限，即学完了前一节微课并达到教学要求才有资格学习后一节微课。引导学生有步骤、阶梯式地开展在线学习，避免学习的盲目性与随意性。

构建以微课为单位的分层分类课程包，关键要厘清每一类培养方向所需的知识、能力与素质要求以及各门课程的教学目标。分层设计的关键还在于技术层面，微课学习权限宜采取有限开放的方式，学生点击某一门微课进入学习前，系统会提示其是否有权限进入学习，有权限则能顺利进入学习，提示无权限则打不开学习页面。

3. 慕课分段设计与专业教学整体进度相协调

慕课因其学习个性化、非同步、灵活开放的特点适于开展分类教学，但纳入大学专业教学体系里的慕课则仍然有一定的时空限制，除了受到大学学制的限制外，还应与采用传统课堂教学的课程相协调。分类课程包里的某一门课程或内容在什么阶段学习，什么时候必须学完，教学团队要根据专业教学整体进度做出安排。这并不意味着减弱了慕课学习的灵活性，对学习自觉性相对较弱的高职院校学生来说，学习进度的适度干预是对学生在线学习的指导和督促。

在分类教学中，某些课程或内容适宜借助慕课与翻转课堂开展教学。每次课前由教师明确慕课学习的具体内容和要求，学生课外在线学习，课堂则以讨论和巩固所学为主。翻转课堂模式下，每一节微课都有非常明确的学习进度要求和相对确定的学习时间，并与传统课堂教学紧密衔接，也是提高分类教学效果的有效办法。

（四）基于慕课形式的分类教学应解决的基本问题

1. 多渠道获取慕课资源

慕课制作需要投入大量的财力和精力，分类课程包里的所有慕课全由高职院校的教师自己建设既不现实也没有必要。一部分慕课课程可以来自包括学堂在线、果壳网 MOOC 学院、慕课网等慕课平台，比如分类培养课程体系中的部分公共课程、专业拓展课程。当下，信息化教学是热点，多地陆续搭建高校慕课联盟，这也是获取慕课资源的有效途径。高职院校更要通过政策和措施激励本校教师积极建设校本慕课。通过多渠道获取或自主建设慕课，形成种类多样、内容丰富的慕课教学资源。

2. 提高师生的信息素养

慕课依赖于畅通的网络与计算机系统进行传播与使用，绝大部分高职院校都有较好的网络教学条件，要让慕课切实发挥作用，在成熟的在线教育生态系统与数字学习文化还没有形成之前，提高师生的信息素养是关键。慕课时代，高职院校教师应及时更新教学理念，掌握信息化教学技术，敢于尝试在线教学，以适应教育教学改革的要求。在传统课堂上，教师也要添加信息化教学元素，通过微信群、QQ 群、网络课程等途径实现点名、提问、作业提交、考试等环节的教学活动，让学生逐渐适应在线学习。师生的信息素养提高了，慕课的作用才能真正得以发挥。

3. 加强学生的学习诚信教育

慕课学习不是面授课堂，师生之间连着网络，却有时空的阻隔。电脑另一端的学习者身份难以确认，在线作业和互动问答是否由学生本人完成也不得而知。尽管技术设计可以解决一部分学习诚信问题，但仍然需要对学生进行学习诚信教育，引导学生自觉、自主、真实地在课外开展在线学习。

第三节　基于分类分层教学理念的课程考核评价实践研究

一、高职院校课程合作学习中个体考核公平性对策研究[①]

近年来高等职业教育课程改革不断深化，多数高职院校校企合作编制了基于工作过程的课程标准，进行相应的课程整体及单元设计，新建或改建了一批与工作过程基本一致的教学场所及生产性实践教学基地，并不断创新课程教学手段与方法，产生了如项目引领、任务驱动、小组讨论、案例教学、角色扮演等各种符合高等职业教育特征的教学方法。在教学具体实施的过程中，各院校教师普遍会将班级学生按照“异质小组”的形式进行组织，根据课程的学习目标让学生进行合作学习，一方面是学习任务，特别是许多实践操作项目，其客观上需要团队合作完成，另一方面分小组进行组织教学也是为培养学生的团队合作精神、沟通协调能力创造良好的条件。

然而，以“小组”为团队共同完成学习任务后，教师如何对合作小组成员进行评价，客观真实反映出个体对课程的掌握程度，成为合作学习在高职教学中有效运用的难点。在实际运行过程中，多数教师往往把“小组”共同完成学习任务的成效，让小组所有成员平均共享，这种课程成绩的考核与评价办法掩盖了学生个体在学习进程中学习态度、学习积极性、学习能力等方面存在的现实差异，不能客观反映学生个体掌握知识及技能的真实现状，同时也有失公平性，不利于激励学生全面积极参与学习活动。

（一）团体作用与学生个体贡献的区分度

现阶段我国高职院校专业班级人数普遍在 40～50 人，课程教学实施过程中教

① 说明：原文《高职课程合作学习中个体考核公平性对策研究》（何月秋等）载于《江西青年职业学院学报》2011 年第 1 期，本次出版略有修改。

师往往只能对合作小组项目或任务完成情况进行整体评价。但是,在实际操作过程中,常因学生个体学习积极性、学习态度、学习能力等的差异,存在"南郭先生""不出工不出力""出工不出力"等现象,导致小组"团队"在学习过程中个体存在比较大的差异,对完成共同成果的贡献大小不等,如果在课程评价的过程中不注意加以区别对待,也有失课程考核结果的公平公正性。随机抽样调查(总体 600 人,样本 180 人)结果显示 21.7%的学生自我认为老师以小组为单位进行考核,其本人在小组中并没有发挥作用,但获得了成绩;72.9%的学生认为老师以小组学习团队为单位进行考核,所评定的课程成绩是公平的,有 27.1%的学生认为老师所评定的课程成绩是不公平的;有近 1/3 的学生对于其在学习小组团队中的贡献度没有被教师充分认可或错误认可,而对成绩评价结果产生异议。说明学生在学习过程中,团体作用与学生个体贡献的程度差异在成绩考核中没有得到良好的区分。

(二)高职院校课程分组学习中个体考核公平性对策

1. 选择典型的可操作性的考核项目

当前多数高职院校实施了项目引领、任务驱动的课程教学模式,也意识到传统的考核方式不能适应现代的高职教学模式。多数学者倡导对高职学生的过程性评价,并在一些院校和专业付诸实施。但其间选择典型的可操作性考核项目尤其重要。一般而言,学生掌握一门课程的核心知识或技能需要外围知识的铺垫或支撑,往往在课程设计时涉及多个项目,有些项目个人就可以完成,然而有些项目则宜多人合作才能完成;同时每门课程学时有限,有些操作性的项目需要较多的时间才能完成,如果不加选择地对每个项目均实施考核,那么教师在上课时会忙于记录、点评而忽视对学生的知识、技能的传授,进而出现本末倒置的现象。因此,选择考核项目时既要注意典型性——是否能够真正反映本门课程的核心知识和技能,也要注意考核的项目能否真正执行起来。

2. 制定完善的项目考核评价实施细则

基于工作过程导向的项目化教学方法,提高了学生的专业能力、方法能力和社会能力,使得专业训练更接近岗位要求,是目前高职教育中推行较广的一种教学方法。针对不同性质的课程,非常有必要形成一套科学实用的考核评价体系。考核评价要易于实现,否则每次在教学活动的实施过程中,指导教师大部分时间都在忙着记录、打分,反而本末倒置。项目化的考核评价涉及操作层面的问题,因此完备的实施细则是项目考核的前提。一般而言,项目考核评价实施细则需要涵盖考核的原则、考核的范围、考核的方式、考核的知识点和技能点、评价标准细则等,制定时要尽可能地考虑周全。

3. 设计简单通俗易懂评价表

随着高职课程授课模式方法的改革,评价的内容也随之丰富起来。如何在项目考核中全面评价学生的职业能力、方法能力和社会能力，将学生的素质培养与专业培养相结合，是需要考虑周全的。因此，课堂学习质量评价是以一定的教育教学理念为指导，运用可行的技术手段，根据一定的教育目的和价值标准，对课程项目实施的各个要素及其活动和效果进行价值判断的过程。建立一整套完整而严谨的学习质量监控体系是保证考核质量的重要手段，其中项目考核评价表的设计与应用是考核质量监控体系中的重要环节，通过对项目考核评价表的设计与应用研究，课程项目质量评价有了一定的依据，不仅有助于成人学生的培养，亦有助于总结教学经验、改进教学工作、促进教学管理、提高教学水平、保证人才培养质量。

4. 组织课程考核评价实施队伍

目前多数高职院校的考核方式随着授课模式的改变而有所变化，但一个突出的问题是，实施项目化考试的教师任务加大，难以应付。教师每学期的任务量较多，时间上也难以保证其将过程式考核做得深入细致，因此组织课程考核评价实施队伍非常有必要性。一般课程考核的负责人是任务教师，而相关的教务人员则基本处于负责整理收集结果的状态，没有参与具体的考核过程，同时学校督导只注重教师的听课，对于考核过程的监管基本处于真空状态。加强课程考核的细节管理，完善相关制度，做好外部管理需要理顺各部门之间的关系，教务、督导联动，设计合理的考核指标对教师的课程考核进行考核、管理和指导，如在教学检查中指定合理的课程考核评价标准，在评价教师课程考核质量时通过学生的全面反馈进行了解，采取考教分离的考试规定等。给予一定的政策支持，营造课程考核的良好环境，真正实现教学质量的内涵建设。

5. 设计区分小组团队学习中个体差异的方法

（1）系数等级区分法

在课程考核制度设计时，先以小组团队为单位对学习项目完成效果进行评价，并以此评价结果代表该小组的最高水平，但不等于该小组每个成员都达到该水平。然后让该小组所有成员自我评价在学习项目完成过程中的表现，并根据表现分出1—3个等级，表现最佳的学生的考核结果就是该小组的最高水平，依次等级的学生，其考核结果可以乘以相应的系数（系数小于1）。这样既引导学生相互制约、相互督促、相互评价、共同参与学习项目，发挥自我学习的能动性，又可以比较好地体现考核结果的公平公正性。

此方法限定了小组成员的最高成绩，可能存在即使小组中某个成员表现得十分优秀，但因小组中其他成员的不利影响，而得不到老师的充分认可。

（2）总分等级区分法

在课程考核制度设计时，先以小组团队为单位对学习项目完成效果进行评价，并以此评价结果代表该小组的平均水平，但不等于该小组每个成员成绩都为该平均水平。然后以此小组的考核成绩乘以小组成员数，得到该小组该学习项目的成绩总和。让该小组所有成员自我评价在学习项目完成过程中的表现，并根据表现分出若干个等级，根据等级不同来合理分享小组所取得的总成绩。同样采用小组成员自我管理、自我促进、自我评价，引导团队成员发挥自我学习的能动性，可以比较好地体现考核结果的公平公正性。

此方法限定了小组成员的成绩总和，若小组中某个成员表现得十分优秀，并得到全体成员的认可，可以得到明显高于小组其他成员的评价，甚至可以得到满分的结果。

(3)评价等级名额分配法

在课程考核制度设计时，预设整体考核等级及名额分配方案，然后以小组团队为单位进行学习项目完成效果进行评价，并以此评价结果代表该小组的整体水平，但不代表小组的每个成员都达到该水平。将各组评价结果进行纵向比较，按照高低确定各组的等级名额分配，评价结果好的小组将获得较好等级名额分配结果，而评价结果不理想的小组可能获得等级名额不理想。然后让该小组所有成员共同评价在学习项目完成过程中各自的表现，并根据分配的等级名额来合理分配每个组员的等级。

此方法将组与组进行比较，并且按照各组的表现给予等级名额分配，提高了学生之间的竞争意识，增强了学生的凝聚力，强化了小组成员间的交流、合作，促进了小组成员的共同进步。

高职课程考核的主要目的有两个：一是客观评价学生学习的效果，是否掌握或达到了职业能力的程度；二是促进提高学生在学习过程的主动性、积极性、创造性。以小组为学习团队实施课程教学是高等职业院校教学改革中普遍存在的现象，分组学习中的个体考核公平性不仅关系到评价结果的客观性，而且还影响到学生个体在学习过程中的具体行为表现。因此，加强高职课程分组学习中个体考核公平性策略研究与实践，对于提升内涵建设具有十分重要的意义。

二、计算机园林景观效果图制作——基于学习过程的考核方案的实践①

专业人才培养方案中知识内容体系与实践教学内容体系构成的基本单元就是课程，因此，课程教学目标能否实现，直接关系到专业人才培养目标实现与否。近年来，各高等职业院校十分重视内涵发展，深化课程教学内容、教学手段、教学方法等改革，并取得显著成效。但是，作为检验教师教学效果、评价学生知识和技能掌握程度的重要手段的课程考核办法没有引起各高等职业院校的足够重视，各院校依然沿用传统的终结性课程考核办法，难以与高等职业教育人才培养模式相适应，存在多种弊端。本文以“计算机园林景观效果图制作”课程考核基于学

① 本小节内容由黄艾执笔。

习过程的创新实践为例,探索与构建符合高等职业教育人才培养目标需求的有效课程考核评价方案。

(一)传统课程考核办法存在的主要问题

传统的课程考核往往在课程教学实施结束时,以试卷为主要形式,以概念、原理、推理等知识为主要内容,以终结性评价为主导,考核学生课程学习的效果。这种课程考核评价模式与高等职业教育注重“职业能力”培养的人才培养模式是不相适应的。

如“计算机园林景观效果图制作”课程传统的考核方式主要由两部分组成,期末考试成绩占总成绩的60%,即在期末规定的时间内完成一些固定主题的效果图制作,平时成绩占总成绩的40%(出勤情况占10%和作业情况占30%)。其他许多课程考核办法与此类似,实践证明这种考核模式有以下三个方面不足:

(1)课程以终结性评价为主,强调了考核的“评价”功能,忽视了整个教学进程中考核对学生学习的引导作用,也忽视了学生对教师教学过程的反馈功能。

(2)学生“计算机园林景观效果图制作”能力的形成是一个学习过程的积累,而不是某个“时点”的集中表现。忽视了职业能力的形成过程,考核结果不能很好体现高等职业教育“职业性”的基本特征。

(3)以期末考试成绩为主导,常因学生偶然因素(身体状况、精神状态、投机取巧等)影响,存在高分与高能力、高素质不对称,也难以客观体现学生的职业素养实际表现。即考核评价结果的客观性、公平性体现不充分。

(二)课程考核制度改革的整体思路

教育目标的多样性,必然要求教育测量与评价方法、手段的多样化和科学化。针对课程原有考核方式存在的主要弊端,课程教学团队从学生的全面发展和多元教育目标的需要出发,进行了课程、教学、评价三位一体的课程考核改革。改革的整体思路是遵循高职教育教学规律,坚持知识、素质和能力协调发展的原则,以园林技术专业景观设计员与园林绘图员相关职业岗位要求和职业资格标准为依据,以能力训练为主线,形成多元化考核评价方式来衡量学生学习情况。通过课程考核系统化改革,实现考核形式多样化、考核内容科学化、考核时间全程化、考核对象差异化、考核主体多元化,同时重视学生职业素养能力的培养,使考试真正起到检验学生学习效果的作用。

1. 考核形式多样化

通过多样化考核形式真实考查出学生的综合素质和能力,主要包括单元项目考核、综合项目考核和职业素养考核三个方面。

2. 考核内容科学化

考核内容的选取要围绕课程的核心知识、核心能力,并要有利于促进学生职业能力的培养,有利于培养学生分析和解决问题的能力和创新能力,强调基础,重在应用,贵在创新。

3. 考核时间全程化

结合课程特点,合理地确定平时考核和期末考核的比例,平时考核包括每个单元项目的考核,而期末考核则主要包括综合项目考核,并且把学生在课程学习过程中的实际表现考核比重增强。

4. 考核对象差异化

因学生个体在学习过程中学习积极性、学习态度、学习能力等存在差异,通过标准化考核与分层次考核相结合形式,学生自主选择合适的考核项目(如设计主题选择),给学生以弹性化、人性化的能力发展空间。

5. 考核主体多元化

打破传统的教师"一锤定音"的课程评价模式,采用学生自评、小组互评和教师评价多方面相结合的形式,学生参与评价的过程也是能力提高的过程。

6. 突出职业素养考核

根据课程内容所面向岗位的职业素质要求,课程考核要高度重视学生职业素养的考核评价,重点考核学生的诚信品质、敬业精神、责任意识和自主学习能力。

(三)考核方案改革具体措施

以"计算机园林景观效果图制作"课程为例,该课程是园林技术专业的一门重要的专业核心课程,是培养园林行业高端技能型人才不可缺少的课程。其目标是培养学生具备能够熟练运用 Photoshop 和 SketchUp 软件绘制园林景观效果图的基本职业能力,并在应用过程中提高自己的园林设计与审美能力,为后续的专业设计打下扎实的基础。本课程根据计算机园林景观效果图绘制岗位任职要求,以工作过程为导向,进行课程体系的设置和教学内容的选择,理论知识以"必须、够用"为标准,强化对学生实践能力培养,改变该课程原有的课程体系,变教学过程为工作过程,变被动学习为带任务工作,构建理论与实践一体化的项目式课程。采用以项目为导向,以任务为驱动,以学生动手能力培养为主线,理论教学与实践教学融为一体的教学模式,充分体现高职教育的特点。同时本课程以各类型计算机园林景观效果图制作的设计流程为主线,以小区规划效果图制作为载体,重构了课程的教学体系,重组了课程的教学内容,通过小区规划平面效果图制作、小区景观立面效果图制作、小区规划鸟瞰效果图制作以及方案文本制作等 4 个项目展开学习过程,把知识和技能的教学融入项目的制作之中,采用基于分层教学视角的"五学-六位"混合式教学模式,较好地解决了学以致用,学好善用的问题,满足了学生就业与发展的需要。鉴于平时学习过程的重要性,对传统的评价手段和方法进行了改革,采用过程性评价和综合性评价相结合、知识技能考核与职业素养考核相结合、教师评价与学生评价相结合的多元化考核评价方式。考核及成绩评定方式主要包括单元项目考核、期中理论测试、期末现场限时考核和职业素养考核四个方面，如图4-8所示。

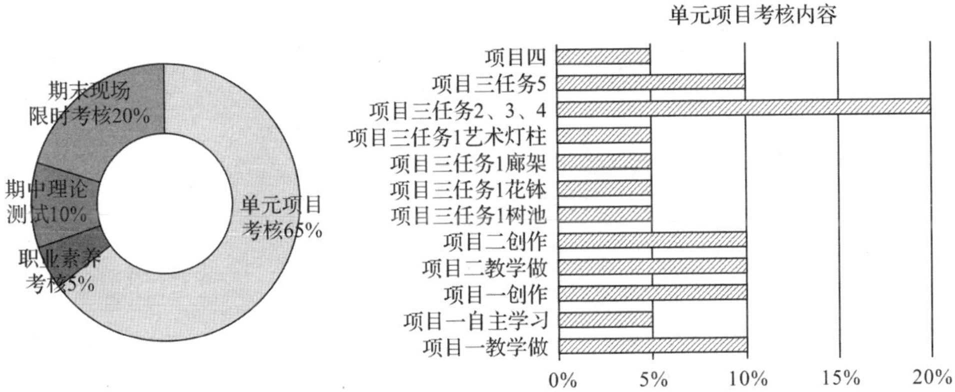

学期成绩＝单元项目考核成绩×65％＋期中理论测试成绩×10％＋期末现场限时考核成绩×20％＋职业素养考核成绩×5％

图4-8　课程成绩组成结构与考核内容

1.单元项目考核

单元项目考核贯穿整个学习过程，侧重于对学生过程性评价，主要遵循考核内容科学化、考核时间全程化、考核对象差异化的原则，学生在完成每个工作项目的过程中也完成了整个课程的学习过程。该项考核采用学生独立完成作品形式，以教师评价为主。考核项目选择紧紧围绕课程的核心能力，主要包括平面效果图制作、立面效果图制作、鸟瞰效果图制作和方案文本制作4个单元考核项目。根据每个项目的自身特点和对职业岗位的任职要求又制定各自的详细的考核评价标准。

同时因学生个体在学习过程中学习积极性、学习态度、学习能力等存在差异，单元项目考核部分内容还采用分层次考核方式，即学生可以根据自己的学习情况选择适合自己的试题。每个单元项目的考试命题分为基础档、良好档、优秀档三个层次，学生根据自己的学习情况选择一档试题，每档试题起评分标准不同。选做基础档按评分标准的100％计分，选做良好档按评分标准的110％计分，选做优秀档按评分标准的120％计分，鼓励学生大胆尝试，积极向上。但是每次选题时也有相关条件，以避免学生盲目的追求高分档却制作效果不理想，也可帮助学生正确认识自己并树立信心，挑战自我。如基础档得分85分及以上者，下一项目可选择良好档试题；良好档成绩低于70分的，下一项目考核试题将降至基础档；良好档得分85分及以上者，下一项目考核可选择优秀档；优秀档成绩低于70分的，下一项目考核降至良好档；优秀档成绩保持3次90分及以上者可进入单元项目免试阶段。通过单元项目分层次考核能让学生有不断进步的推动力，营造和谐的“赶、比、超”的学习氛围。

单元项目考核包括12次过程考核作业，考核的主要内容如表4-5所示。

表 4-5 课程考核内容与方式

序号	考核内容	成绩/分	权重/%
1	项目一教学做阶段	100	10
	项目一自主学习阶段	100	5
	项目一创作阶段(分层考核)	100	10
2	项目二自主学习阶段(分层考核)	100	10
	项目二创作阶段(分层考核)	100	10
3	项目三任务 1 单体模型创建 1(分层考核)	100	5
	项目三任务 1 单体模型创建 2(分层考核)	100	5
	项目三任务 1 单体模型创建 3(分层考核)	100	5
	项目三任务 1 单体模型创建 4(分层考核)	100	5
	项目三任务 2、3、4	100	20
	项目三任务 5	100	10
4	项目四方案文本和展板的制作	100	5

其中，项目一自主学习阶段、项目二自主学习阶段和项目三任务 1 单体模型创建 3(廊架模型的创建)等 3 个考核项目的学习采用翻转课堂的教学模式，考核评价采用多元化评价方式贯穿整个学习过程，采用线上评价和线下评价相结合的形式。线上评价由课程平台自动生成，线下由学生和老师共同评价模型的合理性，采用学生自评、学生互评、教师评价和企业指导老师评价相结合的形式(见图 4-9 和图 4-10)。

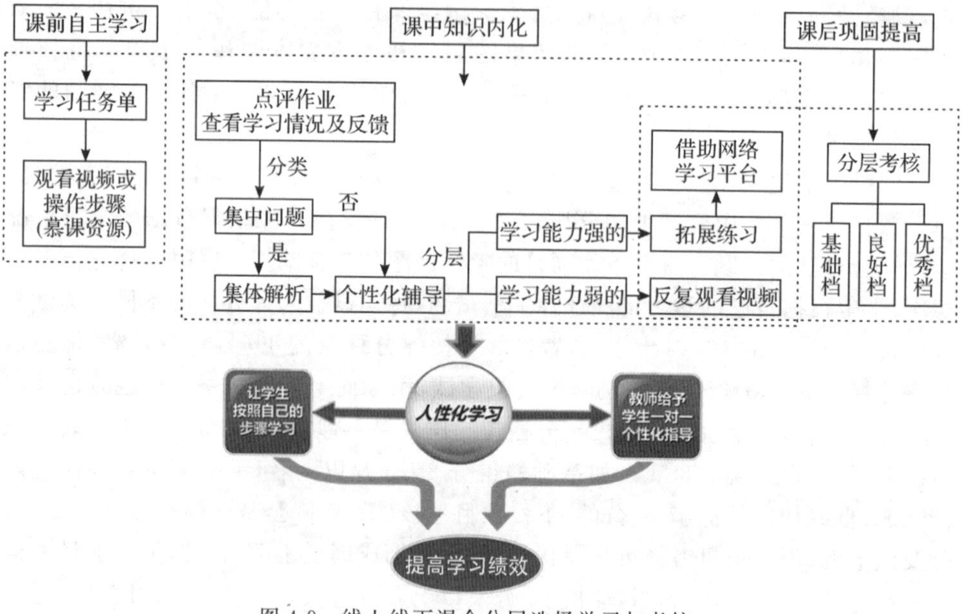

图 4-9 线上线下混合分层选择学习与考核

(1)园林景观平面效果图制作评价标准

园林景观平面效果图制作评价标准主要包括 CAD 设计方案的导入、各景观元

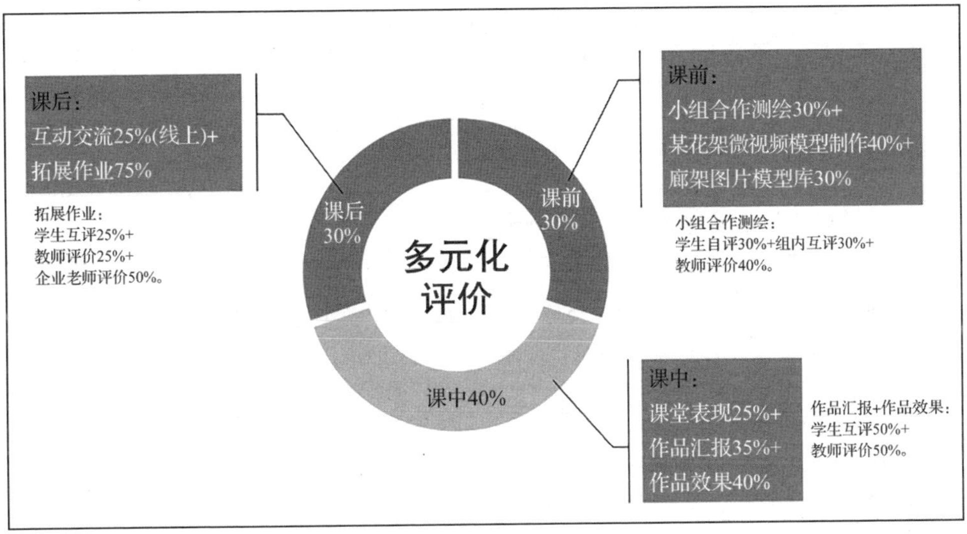

图 4-10 多元评价内容与考核比例

素的绘制、图纸色彩、布局、文字、图例说明、指北针、比例尺等方面，其具体的评价细则如表 4-6 所示。

表 4-6 园林景观平面效果图制作评价细则

评价内容	成绩/分
能根据规范要求正确导入 CAD 设计方案，线宽、线型符合要求	10
各景观元素表达合理，铺装尺寸大小符合设计规范，建筑、小品表现到位，水体效果好，植物素材风格协调	60
图纸色彩美观，统一协调	20
图面布局合理；指北针、比例尺俱全；文字、箭头、线框等大小合适，排列美观	10

(2)园林景观立面效果图制作评价标准

园林景观立面效果图制作的评价标准主要包括 CAD 图纸导入、主体景观的表现、前景、背景层次的处理、图纸色彩、布局等方面，其具体评价细则如表 4-7 所示。

表 4-7 园林景观立面效果图制作评价细则

评价内容	成绩/分
能正确地分层导入 CAD 设计方案	10
能按照设计要求正确绘制各立面景观要素，主景突出	50
前景、背景和配景素材搭配协调	30
图纸布局合理	10

(3)园林景观鸟瞰效果图制作评价标准

园林景观方案草图制作的评价主要包括 CAD 图纸导入、模型的创建、材质的制作以及场景的设置、构图等。其具体的评价细则分别如表 4-8 和表 4-9 所示。

表 4-8 单体模型的创建评价细则

评价内容	成绩/分
模型造型设计有创意	40
单体模型尺寸协调、材质搭配合理	50
角度符合人视角	10

表 4-9 鸟瞰效果图、局部效果图、立/剖面效果图和动画效果评价细则

评价内容	成绩/分
鸟瞰效果图各模型尺度合理，材质在色彩、质感、纹理大小、方向等方面能正确表达设计意图；植物层次丰富；摄像机角度能够正确表达设计意图；效果图构图均衡、主景突出	40
局部效果图主景突出	25
立面和剖面效果图能反映空间层次，植物天际线美观，有韵律感	15
动画效果路径设置合理，能较好地展示整体鸟瞰效果	20

(4)方案文本制作评价标准

方案文本制作的评价主要包括文本封面、封底和内页的制作，以及展板的制作等方面，其具体的评价细则如表 4-10 所示。

表 4-10 方案文本制作评价细则

评价内容	成绩/分
封面、封底和内页设计风格协调统一	30
图纸在内页布局合理	30
展板设计协调，图纸布局合理	40

2. 期末现场限时考核

为终结性评价，目的是测试学生知识的综合掌握、综合应用能力以及操作熟练程度。考核方法是在规定的 2 个小时内完成给定图纸的平面效果图绘制。

题目：完成给定图纸的平面效果图绘制。

时间：2 小时(上机操作)。

评分标准细则参见平面效果图制作考核评价标准。

现场限时考核在总成绩中的得分＝现场限时考核得分×20%

3. 期中理论考核

为终结性评价，目的是测试学生对常用命令的掌握程度。考核方法是在规定的 45 分钟内完成两个软件的题库理论测试，测试在手机 APP 上完成。

期中理论考核在总成绩中的得分＝期中理论考核得分×10%

4. 职业素养考核

该项考核贯穿于学生的整个学习过程，主要考查学生的学习态度与表现。通过课堂实际表现，以及学生利用课程网站自主学习共同考核评价，主要包括学习时长和学习行为两个方面。学习时长包括学生登录课程网站自主学习的次数、在线学习的时间长短、课程资源下载次数等。学习行为主要由学生出勤、课堂纪律、在

线提问、发帖回帖等组成，具体细则如表 4-11 所示。

职业素养考核在总成绩中的得分＝职业素养考核得分×5％

表 4-11 职业素养考核细则

考核项	学习时长	学习行为
评分标准	包括学生登录学习平台次数和在线学习时间、课程资源下载次数等	包括学生出勤、课堂纪律、在线提问、发帖回帖等
成绩	50 分	50 分

（四）改革成效与问题

该课程考核方案自 2013 年实施以来，通过不断的实践与改进，学生出勤率有很大程度的提高，几乎没有迟到、早退和旷课现象；很少有学生在课上上网或玩游戏。90％以上的学生能充分利用课程网站自主学习，在课堂上认真听讲，注意与授课教师互动，学习态度很好；课后能积极主动地完成拓展内容的学习。85％以上的学生能按照项目任务要求完成工作量，完全符合设计员相关职业岗位要求；并且有 25％以上的学生完成得相当好，基本上能够达到一般设计院的中等以上水平，学生的软件操作水平、创新意识、创新能力、自主学习能力和职业素养均得到了较大幅度的提高，在省职业技能大赛和国家职业技能大赛上取得了较优异的成绩。

在实施考核过程中也发现有少部分学生纯粹是任务式地勉强完成学习任务，尤其体现在最后三次考核作业上，因为临近期末，作业量较大，部分学生甚至存在抄袭作业或不交作业现象。

（五）课程考核方案改革展望

基于学习过程的课程考核制度改革是高等职业教育人才培养的根本需要，也是充分发挥课程考核对学生课程学习的引导作用、督促作用、公平公正评价作用、教学反馈作用的手段。不断创新和完善学习过程评价与终结性评价相结合、理论考核与实践操作考核相结合、自我评价与团队评价相结合、学习态度评价与学习成果评价相结合的课程考核制度与实践是高等职业教育课程考核办法的发展趋势，也是加强和深化课程内涵建设的重要组成内容之一。

第四节 基于分类分层教学理念的学生激励制度研究[①]

奖励是一种肯定的裁决，意图积极地劝诱某人做某事，在人的内心中，形成一

① 说明：原文《分类培养模式下高职学生荣誉奖励制度研究》（闫福华）载于《科教导刊（上旬刊）》2016 年第 5 期，本次出版略有修改。

种激励作用。它不仅仅指的是物质上的奖赏,更是一种对某种行为的价值肯定。构建符合我国高职教育特点的学生荣誉奖励制度,是为了尽早唤醒学生的学习目标,激发学生的学习热情,充分发挥学生的学习潜能,更好地满足社会发展需要和学生成长成才的需求。

一、学生荣誉奖励制度在分类培养中的现实意蕴

1. 荣誉奖励制度是学校育人文化的风向标

荣誉奖励制度可以视为可操守的道德规范,一种价值诉求。学生荣誉奖励制度在学校人才分类培养体系中发挥着极为重要的作用。一方面,学生荣誉奖励制度的建立与学校的育人理念、人才培养方向相结合,鼓励学生自主学习,合理规划,突出职业技能,追求自身成长;另一方面,学生荣誉奖励制度也在向学生灌输学校文化,加强团队的向心力,增强集体荣誉感与凝聚力。因此,学生荣誉奖励制度很大程度上增强了学校的软实力,从而更加有利于履行学校的育人宗旨。

2. 荣誉奖励制度是实现多样化人才培养的有力抓手

“系统培养、多样成才”是国家对现代职业教育人才培养的新要求。多样化人才的目标培养需要强有力的荣誉奖励制度为手段。当今时代的学生思想活跃,接触和吸收新鲜事物很快,而且适应能力强,但缺乏明确的职业生涯发展目标。荣誉奖励制度可以起到激励导向作用,在可供学生选择的培养模式中,对优秀人才、特长人才、创新人才等给予充分的认可。树立标杆,弘扬典型,唤醒萌芽状态中的思绪,从而促进培养目标的实现目标。

3. 荣誉奖励制度是自我强化的内在动力

所谓动力,是指一系列促使人们去完成某件事的力量。动力是内在的,是存在于人们内心世界的东西。行为科学理论认为,推动人的行为发生的动力因素有三个,即行为者的需要、行为动机、既定的任务和目标。

二、当前学生荣誉奖励制度存在的问题

学生荣誉奖励制度是高职院校人才分类培养工作有效性的制度体现。它能够激发学生自我成长的主动性,实现学生全面发展与个性发展的有机结合,营造积极向上的校园氛围,对实现育人目标具有良好的促进作用。目前我国高职院校学生荣誉奖励制度仍存在许多不足,表现为以下三个方面:

1. 类型单调,缺乏特色

学校在荣誉称号上,设有“三好学生”“优秀学生干部”“文体标兵”等,缺乏在创新创业型、国际化型、技师型、复合型等人才培养方面的荣誉设置。奖励上虽设有素质类奖学金,但项目类型缺乏特色,仅停留在竞赛获奖层面,如“科学技能标兵”

“文体优胜标兵”等，对非竞赛层面，体现学生专长方面的，如“考入本科院校”“取得本专业高级别技术资格证书”等，缺少相应奖励设置。有一定专长的这部分学生，对于荣誉奖励持冷漠态度，达不到引导学生发挥特长，激励个性成长的奖励效果，不利于保证大学生选择正确的成长道路。

2. 覆盖面窄，忽略专长

职业院校在集体性的荣誉奖项设置上，主要以班级为单位，设有“文明班级”“文明寝室”等荣誉称号。奖励的“集体”都是预先设定好的，除了班级外，任何社团组织都不能获得相应的荣誉奖励。这种学生集体性奖励活动范围较窄的现状，很容易滋生小团体意识，也不利于学生发挥技能专长。不利于培养开放式团队合作能力和团队精神，容易制约大学生对团队概念的理解，降低大学生组织团队的能力。

3. 关注评奖结果，忽视文化引领

荣誉奖励制度对学生具有内在的激励作用。学校在评奖过程中，通常围绕“宣传发动—组织实施—结果发布”三个环节进行。但是在实际操作过程中，各分院为了尽快完成评选任务，在评奖前期不能认真地面向全体学生解读荣誉奖励评选办法，而是指定班级某干部通知评奖工作开始，自己参看评奖条例或办法，符合条件的学生可提出申报，或全部交由班长按照成绩排名及申报条件代为申报，再通过班级 QQ 群公示后，将结果报给学院。大部分学生对荣誉奖项都花落谁家比较关注，至于为什么获此殊荣，很少有学生关心和问及。在评奖结束后，也缺少对榜样的宣传，不利于增强荣誉的影响力和认可度，无法突出荣誉的榜样和导向作用，缺乏思想政治教育的文化引领功能。

三、分类培养模式下高职院校学生荣誉奖励制度建构的思考

高职院校荣誉奖励制度要以人才分类培养为核心，在满足不同学生的职业发展需求，促进学生的个人发展上起到激励的效果。这就要求该制度体系必须具有目标性、全局性、发展性、适应性。

1. 以分类培养为根本，优化学生评价标准

随着现代职业教育的快速发展，传统的学生评价标准已经不能适应技能型应用人才的培养需要。学校应该根据职业教育特点，立足职业院校人才培养模式和培养目标，科学地进行学生评价标准改革。对于学生的评价要突破仅重视学习成绩或综合素质推荐的评价方式，通过多途径、多维度的客观评价体现分类培养的教育成果。基于职业院校自身具有的职业特殊性考虑，在职业院校的学生评价标准中，可以重点突出学生的职业技能，在量化指标上给各专业的职业技能赋予一定分值，引导学生学好文化理论知识的同时，扎实专研职业技能，体现职业院校分类培养下的人才培养特色，激发学生自励意识。

2. 坚持公平原则，强调多样化发展

在评奖过程中，应确保学生享有应有的平等权利。任何技能专长与组合团队都应有参与评奖的权利。现代社会是开放的、变化的。培养大学生组合团队的能力，使得志趣相投、优势互补的学生在开放的环境中更好地发挥潜能，组成具有整体优势的团队显得尤为重要。可以通过设立剧团奖、文艺组合奖、创业团队奖等，打破封闭的宿舍、班级概念，从各种组合社团、技能团队出发，使得志趣相投，优势互补的学生能够在开放的环境中互相激励，形成上下齐努力、共同拼搏的局面。即使学生个体综合素质表现一般，但也能获得相应的荣誉奖励，更好地发挥团队潜能与各方专长，创造更好的团队成果。

3. 做好典型宣传，凸显榜样力量

奖励的最终目的是为了起到激励的效果。应通过评奖手段，来发现典型、培养典型和宣传典型。在宣传方式上通常可以采用网站公示和召开总结表彰会等形式。高校可以逐步丰富荣誉授予和表彰的形式，如让较高荣誉获得者的名字出现在毕业证书上，或者邀请较高荣誉获得者的母校领导或家长来参加毕业典礼或颁奖典礼。要充分利用学生喜闻乐见的方式，对获得荣誉的各类学生事迹通过学生事务中心公众号，以微信的方式发布，并可以组织获奖学生在全校范围内开展生动的事迹报告演说。要让受表彰的学生有充分的自豪感，从而激励他们继续进步，让未受表彰的学生找到求知的方向，激发求知的欲望。

总之，分类培养下的高职院校学生荣誉奖励制度，是高等职业学校育人工作有效实施的重要组成部分，在学生教育管理中发挥着重要作用。建立符合现代职业教育体系特点的荣誉奖励制度，需要在工作过程中，不断摸索，不断实践，不断总结，不断修订，真真切切地从学生的需求出发，做到以评促改，以改促效，从而全面提升职业教育的人才培养质量。

第五节　分类招生分类培养制度下专业建设量化评价体系研究①

生源是高等职业院校赖以生存的基础，也是办学的目的所在，招生工作更是学校建设的基础工作。2014 年 9 月，《国务院关于深化考试招生制度改革的实施意见》(国发〔2014〕35 号)指出："考试招生制度是国家基本教育制度。"党的十八届三中全会对考试招生制度改革做出全面部署并对高职院校的招生和考试形式提出了

① 说明：原文《分类招生制度改革背景下高职专业建设量化评价体系研究》(原素芳等)载于《教育教学论坛》2018 年第 11 期，本次出版略有修改。

明确要求，要求加快推进高职院校分类考试。高职院校考试招生与普通高校相对分开，实行“文化素质＋职业技能”评价方式。

一、分类招生分类培养背景下专业面临的现状分析

作为全国两个高校考试招生制度综合改革试点省市之一，浙江省出台《浙江省人民政府关于印发浙江省深化高校考试招生制度综合改革试点方案的通知》（浙政发〔2014〕37 号），明确全面深化统一高考招生改革，进一步完善高职提前招生、单独考试招生和“三位一体”招生改革，加快建立多类型、多元化考试招生制度。考生志愿由“专业＋学校”组成。录取不分批次，按考生总成绩，分大类实行专业平行投档。自 2017 年开始全面实施高校考试招生制度综合改革，把原本科、专科（高职）的三个批次合并，在全国率先取消录取批次，凸显专业在选拔中的作用，专业的地位首次超过院校。这一举措无形中把专业的知名度、竞争力推到了学校建设工作的首要位置。高考招生录取体制改革，给高校的招生和人才选拔、学科和专业建设以及教学管理等方面都带来了一定的挑战，具体表现如下：生源状况两极分化，冷门和弱势专业面临生存危机。改革后，学校由前台退居后台，专业直接走向前台，接受学生的评判和选择。每个学校将会呈现专业冷热不均的现象。学生成绩形态由整齐划一的扁平化改变为参差不齐，形成新的教育生态，在实行基于专业的选拔后，在不同专业之间会出现分数悬殊的情况，给学校的管理带来新的课题。

在分类招生制度改革背景下，如何破解学校专业发展的招生瓶颈问题，提高专业核心竞争力是摆在所有高职院校面前不可回避的话题。而目前，专业建设单打独斗的现象比较严重，校内专业之间、校外同行之间专业建设无法进行合理比较，缺乏量化指标，因此当务之急是建立的专业评价考核机制，制定专业建设量化考核方案，使其能够有效地反作用于专业建设，有效地解决专业平行招生带来的问题，提高专业在招生工作中的竞争力。

二、分类招生分类培养背景下专业建设量化评价指标体系建立的原则

高职专业建设量化评价指标体系的建立要基于专业建设的多角度多维度，要遵循国家当前招生政策导向性，结合专业建设的全面性与典型性要素，同时兼顾评价指标的可操作性，坚持以下五个方面的基本原则：

1. 与新招生制度改革政策相一致的原则

评价体系建立的目的是加强专业平行志愿填报竞争力，实现招考方式多样化，促进学校分类培养工作。

2. 以专业为单位进行考核的原则

以教育部颁布的专业代码为依据，一个代码为一个专业，含“3＋2”、五年一贯制、单考单招、三位一体、提前招生、普通高考等多种形式。

3. 专业建设导向性原则

将以促进学生成长成才为中心的各项保障条件、改革建设举措、实际成效作为主要考核依据。

4. 内部比较和外部竞争相结合原则

指标设定统筹兼顾校内招生专业之间相对优势比较，校外相同专业之间绝对优势的比较。

5. 量化考核的原则

评价方案所涉及考核内容均量化为相应分值，并以累计总分高低，综合评价专业建设的总体水平。

三、分类招生分类培养背景下专业建设量化评价指标体系的构建要素

指标体系的构建应从招生质量、就业质量、师资队伍水平、人才培养过程质量、学术贡献及社会服务能力、专业建设成果及其他跟专业建设相关，同时可以量化的要素考虑。具体包括：

(1)招生质量具体评价要素可包括生源基地建设成效、提前招生报考率、当年招生计划完成率、省内同专业录取分数线位次排名、新生报到率等。

(2)就业质量具体评价要素可包括毕业生就业率、毕业生工资水平、专业相关度、毕业生创业率等。

(3)师资队伍水平具体评价要素可包括师资队伍结构和师资队伍能力素养两方面。

(4)人才培养过程质量具体评价要素可包括专业荣誉、课程荣誉、分类培养长效(包括：当年毕业生专升本比例、当年毕业生获高等级技能证书比例、当年毕业生出国深造或就业比例、当年毕业生获取辅修专业证书人数比例、学生创新创业比例)、学生技能竞赛水平、毕业生对母校满意度等。

(5)学术贡献和社会服务能力具体评价要素可包括市级以上教科研项目及到账经费、横向技术服务项目及到账经费、高级别论文及著作、知识产权(含新品种等)、成果应用与转化、社会培训人次等。

(6)专业建设成果具体评价要素可包括校级以上教学成果奖以及校级以上科技成果奖等。

(7)其他对人才培养质量提升有重大影响的改革成果或对专业建设有广泛影响力的事件。

四、分类招生分类培养背景下专业建设量化评价指标体系的赋分模式

根据实际指标影响因素，结合可操作性原则，实行以下三种赋分方式：

1. 绝对值赋分

按实际指标的完成情况进行实际分值乘一定系数进行赋分，此类指标有提前

招生报考率、当年招生计划完成率、当年毕业生专升本比例、当年毕业生获高等级技能证书比例、当年毕业生出国(境)深造或就业证书比例、当年毕业生获取辅修专业证书人数比例等。

2. 按排名赋分

依据各种规则确定的排名进行赋分,如排名前50%以上可赋10分,后50%以下可赋5分等,此类指标有省内同专业录取分数线位次排名、社会培训人次、毕业生对教师教学水平专业总体满意度等。

3. 按等级赋分

如根据国家级、省级、市级、校级等专业建设等级、获奖等级等的不同进行赋分,此类获奖指标有技能竞赛水平、教学成果奖等。

五、分类招生分类培养制度下高职院校专业建设量化评价结果的使用

评价结果可从以下几个方面验证其评价机制的有效性。

(1)评价结果反作用于招生就业工作,反映专业的招生第一志愿报考率和专业毕业生的签约率,可作为专业招生计划调整的依据。

(2)评价结果反作用于教师教学工作业绩考核、学生技能竞赛情况。

(3)评价结果反作用于师资队伍建设,如作为专业教师职称评定、晋升比例的依据,也可作为专业教师培训进修、薪酬发放的依据。

(4)评价结果反作用于专业建设等级的提升,可在优势专业、重点专业、特色专业等申报中择优推荐。

(5)评价结果反作用于学校教学业绩考核工作、人才培养工作状态数据采集工作、麦克思排名等政府及社会评价情况。

六、宁波城市职业技术学院专业建设量化考核方案

宁波城市职业技术学院专业建设量化考核方案如表4-12所示。

表4-12 宁波城市职业技术学院专业建设量化考核方案(总分1080分)

一级指标	观察点	考核说明	考核分工
1.招生质量(150分)	1.1 生源基地建设成效(20分)	计算方法:学院所建基地录取到我院的学生数÷教职工比例;各专业取所在学院的分值(3+2及五年一贯制除外)。 赋分:22－2×排名。	招生与就业指导中心
	1.2 提前招生报考率(10分)	计算方法:按各提前招生专业一志愿报考人数/招生计划数(未参加提前招生的专业按平均分赋分)。 赋分:报考比超过10倍及以上,赋分10分;报考比超过8倍,赋分8分;报考比达到5倍,赋分5分。	

（续表）

一级指标	观察点	考核说明	考核分工
1. 招生质量（150 分）	1.3 当年招生计划完成率（50 分）	计算方法：按各专业实际录取人数/各专业招生计划数； 赋分：按各专业实际完成率×50×对应系数赋分； 其中系数设置原则为：若该专业在单独考试招生及普通类招生中在对应的段次一次性完成招生计划者（未征求志愿）系数为 1；若在其中某一类招生中通过征求志愿完成计划，系数为 0.9；若均通过征求志愿完成计划，系数为 0.8。	招生与就业指导中心
	1.4 浙江省同专业录取分数线位次排名（50 分）	计算方法：专业录取分数线与省内同类专业录取分数线比较并排名。（只排面向浙江省招生的单考单招或普高类专业，两种招生类型均有的专业取两种类型的平均值；两种招生类型均没有的则取全校各专业的平均分；大类招生专业按大类分数对应到具体专业） 赋分：同类专业中排名前 20%，赋分 50 分；排名 21%～30%，赋分 45 分；排名 31%～40%，赋分 40 分；排名 41%～50%，赋分 35 分；排名 51%～60%，赋分 30 分；排名 61%～70%，赋分 25 分；排名 70%以后，赋分 20 分；同一招生类型招生计划数超过 60 人的专业，乘以 1.1 系数，超过 100 人的乘以 1.2 系数。	
	1.5 新生报到率（20 分）	计算方法：各专业实际报到率排名（应征入伍保留入学资格）。 赋分：排名全校前 5 名，赋分 20 分；排名 6～10 名，赋分 17 分；排名 11～15 名，赋分 14 分，排名 16～20 名，赋分 11 分，排名 20 名以后，赋分 5 分。	
2. 就业质量（200 分）	2.1 毕业生就业率（80 分）	各专业学生毕业一年后省教育评估院跟踪调查就业率在 98%及以上的为优秀，92%～97%的为良好，85%～91%的为合格，低于 84%的为不合格。 计分方法：按优秀 100%、良好 85%、合格 70%、不合格零为赋分比例计分。	招生与就业指导中心
	2.2 毕业生工资水平（70 分）	各专业学生毕业一年后省教育评估院跟踪调查人均起薪水平超过毕业生就业工资全省平均水平 20%的为优秀，超过平均水平但未达 20%的为良好，低于平均水平 30%以内的为合格，其余为不合格。 计分方法：按优秀 100%、良好 85%、合格 70%、不合格零为赋分比例计分。	
	2.3 专业相关度（30 分）	各专业学生毕业一年后省教育评估院跟踪调查全省排名前 20%的为优秀，排名 21%～40%的为良好，排名 41%～60%为合格，排名 60%以后的为不合格。 计分方法：按优秀 100%、良好 85%、合格 70%、不合格零为赋分比例计分。	
	2.4 毕业生创业率（20 分）	各专业学生毕业一年后省教育评估院跟踪调查创业率全省排名前 20%的为优秀，排名 21%～40%的为良好，没有创业的为不合格，其余为合格。 计分方法：按优秀 100%、良好 85%、合格 70%、不合格零为赋分比例计分。（订单班取平均值）	

（续表）

一级指标	观察点		考核说明	考核分工
3.师资队伍水平（100分）	3.1 师资队伍结构（35分）	3.1.1 专业技术职务结构（10分）	高级职称教师数/专任教师数，30%及以上8分；20%～29%得6分；10%～19%得4分；9%以下得3分； 当年评审通过高级职称每增加1人得1分，最多不超过2分。	人事处
		3.1.2 学历结构（10分）	博士数（包括在读）/专任教师数，达到10%及以上得5分； 新增博士每增加1人得6分，新增攻读博士学位1人得2分，最多不超过10分。	
		3.1.3 “双师”结构（15分）	“双师”教师数/专任教师数，95%及以上得15分，90%～94%得12分，80%～89%得10分；70%～79%得8分；60%～69%得5分，59%以下得3分。	
	3.2 能力素养（65分）	3.2.1 教师获得荣誉称号和人才培养工程（20分）	原有教师获得市、省、国家级荣誉称号的每项分别得2、3、5分，最多不超过10分； 每新增获得市、省、国家级荣誉称号的分别得3、5、10分，最多不超过10分。	
		3.2.2 教师培养培训基地（5分）	与行业或企业共同建立稳定的教师培养培训基地的，每增加1个得2分，最多不超过5分。	
		3.2.3 教师培训进修情况（15分）	达到人均培训72学时得7分，每增加8学时（1天）得2分，每减少8学时（1天）减2分，最多不超过15分。	
		3.2.4 教师下企业实践情况（10分）	达到人均下企业15天得5分，每增加1天得1分，每减少1天减1分，最多不超过10分。	
		3.2.5 教师获得高等级职业证书情况（15分）	本专业教师每获得高等级职业证书1人，加3分，最多不超过15分。	
4.人才培养过程质量（230分+80）	4.1 专业荣誉（50分）		校级以上重点、品牌、特色、优势等专业建设荣誉：国家级赋分50，省级赋分30，市级赋分20，校级赋分10，同类项目取最高分计算，累计最高50分。	教务处
	4.2 课程荣誉（50分）		校级以上各类立项建设课程，获奖课程：国家级每门25分，省级每门15分，市级每门10分，校级每门5分，同类项目取最高分计算，累计最高50分。	
	4.3 当年毕业生专升本比例（20分）		按当年毕业生计算实际比例÷20%×20。	

(续表)

<table>
<tr><th>一级指标</th><th colspan="2">观察点</th><th>考核说明</th><th>考核分工</th></tr>
<tr><td rowspan="8">4.人才培养过程质量(230分+80)</td><td colspan="2">4.4 当年毕业生获高等级技能证书比例(20分)</td><td>按当年毕业生计算实际比例÷25%×20。</td><td rowspan="4">教务处</td></tr>
<tr><td colspan="2">4.5 当年毕业生出国(境)深造或就业证书比例(20分)</td><td>按当年毕业生计算实际比例÷5%×20。</td></tr>
<tr><td colspan="2">4.6 当年毕业生获取辅修专业证书人数比例(20分)</td><td>按当年毕业生计算实际比例÷15%×20。</td></tr>
<tr><td colspan="2">4.7 技能竞赛水平(50分)</td><td>获国家教育行政部门技能(学科)竞赛三等奖以上,每项目30分;获省教育行政部门技能(学科)竞赛一等奖,每项目20分;获市级以上教育行政部门专业技能(学科)竞赛,每项目5分。同一项目取最高分计算,每专业累计不超过50分。</td></tr>
<tr><td rowspan="4">4.8 毕业生对母校满意度(80分)</td><td>毕业生对教师教学水平专业总体满意度(20)</td><td>各专业学生毕业一年后省教育评估院跟踪调查满意度90分及以上为优秀,75～89分为良好,60～74分为合格,60分以下为不合格。
计分方法:按优秀100%、良好85%、合格70%、不合格零分计。</td><td rowspan="4">招生与就业指导中心</td></tr>
<tr><td>毕业生对专业课程课堂教学效果满意度(20)</td><td>各专业学生毕业一年后省教育评估院跟踪调查满意度90分及以上为优秀,75～89分为良好,60～74分为合格,60分以下为不合格。
计分方法:按优秀100%、良好85%、合格70%、不合格零分计。</td></tr>
<tr><td>毕业生对实践教学效果满意度(20)</td><td>各专业学生毕业一年后省教育评估院跟踪调查满意度90分及以上为优秀,75～89分为良好,60～74分为合格,60分以下为不合格。
计分方法:按优秀100%、良好85%、合格70%、不合格零分计。</td></tr>
<tr><td>毕业生对就业服务满意度(20)</td><td>各专业学生毕业一年后省教育评估院跟踪调查满意度90分及以上为优秀,75～89分为良好,60～74分为合格,60分以下为不合格。
计分方法:按优秀100%、良好85%、合格70%、不合格零分计。</td></tr>
</table>

（续表）

一级指标	观察点	考核说明	考核分工
5.学术贡献及社会服务能力（200分）	5.1市级及以上教科研项目及到账经费（含新型智库建设项目）（50分）	分值：当年质量计40分；同比增量计10分。 当年质量计算方法：校内各专业教科研项目及到账经费按工作量进行排名。 赋分：排名前20%，赋分40；排名21%～30%，赋分35；排名31%～40%，赋分30；排名41%～50%，赋分25；排名50%以后，赋分20。 同比增量计算方法：校内各专业与上年同期相比计算同比增速。 赋分：有增速，赋分10；同上年持平，赋分5。	科技处
	5.2横向技术服务项目到账经费（理工科与文科按3∶1折算）（50分）	分值：当年质量计40分；同比增量计10分。 当年质量计算方法：对校内各专业横向技术服务到账经费按工作量排名（理工科与文科按3∶1折算）。 赋分：排名前20%，赋分40；排名21%～30%，赋分35；排名31%～40%，赋分30；排名41%～50%，赋分25；排名50%以后，赋分20。 同比增量计算方法：校内各专业与上年同期相比计算同比增速。 赋分：有增速，赋分10；同上年持平，赋分5。	
	5.3高级别论文及著作（进入当期浙大或北大核心目录或中央级出版社为准）（30分）	分值：当年质量计20分；同比增量计10分。 当年增量计算方法：校内各专业按工作量进行排名。 赋分：排名全校前5名，赋分20；排名6～10名，赋分15；排名11～15名，赋分10，排名16名及以后，赋分5。 同比增量计算方法：校内各专业与上年同期相比计算同比增速。 赋分：有增速，赋分10；同上年持平，赋分5。	
	5.4知识产权（含新品种等）（20分）	计算方法：校内各专业按工作量进行排名。 赋分：排名前20%，赋分20；排名21%～40%，赋分15；排名40%以后，赋分10。	
	5.5成果应用与转化（获厅市级及以上批示、采纳或录用；技术成果转让费到账）（30分）	分值：当年质量计20分；同比增量计10分。 当年质量计算方法：校内各专业教科研项目及到账经费按工作量进行排名。 赋分：排名全校前5名，赋分20；排名6～10名，赋分15；排名11～15名，赋分10，排名16名及以后，赋分5。 同比增量计算方法：校内各专业与上年同期相比计算同比增速。 赋分：有增速，赋分10；同上年持平，赋分5。	
	5.6社会培训人次（20分）	按培训人次校内排序，前20%赋分20；20%～50%赋分15，50%以后赋分10。	培训中心

（续表）

一级指标	观察点	考核说明	考核分工
6.专业建设成果（100分）	6.1 校级以上教学成果奖(50分)	校级15分/项；市级20分/项；省级30分/项；国家级50分/项。每专业累计最高不超过50分。	教务处
	6.2 校级以上科技成果奖(50分)	分值：当年质量计40分；同比增量计10分。 当年质量计算方法：校内各专业按工作量进行排名。 赋分：排名前20%，赋分40；排名21%～30%，赋分35；排名31%～40%，赋分30；排名41%～50%，赋分25；排名50%以后，赋分20。 同比增量计算方法：校内各专业与上年同期相比计算同比增速。 赋分：有增速，赋分10；同上年持平，赋分5。	科技处
7.其他（20分）	对人才培养质量提升有重大影响的改革成果或对专业建设有广泛影响力事件(20分)	由各专业申请，学校专业考核工作小组评议后赋分，最高不超过20分。	学校专业考核工作小组

第五章　分类培养多样成才实践案例

自2013年以来，分类培养、分层教学模式经过若干专业试点后，理念得到了充实、方案得到了完善、保障措施不断加强，已成为学校人才培养的总模式，并在全校所有高职专科专业中得到推广。下面以部分专业为例，阐述技师型、复合型、国际化型、创新创业型、升本型五种提升类型的实践做法与取得的成效。

第一节　计算机网络技术专业技师型人才培养案例

一、计算机网络技术专业分类培养背景分析

（一）专业发展背景

1. 行业变革对专业发展方向的影响

大数据、人工智能、物联网、移动互联网、云计算等新兴信息技术的飞速发展，引发了新一轮科技革命和产业变革。国家为破解制造业发展中存在的若干问题，迎接"双重挤压"的挑战，应对经济发展新常态，提出了"中国制造2025"、智能制造重大工程等发展战略。在此大背景下，专业该如何迎接挑战？我们的学生该如何在未来的IT企业里就业、提升、发展？我们的答案为以下几个关键词：互联网融合、云计算、移动互联、物联网、大数据。

计算机网络技术专业选择的方向：物联网工程。

2. 国家网络安全战略为专业发展提供机遇与挑战

信息技术的广泛应用和网络空间的兴起发展，极大地促进了经济社会繁荣进步，同时也带来了新的安全风险和挑战。国家网络空间安全战略提出要实施网络安全人才工程，加强网络安全学科专业建设，打造一流网络安全学院和创新园区，形成有利于人才培养和创新创业的生态环境。

计算机网络技术专业选择的方向：信息安全。

3. 找准专业服务的对象

(1)网络用户数量变化。2006 年、2015 年中国网络用户数量变化如图 5-1 所示。

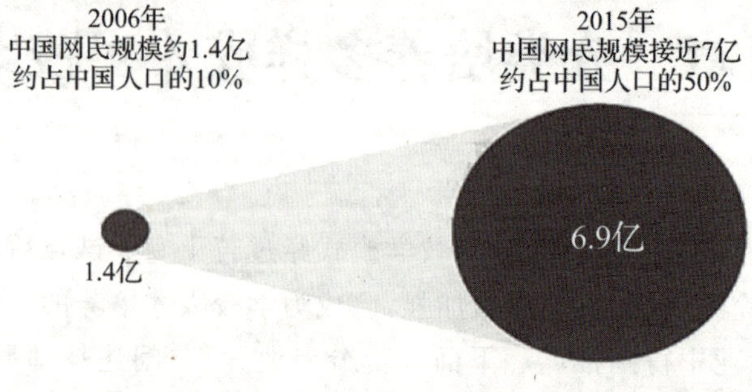

图 5-1 中国网络用户数量变化

数据来源:http://www.cbdio.com/BigData/2016-09/07/content_5240389.htm;下同。

(2)手机用户成为主力。2006 年、2015 年中国手机用户数量变化如图 5-2 所示。

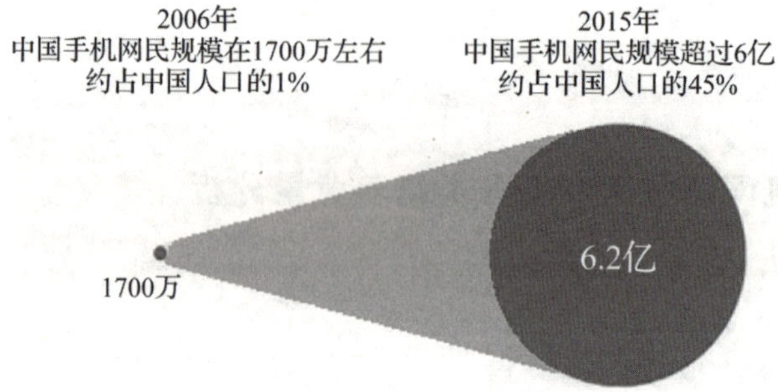

图 5-2 中国手机网民规模

(3)农村用户成为增长点。2006—2015 中国城乡互联网普及率如图 5-3 所示。

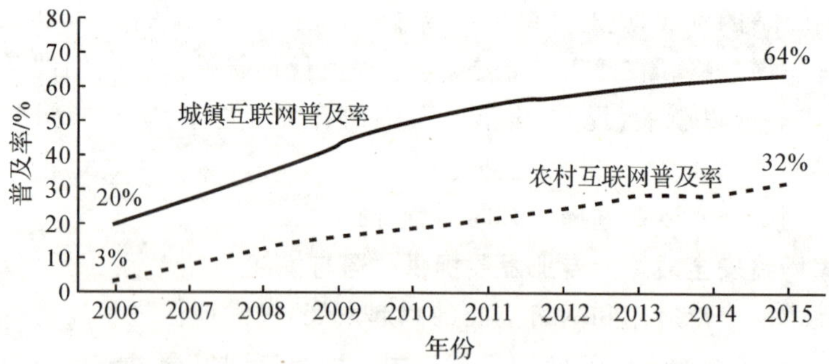

图 5-3 2006—2015 年中国城乡互联网普及率

在专业人才需求调查表中,岗位需求情况为:网络组建与管理占岗位需求总数的 70.6%,工程布线占 67.6%,安全服务占 64.7%,计算机及网络产品的营销占

52.9%,招投标方案制作占47.1%,物联网及移动终端安装与维护占41.2%,办公自动化应用占41.2%,网吧维护占20.6%,网页设计与制作占17.6%,电脑美工占5.9%,网络编辑占5.9%,其他占11.8%。人才需求与分类对接见表5-1。

表5-1 人才需求与分类对接

服务对象	就业岗位	专业方向	分类培养
政府、事业单位	网络安全、网络服务管理	网络安全	技师型(竞赛)
大型网络企业	网络工程师、网络规划师	网络安全、物联网工程	技师型(考证、竞赛)
本地化集成单位	布线工程师、网络系统基础	物联网工程	技师型(考证)
智慧小区、智慧家庭、新农村建设	网络项目监理、物联网及移动终端	网络安全、物联网工程	技师型(专业融合)
个体企业、经营户、创业者	计算机及网络产品的营销、网络管理员、网页设计师、数据维护	网络安全、物联网工程	创新创业型、技师型(复合型)
本科院校、国外院校	深造	网络安全、物联网工程	升本型、国际化型

(二)学生自身发展多样性需求

近三年来计算机网络技术专业学生的第一志愿率在逐步上升,特别是浙江实行新高考制度后本专业的录取位次提升很多。但学生的发展是多样性的,本专业就业相关度仅为54%,主要有三方面的原因:(1)专业技术更新快,就业技术门槛高。(2)学生就业渠道多,专业愿望不强烈。(3)生源有多样性,职高生、"3+2"学生升入专业没有经过选择,比较盲目。

(三)专业间融合的壁垒影响分类培养效果

随着互联网的深入应用,人类对信息技术的认识和创造呈现出革命性的跃变,"互联网+行业"的模式逐渐成为专业融合的主流。从目前选学辅修专业、双专业的数据来看,网络专业的学生很少辅修其他专业的课程,其他专业的学生也不选修网络专业的课程。最主要的原因是我们目前的专业融合存在很大的壁垒,对学生缺乏指导、引导和管理的机制。

(四)分类培养的目标和方向

按照智慧城市建设及宁波“中国制造2025”产业链的结构体系,计算机网络技术专业紧紧围绕新一代信息技术产业中的物联网、云计算和大数据及网络信息安全等重点方向,采取“与产业对接、与职场一体”的校企共建模式,形成产业对接,实现行业企业参与建立,以专业为主体的“三方融合”以及“基础能力、岗位能力、创新能力、综合能力”的“能力递进”的人才培养模式,完善专业质量保证体系,提升就业质量,打造“产教融合、工学结合、能力递进、培养技师”的应用型特色专业。

二、专业分类培养类型及标准的确定

(一)分类培养类型

计算机网络技术专业从2010年开始实施人才分类培养(精英培养)模式,分别成立了技能竞赛、高级考证等精英培养俱乐部。目前本专业以技师型为主、创新创业型和国际化型为辅开展人才分类培养。

1. 高级技师型(精英型)

技能竞赛:专业以网络技术应用、网络信息安全、物联网技术应用、云计算技术应用为主要的竞赛载体,结合学校的学科技能竞赛,每年可培养15%左右的学生在省级以上学科技能竞赛中获奖。

高级证书考证:专业以计算机水平等级考试(网络工程师、网络管理员等)、H3C/华为/CISCO为主要的考证方式,每年可培养10%左右的学生获得高等级考试证书。

2. 创新技师型(创新型)

引导学生创新思维,培养学生创造能力,鼓励学生发表论文、创新发明、申报专利、参评优秀毕业设计等,这样的学生为10%左右。

3. 基础技师型(复合型、基本型)

复合型技师培养是计算机网络专业针对专业对口率低、精英型人才培养受众面比较低提出的一种新的分类培养模式。引导学生在获得专业毕业证书的同时辅修其他专业课程,获得其他专业的入门资格证书。

(二)分类培养标准

一是基本型,是本专业的基本类型,具备在网络行业就业的基本技能和素质,是所有的合格毕业生都应达到的标准。

二是提升型,是本专业重要分类培养类型,具备在网络行业高质量就业的技能和素质,至少应有20%的毕业生应达到此标准。计算机网络技术专业分类培养标准与目标见表 5-2。

表 5-2　计算机网络技术专业分类培养标准与目标

<table>
<tr><th>培养层次</th><th>类型</th><th>培养目标</th><th colspan="2">培养标准(满足其中之一)</th><th>目标比例</th></tr>
<tr><td rowspan="5">提升</td><td rowspan="4">技师型</td><td rowspan="4">培养具有相当水准的网络技能专长,具备网络安全管理和物联网技术应用岗位的核心能力,以毕业后能够立即胜任这些岗位上的一般研发任务为主要目标的学生。</td><td colspan="2">通过计算机网络基础能力、岗位能力和核心能力考核,且满足以下条件之一:</td><td rowspan="4">35%</td></tr>
<tr><td>考证型</td><td>1. 获得国家软考网络工程师(人社部/工信部)证书
2. 华为/H3C 网络工程师证书</td></tr>
<tr><td>竞赛型</td><td>获得省级三等奖及以上证书</td></tr>
<tr><td>创新型</td><td>公开发表一篇文章
申请一项专利
获得优秀毕业设计
参与导师完成的一项课题</td></tr>
<tr><td>升学型</td><td>培养具有一定网络技能专长和相当网络理论知识水平,以进入本科院校相关专业继续深造为主要目标的学生。</td><td colspan="2">通过计算机网络基础能力、岗位能力和核心能力考核,且满足以下条件:
参加专升本考试并过录取分数线</td><td>10%</td></tr>
<tr><td rowspan="2">基础</td><td>复合型</td><td>培养具有一定网络专业核心能力,能从事网络管理、网络安全等基础岗位并了解、掌握其他专业的一门岗位基础能力的学生。</td><td colspan="2">通过计算机网络基础能力、岗位能力和核心能力考核,并满足以下条件之一:
1. 获得非计算机网络专业的一个行业入门资格证书;
2. 辅修一门其他专业的岗位能力课程</td><td>45%</td></tr>
<tr><td>创业创新型</td><td>培养具有一定网络专业核心能力,能从事网络管理、网络安全等基础岗位并了解、掌握其他专业的一门岗位基础能力的学生。</td><td colspan="2">通过计算机网络基础能力、岗位能力和核心能力考核,并满足以下条件:
注册一家公司</td><td>10%</td></tr>
</table>

三、专业分类培养体系的构建

(一)课程体系

1. 构建以能力递进为核心的“四能力、四综合”课程体系

作为校级“能力递进,逐级综合”的课程体系试点专业,计算机网络技术专业按照“逐级综合、递进提升”的课程模式，构建与之相匹配的“四能力、四综合”课程体系。如图 5-4 所示。

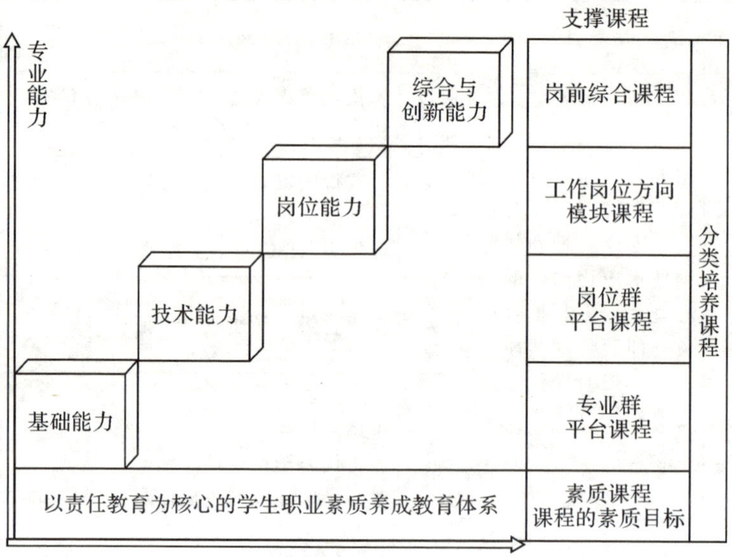

图 5-4 基于能力递进的“四能力、四综合”课程体系

2. 逐级测评，推进以技能竞赛和高等级考证为特色的技师型分类培养

对接专业的各类行业资格证书，完善专业质量保证体系，做强做实专业特色。通过“四能力、四综合”课程体系的实施，在人才培养顶层设计方面确定“四综合”对应的课程模块，并制定相关的保障方法，构建专业特有的专业能力测评体系，结合教学体系对学生的每个阶段进行能力测评。如图 5-5 所示。

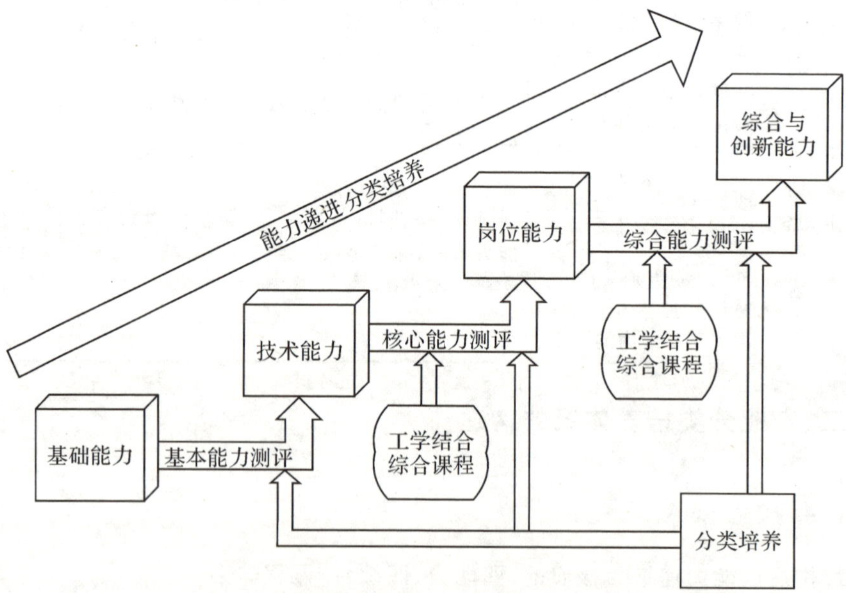

图 5-5 “四综合”对应的专业能力逐级测评体系

3. 推进教学信息化创新，打造在线课程群平台

物联网技术与云计算技术的应用为计算机网络技术专业信息化测评和虚拟化实训提供了技术基础，通过信息化技术手段打造在线课程群平台，逐步实现专业核心课程的在线学习系统。如图 5-6 所示。

图 5-6　在线课程群平台

4. 基于分类培养的专业课程体系

分类培养是计算机网络技术专业的特色所在，也是专业建设的重要成果，针对专业开展的考证和技能竞赛的现状，计算机网络技术课程体系中强化了专业分类培养课程体系的构建，利用好在线课程的优势突出专业课程设计的系统化和可持续化，实现由浅入深的深度交互层次性。专业根据分类培养的具体情况，建设了"网络综合考证""网络技能竞赛"等一系列线上线下课程，课程重点强调学习资源的动态更新，鼓励学习者从原来的资源接受者转变为课程资源的接受者和供给者。如图 5-7 所示。

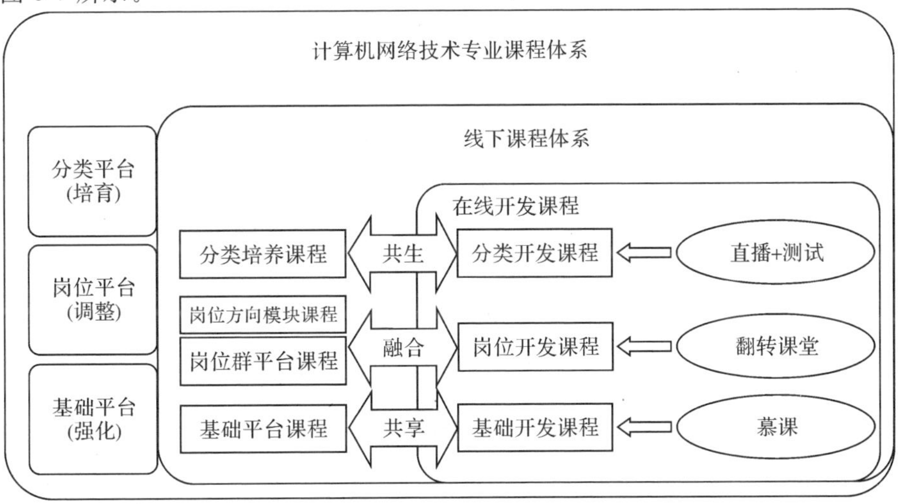

图 5-7　基于分类培养的专业课程体系

（二）分类分层教学

一是学生分类。根据学生的发展意愿和专业的发展领域，对大一的学生进行专业基础能力考核，通过专业能力的考核，对学生按照其发展意愿进行分类规划。学生分类规划如图 5-8 所示。

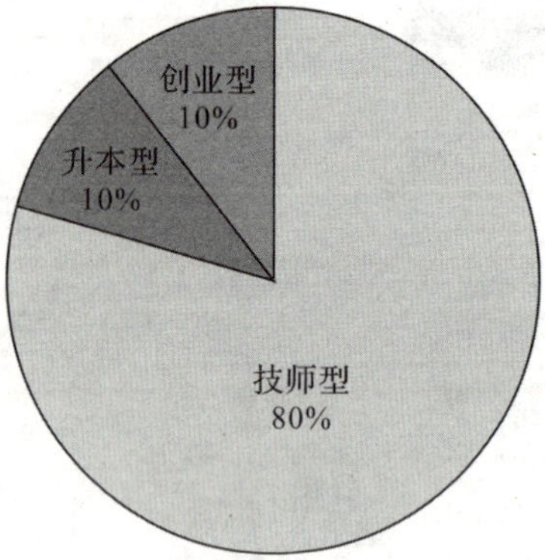

图 5-8 学生分类规划统计

二是分层培养。根据技师型的培养方式，学生可以结合岗位能力测评的结果和学生的个人特质选择不同的培养层次。如图 5-9 所示。

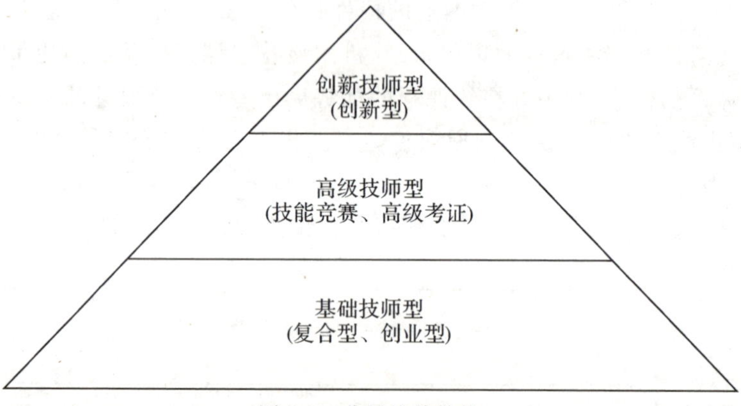

图 5-9 分层培养结构

三是分层考核。分层考核是分层教学的重要环节，群平台、岗位平台和模块都设置了专业能力测评课程，所有学生都需要通过基础专业岗位能力测评、岗位能力测试以获得毕业资格，同时学生可以根据自己对知识和技能的掌握程度来自主选择是否进入提升型人才培养。

（三）校企合作

计算机网络技术专业以智慧产业为依托，结合计算机应用技术、应用电子技术和建筑智能化工程技术，以物联网技术为纽带，构建专业融合、课程衔接的智慧信息专业群。将物联网应用中与专业群紧密结合的企业应用引入专业群实训基地，建设专业共享、课程互动、综合管理的物联网工程实训中心。如表 5-3 所示。

表 5-3　实验实训基地

名称	类型	功能
网络技术综合实训室	校内基地	网络设备安全与管理实训、网络专业竞赛培训、网络高级考证
网络综合布线实训室	校内基地	网络综合布线员培训，网络综合布线课程实训、网络专业竞赛培训、网络高级考证
物联网技术实训室	校内基地	物联网技术课程实训、物联网技术应用竞赛实训
操作系统实训室	校内基地	服务器配置与管理课程实训、网络技术应用竞赛和网络工程师考证
物联网实训工程中心	校内基地	物联网技术体验中心、智能信息类专业群实训基地
宁波国研软件有限公司	校外基地	虚拟学院体制机制创新、校企合作课程、教材开发，校外基地建设
宁波华力克利泊信息技术有限公司	校外基地	校企合作课程、教材开发，校外基地建设
宁波华数信息有限公司	校外基地	校企合作课程、教材开发，校外基地建设
星网锐捷网络公司	校外基地	锐捷网络工程师培训、校企合作课程、教材开发，校外基地建设
网络分类培养实训室	校内基地	网络技能竞赛、网络高级证书考证、网络项目研发

（四）尊重选择

一是按照专业人才培养方案，学生在完成通识平台课程、专业群平台课程和岗位平台课程后，可根据自己的未来发展，明确自己的岗位定位，选择相关的岗位工作方向模块，明确要学习课程、项目和考核要求，同时根据个人特长进行拓展课程的选学，这样既体现以人为本、因材施教的教育理念，又满足学生个人发展和企业用人的需求，从而提高学生的学习积极性与主动性。

二是鼓励专业教师充分考虑学生的变化，开展动态分层教学，从而形成良性循环，也即一名学生经过一定时间的学习与实践操作，若对课程的知识掌握水平快速提高，学有余力，那么就可以根据个人要求选择上升一个层次。

四、分类培养保障措施

（一）双师型教学团队建设

构建专兼结合的教学团队，鼓励教师创新创业，服务社会。通过人才引进、提升培养、校企合作等渠道，建立起一支能满足教学科研需求，具有应用型专业知识结构、学习或实践背景的高水平师资队伍。吸引一批高学历、实践经验丰富，又能胜任教学工作的实践型人才补充到相关专业师资队伍中，同时面向社会聘任相关专业的实践型专家兼职专业的教学工作，通过加强校企、校地合作，提高应用型专业教师的科技创新能力，实现学校和企业互聘的弹性师资管理模式。

专业教学团队建设工作，通过实施“骨干教师建设”工程、“教师下企业”工程、“兼职教师建设”工程，按照培养为主、引进为辅、专兼结合的原则，稳步推进。主要措施如下：

一是实施骨干教师培训工程。每年专业有教师培训计划，学院安排一定的经费和时间选派中青年骨干教师到相关高校学习和参加国内外各类培训。2015 至 2018 年，有 57 人次参加了近 20 个项目的培训，国际性的培训达 14 人次，拓展了教师眼界，使他们能了解外界科研、教学改革信息，及时获得教学改革经验与最新研究成果，提高科研工作能力和教学质量。

二是实施“教师下企业”工程。通过教师下企业实践锻炼管理办法和政策，进一步加强了教师下企业的力度。专业全体教师利用暑期下企业锻炼，特别是选派年轻的骨干教师到校企合作的联盟企业进行锻炼，教师们全部进入到企业的核心岗位，与企业团队一起进行项目的开发与研究，大大提高了教师的实际工作经验和能力。

三是实施“兼职教师建设”工程。依托学院牵头成立的“宁波智能信息产学研联盟”增加兼职教师的数量、提升兼职教师的质量，对兼职教师加强职业技术教育的培训和能力测评，提升其教学水平，实现兼职教师“专业化”。聘请行业专家为兼职教授和专业兼职带头人，专业兼职教师数量达到 36 人，涉及 18 个单位。

（二）生产性实训基地建设

专业在原有校企合作联盟的基础上，深入对接智慧产业，根据企业和生源的特殊性开展针对性的合作，并扩大专业跟物联网、云计算和大数据的专业融合。其中三年制学生通过“2＋1”企业实习的模式与企业开展校企合作，培养融合型物联网人才。二年制学生通过“3＋2”和五年一贯制的模式开展“2.5＋0.5＋2”的中高职对接方案，培养融合型网络管理人才。专业现有智能信息产学研联盟 1 个，校企合作单位 68 家，先后与长兴县职业技术教育中心学校、桐乡市职业教育中心学校、浙江省机电技师学院、温岭市职业技术学校开展“3＋2”及五年一贯制合作办学。

专业对接宁波市“3511”产业，重点围绕智慧城市应用系统、物联网工程、智能感知应用等高端技能型岗位群，推动专业创新，实现与物联网、云计算和大数据技术的融合发展。主要措施如下：

学院引进 1 家信息安全领域的知名企业，打造信息安全领域的合作案例；建设一个工学结合综合项目资源库，引进企业项目案例，打造工学结合综合实践体系。

专业加强校企合作内涵建设，合作开发专业核心课程及教材，目前已出版2本省级新形态教材。

（三）教育信息化建设

1. 推进教考分离的能力测评系统

在“互联网＋”的新形势下，计算机网络技术专业开展教学形态的创新工作，积极实施了以慕课、微课和翻转课堂为主的多种混合式教学应用，结合网络综合实训室、物联网工程实训中心、网络云平台等虚拟化技术的应用，专业已经基本实现行业平台和岗位平台课程的教考分离。专业学生可以通过自主申请，线上测试的模式实现专业基础能力的测评工作。从2016级学生开始，专业在人才方案中以必修课程的形式落实“教考分离，逐级测评”的评价课程。主要措施如下：

推进技能竞赛和考证资源的转化，开拓竞赛项目，巩固技能竞赛的成果。在考证方面，强化学生对信息安全、网络设备维护等方面的高级证书考证，让高级证书的考证通过率达到10％以上。

实现专业全部毕业生的能力测评覆盖，保障专业核心能力合格率达90％以上。

推进技师型分类培养，根据学生自身意愿制定分类培养方案，针对“3＋2”生源的特殊性结合五年一贯制的中高职衔接方案，实现技师型人才培养的连贯性。

制定并完善计算机网络技术专业的质量保证体系，建设一套分层测评系统。

2. 推进信息化在线学习资源

推进精品课程、网络资源共享课程、慕课课程在教学中的应用与创新，提高课程的影响力，在高职院校的同类专业中起到示范引领作用。“十三五”期间专业共完成国家首批精品开放在线课程1门，省级精品在线开放课程2门，宁波市高校网络（慕课）课程3门，其中在爱课程网中国职教MOOC频道上线4门课程，如表5-4所示。

表5-4　慕课建设项目

序号	课程名称	上线情况	立项时间
1	Linux系统管理	宁波市高校网络（慕课）课程 爱课程中国职教MOOC频道上线 浙江精品在线开放课程平台上线 清华大学“学堂在线”平台上线	2015年7月宁波市数字图书馆第二批高校网络（慕课）课程 2017年国家首批精品开放在线课程 2018年第一批省级精品在线开放课程
2	ASP. NET程序开发	宁波市高校网络（慕课）课程 爱课程中国职教MOOC频道上线	2016年11月宁波市数字图书馆第三批高校网络（慕课）课程

（续表）

序号	课程名称	上线情况	立项时间
3	网络结构化布线与施工	宁波市高校网络(慕课)课程 爱课程中国职教 MOOC 频道上线 浙江精品在线开放课程平台上线	2016 年 11 月宁波市数字图书馆第三批高校网络(慕课)课程 2018 年第二批省级精品在线开放课程立项
4	计算机网络技术	宁波市高校网络(慕课)课程 爱课程中国职教 MOOC 频道上线	2015 年 6 月校级立项
5	Java 程序设计	浙江精品在线开放课程平台上线	2016 年 1 月校级立项
6	网页制作	浙江精品在线开放课程平台上线	2017 年 5 月校级立项
7	Web 前端技术	浙江精品在线开放课程平台上线	2017 年 5 月校级立项
8	物联网应用技术	浙江精品在线开放课程平台上线	2017 年 5 月校级立项
9	网络技能竞赛与考证	宁波城市职业技术学院网络教学平台	2019 年 7 月校级立项

（四）学分制、奖励等政策保障

专业制定了“分类培养、分层教学”模式人才培养方案管理文件，同时根据学校的“分类培养方案”中制定的相应考核与奖励政策，实施了如下激励政策：

(1)实行分类培养学分顶替办法，针对参加技能竞赛和考出高级证书的学生，可以免修部分专业必修课程，同时实现专业能力免测的优惠措施。

(2)在分类培养实施过程中取得显著成效的教师，在教师教学效果考核、职称评聘等工作中给予优先支持。

(3)对获得各类学科技能竞赛、辅修专业证书、高等级证书、专升本就读、出国深造或就业以及创新创业取得突出成绩的学生给予一定的奖学金鼓励。

五、技师型人才培养——学生学科与技能竞赛组织方案

根据学校“素质引领、校企一体、分类培养”的人才培养思路，计算机网络技术专业结合自身的专业特点，确定了把“技师型”作为学生分类培养的重要类型。在执行的过程中做到“目标明确、分工合作；分类设计、责任到位；层层动员、全员参与”。根据需要，形成学生学科与技能竞赛组织方案。

（一）顶层设计，明确目标方向

首先做好一年的年度计划。本专业省级及以上学生学科与技能竞赛在每年的3—8 月举办，因此在总结上一轮竞赛经验后，每年的 9－10 月开始着手下一年的竞赛安排。主要在教师层面进行动员布置，逐步明晰参赛项目，就学生选拔、培训指导、课程开设、团队组成以及培训地点、培训方法，进行研讨并形成基本方案。

此外，还要明晰冲击国赛的重点项目和培育项目。

（二）按专业统一规划，按项目分工，明确责任

学院统一规划，根据各赛项的特点以及指导教师的具体情况，制定各专业、各赛项的组织和指导训练方案。首先按专业和项目形成教师指导团队，按比赛项目确定指导教师小组，每小组由 2～3 名教师组成，并保持相对稳定。

参赛队员选拔程序如下：新生进校后的第一学期（约 11 月份）开始，采用“教师推荐＋学生报名考核”的形式进行选拔，12 月至次年 3 月进行分类培训；3 月份开始，按比赛项目组成竞赛训练团队，每个团队均有新生和老生（一般新老生 2∶3 比例），形成老生带新生的良性循环；参赛时以二年级学生为主力。训练分成日常技能训练（常年）和针对性赛前集训，根据专业特性，开设相关竞赛课程或特长生训练课程。3—4 月为省级竞赛针对性集训；4—5 月在省赛基础上进行国赛集训；1—7 月为电子类竞赛针对性集训。

（三）以点带面，以赛促学，全面提升学生的专业技能

以竞赛为抓手，全面提升学生的专业技能水平。将竞赛内容融入专业课程体系中，以赛促学，提升了学生的专业技能。

专业全部学生参加校级技能竞赛，其中约 30％的学生参加省级竞赛培训，再按省赛名额从中择优选出参加省级比赛的队员。

此外，为保证竞赛的连续性，无论省赛或国赛，尽量做到有一年级和二年级学生同时参加；在参加国赛时，除参赛学生外，另派有潜力的 1～2 名大一学生同去观摩，备作下一年主力。

学院建有竞赛指导 QQ 群，指导教师与学生可以在 QQ 群里交流，一些已毕业的参赛学生一直留在群中，他们也会经常激励和指导学弟学妹，这也是一个比较有效的方法。

（四）加强保障工作，激励师生积极性

学生参加竞赛，教师指导竞赛，辛苦且枯燥。加强保障工作，激励师生积极性是提高学生竞赛兴趣的重要因素之一。除学校相关部门大力支持外，学院更注重保障的细节。

为满足竞赛需要，在硬件设施上给予充分保证，设立相关专业开放式训练室，由指导老师负责，学生自主管理；在耗材上给予充分的经费保障。对于教师提出的一些具有探索性研究实验耗材，即使和竞赛关联性不大，也给予充分保障；此外，为参赛学生购置统一的服装；节假日参加培训的学生给予餐票补贴；等等。所有细节尽量考虑全面，以做好后勤保障。

在教师层面，根据赛项有针对性派出教师参与培训，积累竞赛资料。同时注重

和兄弟院校进行经验交流。对骨干教师，给予充分的评奖评优机会。

对一些非官方的竞赛，学院出资并有选择性地选派队员参加，以积累参赛经验，同时扩大专业影响力。

（五）组织实施方案

1. 参赛项目

比赛项目基本稳定，每年略有调整；指导教师队伍相对固定，具有丰富的实践经验。

2. 新生选拔

(1)11—12月，按专业类型进行新生选拔。一般安排在第11—13周。

(2)在高中阶段已有获奖的学生，可免试。

(3)竞赛动员：由专业主任、任课老师、班主任组织一次全体动员和说明会。

(4)考试：C语言，数学逻辑能力。

(5)录取人数：按参赛人数的2～3倍。

(6)录取办法：按照考试成绩，并结合任课教师与班主任推荐（含个别参赛意愿非常强烈的学生的自荐），择优录取。

出卷负责人：专业主任。

3. 前期培训(每年10月—次年2月)

(1)老生训练

10月份开始，组织老生训练。总结上一次竞赛的经验，有针对性地训练，难点各个攻克，系统性训练。负责人：各项竞赛负责人。

11月份，各项竞赛负责人做好各项竞赛的训练方案，包括地点，时间，学生名单等。

(2)新生培训

新生经选拔后，组成竞赛预备班，在12月至次年2月进行分类培训。与此同时，新生逐步加入老生的竞赛团队中参加训练。

4. 省赛训练

3—4月份，省级竞赛针对性集训。按比赛项目组成竞赛训练团队，每个团队均有新生和老生（一般新老生2∶3比例），形成老生带新生的良性循环；参赛时以二年级学生为主力。学生可以申请部分停课，集中精力训练。

5. 国赛训练

4—5月份，进入国赛的团队，在省赛基础上进行国赛高强度集训。学生停课训练。

（六）学科与技能竞赛参赛学生专业课程平时成绩认定办法

为鼓励学生参加学科与技能竞赛，经信息与智能工程学院党政联席会议讨论通过；对参加学科与技能竞赛的学生，参赛学期的专业课程平时成绩按如下办法认定：

（1）因参加学科与技能竞赛集训需要请假的，由指导老师签字同意，统一到信息与智能工程副院长和副书记处办理请假手续。

（2）参赛学生参赛学期的相关专业课程的平时成绩按如下办法由任课教师给予认定，见表5-5。

表5-5　参赛学生专业课程平时成绩赋分

级别	等级	平时成绩赋分（按百分制算）
A类竞赛全国奖	入围	>95
	三等奖及以上	100
A类竞赛省级奖	一等奖	100
	二等奖	>90
	三等奖	>85
	参赛	>80
A类竞赛市级奖	三等奖及以上	>85
其他竞赛	参考以上规则，由指导老师提出专业课程平时成绩赋分申请，副院长审定	

（3）赋分方法：比赛结束后当学期的第16周前，由参赛学生提出书面申请，交信息与智能工程学院教务办，副院长审定。

（4）说明：该办法仅对参赛当学期的专业课程平时成绩有效。

六、分类培养的成效

实施分类培养、分层教学模式适应了生源多样化背景下的高职教育的需要，很好地贯彻了以生为本、因材施教的教学理念，能在很大程度上照顾到学生的个性差异和职业发展的多样化，有效地激发了学生自主学习的积极性，学生的潜能得到了明显提升，并充分调动了教师和学生的教与学两方面积极性、创造性，取得了明显成效。

（一）专业综合实力提升

通过"十三五"建设，专业将原先基于"网络＋管理""网络＋工程"的项目融合到人才方案的跨专业课程中，引入"互联网＋"的创业课程模块和"物联网＋"的专业群拓展模块。"产教融合、工学交替、能力递进、培养技师"的技师型人才培养成为网络专业的特色。2015—2019年共培养计算机技术网络毕业生约450名，其中网络管理方向占45％，网络安全方向占30％，物联网占25％，毕业生的专业相关度达57.00％，就业率达99.18％，多项指标与省内同专业相比均排在前三。

（二）技能竞赛为专业名片

依据分类培养、分层教学的理念，让学生可以根据自身的条件选择提升目标类型、岗位工作方向及指导教师，充分尊重学生的选择予以培养。计算机网络技术专业的学生全部参加分类培养，其中 2/3 以上是技师型。针对技师型人才培养，专业要求学生在大一下学期确定自己的技师型定位目标和逐级规划。分类培养实施三年来学生在技能竞赛、高级考证方面取得了骄人的成绩，学生对专业的满意度也在逐步提升。如表 5-6 和表 5-7 所示。

表 5-6　近五年全国职院校技能大赛国家级获奖情况

赛获奖级别	竞赛名称	获奖时间
全国二等奖	软件测试	2019 年
全国三等奖	云计算技术与应用	2019 年
全国三等奖	移动互联网应用软件开发	2019 年
全国三等奖	大数据技术与应用	2019 年
全国二等奖	物联网技术应用	2018 年
全国三等奖	移动互联网应用软件开发	2018 年
全国二等奖	软件测试	2018 年
全国二等奖	物联网技术应用	2017 年
全国三等奖	软件测试	2017 年
全国二等奖	移动互联网应用软件开发	2017 年
全国三等奖	云计算技术与应用	2016 年
全国一等奖	移动互联网应用软件开发	2016 年
全国二等奖	电子产品芯片检测维修与数据恢复	2016 年
全国二等奖	云计算技术与应用	2015 年
全国三等奖	物联网技术应用	2015 年
全国三等奖	移动互联技术应用	2014 年

表 5-7　近五年学科与技能竞赛获得各类省级奖统计　（单位：个）

年份	省一等奖数量	省二等奖数量	省三等奖数量
2015 年	1	2	4
2016 年	1	5	2
2017 年	1	5	4
2018 年	3	4	6
2019 年(6 月止)	1	5	5

（三）高级考证为学生的发展搭建平台

计算机技术与软件专业技术资格（水平）考试是由国家人力资源和社会保障部、工业和信息化部领导的国家级考试，是对全国计算机与软件专业技术人员进行的职业资格、专业技术资格认定和专业技术水平测试，简称国家软件。计算机网络技术专业以获得国家软件和行业高端证书为考证的目标，对学生开展点面兼顾的模式，目前计算机网络专业的网络工程师证书（国家软考）是学校分类级别最高的职业资格考证之一，也是我校已有通过学生的最有含金量的考证之一。近三年的高等级技能考证通过比例达 8%，处在全省前列，如表 5-8 所示。

表 5-8　近五年国家软考获高级证书统计　（单位：名）

年份	网络工程师/软件设计师	网络管理员/信息处理员/程序员
2015	2	11
2016	0	18
2017	3	43
2018	9	32
2019(上半年)	5	36

（四）技师型学生培养案例

1. 毕业三年内成为业界精英

计算机网络技术专业 2013 届，卢同学

我校 2013 届计算机网络技术专业学生，计算机网络技术专业精英训练营第一任组长，曾获得浙江省网络技术应用大赛三等奖，2013 年考出网络工程师证书。现任上海某网络技术有限公司系统运维专家，负责上市公司网游系统的运维，年薪 45 万元。

计算机网络技术专业 2014 届，傅同学

我校 2014 届计算机网络技术专业学生，计算机网络技术专业精英训练营第二任组长，现在就职于某安全公司，担任项目经理，主要业务以维护移动端的安全为主，包括 APP 加固服务与 APP 渗透测试服务等，目前年薪 25 万元。

2. 在校获得工程师任职资格

计算机网络技术专业 2015 届，陈同学、吴同学

陈、吴两位学生是 13 网络 A 班的同学，大一就进入专业的高等级考证分类培养，同时跟着指导老师参与各种工程项目。他们在大学毕业前考出了网络工程师证书，一出校门就具备了工程师的任职资格，目前他们都已经是单位的业务骨干，被聘任为单位的工程师。

第二节　园林技术专业复合型人才培养案例

一、高职园林专业复合型人才需求背景

（一）园林行业对复合型人才的需求

21 世纪最缺的是什么？人才！而 21 世纪什么最贵？还是人才！企业真正所需的人才更需要有技术有专业知识，才能适应社会发展和经济进步的新形势。具

有一项专业技能，并在另外领域有特长的复合型人才更是市场上最缺乏，而企业又求之若渴的。市场调查显示，园林行业各地区对复合型人才的需求非常强烈，企业偏爱复合型人才，而且复合型人才“钱景”喜人。

另据课题组对用人单位最希望培养的毕业生是属于哪一类型的？升本科、拥有高级别的职业资格证书、创业、出国留学、辅修另一个专业成为复合型人才，或毕业后直接就业[单选题]，结果调查发现：50％的企业希望培养复合型人才，18％的企业希望培养技师型人才，9％的企业希望培养创新创业型人才，各占5％的企业希望培养升本型和国际化型的人才，从这一调查结果可以看出，用人单位最希望毕业生是复合型人才，如表5-9所示。

表5-9 各类人才需求调查结果

选项	小计/个	占比/％
技师型（指高级别的职业技能等级证书）	4	18.18
复合型	11	50.00
创新创业型	2	9.09
升本型	1	4.55
国际化型	1	4.55
直接就业	3	13.64

中国园林（含园林苗圃）看浙江，浙江园林看宁波。宁波现有园林企业300多家，年实现产值约500亿元，现有园林苗圃19657个，苗木生产企业1688家，从业苗农约3万户，从业人员约10万人，苗木专业合作社239家。由于园林行业的从业门槛较低，90％以上的企业都是小微企业，相当多的园林企业正式员工只有10～30人，受人力资源成本限制，大多数企业都希望员工一专多能，特别欢迎懂园林专业又会财务的人员。

（二）学生自身职业发展需求多样性

进入21世纪后，特别是浙江省新高考改革后招收的学生基本上是95后、00后，他们这一代人不再把上大学学习作为自身生存的唯一需求，他们思想活跃，有个性，接触和吸收新鲜事物很快，而且适应能力很强，他们更关注自身的发展，对专业发展、职业规划更为重视，希望毕业时能实现自己的人生价值和目标，满足他们的就业需求以及持续发展的需要，因此对大学阶段的学习要求和期望值也较高。同时，园林专业每年招生160人以上，生源多样，有普高生、职高生、“3＋2”学生等。

为了更好地掌握学生的分类培养类型，园林技术专业在学生招生宣传册及录取通知书上对专业将要开展的分类培养进行了介绍，并在新生入学教育时开展问卷摸底调查，从学生问卷调查结果看，学生选择复合型、技师型、升本型较多。如图5-10所示。

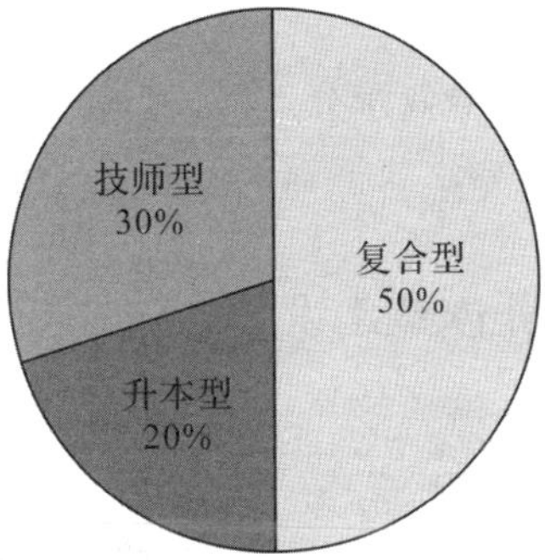

图 5-10 学生分类培养意向调查分布

二、专业分类培养类型及要求

园林技术专业的分类培养工作从 2010 年开展园林卓越技师培养工作开始，目前本专业分类培养以复合型、技师型、升本型为主。

（一）园林专业分类培养试点类型

1. 复合型

学生通过选修跨大类的专业，获得辅修专业证书，园林类专业辅修以会计、建筑装饰工程技术专业等为主。人数占该专业总人数的 20％左右。

2. 技师型

培养具备园林职业意识，具有良好职业素质，熟悉园林行业职业环境，熟练掌握一项或多项专业技能的金牌员工，以获得技师职业资格或行业认可高的其他证书为标志。在考取园林绿化工或花卉园艺师高级工的基础上，经过一年的努力考取园林绿化工技师或花卉园艺师技师（中级）证书，或造价员证书，人数占该专业毕业人数的 10％左右。

3. 升本型

第六学期，学生通过参加省教育考试院的统一考试录取到相应的本科院校继续学习两年，取得本科文凭。城市园林专业考生考数学和英语二门课。报考条件：在校期间未受过处分，无考试作弊记录，无不及格课程（重修、补考及格视作及格）。人数占该专业毕业人数 15％左右。同时继续推进与成教学院合作的成人函数本科教育工作。力争当年 10％左右的毕业生能通过全国专升本成人考试。

（二）园林专业复合型人才培养重点

1. "园林＋会计"复合型

园林专业学生除了修完本专业学分之外，通过选修跨大类的会计辅修专业，获得会计辅修专业证书，同时考取会计上岗证等。

2.“园林+其他专业”复合型

园林专业学生除了修完本专业学分之外，根据兴趣选修其他辅修专业课程，并获得相应课程学分，但不一定要求获得辅修专业证书等。

三、园林专业分类培养体系建设

（一）分类人才培养课程体系

1.分类培养课程体系

根据园林技术专业分类培养类型，在园林专业人才培养方案中增加选修模块课程，主要有复合型、技师型、升本型等三个选修模块，学生均可以从大一第一学期开始自由选择模块学习。园林技术专业课程设置及教学进程总表、辅修专业课程设置表、双专业课程设置表、复合会计专业课程设置分别见表5-10至表5-13。

表5-10　园林技术专业课程设置及教学进程

课程性质	课程类别	课程名称	学分	学时	第一学期	第二学期	第三学期	第四学期	第五学期	第六学期
必修	通识平台	思想道德修养与法律基础	3	51		51				
		毛泽东思想和中国特色社会主义理论体系概论	3	51	51					
		思想政治理论课实践教学	1	17		17				
		形势与政策	1	17	17					
		职业素质与职业发展	3	51	具体见“职业素质与职业发展”课程设置（1～4学期完成）					
		专业素质公司制平台养成	2	34	第二课堂完成					
		应用基础英语1(A)	4	85	85					
		应用基础英语2	4	68		68				
		大学生心理健康	1	17	17					
		计算机应用	2	51	51					
		体育健康1—2	2	68	34	34				
		体育俱乐部	2	68	3～4学期，第二课堂完成					
		体质健康测试	每年							
		军训	2	60	2周					
		大学语文	2	34		34				
	专业群平台	高等数学	2	34		34				
		园林绘画	3	51	51					
		观赏植物识别	4	68		68				
		植物生长与环境	4	68			68			
		CAD园林工程图制作	3	51		51				
		专业认知综合	2	51			51			

（续表）

<table>
<tr><th>课程性质</th><th colspan="2">课程类别</th><th colspan="2">课程名称</th><th>学分</th><th>学时</th><th>第一学期</th><th>第二学期</th><th>第三学期</th><th>第四学期</th><th>第五学期</th><th>第六学期</th></tr>
<tr><td rowspan="30">必修</td><td colspan="2" rowspan="6">岗位群平台</td><td colspan="2">园林工程制图与识图</td><td>4</td><td>68</td><td>68</td><td></td><td></td><td></td><td></td><td></td></tr>
<tr><td colspan="2">景观工程构造与材料</td><td>3</td><td>51</td><td></td><td></td><td>51</td><td></td><td></td><td></td></tr>
<tr><td colspan="2">园林设计基础</td><td>4</td><td>68</td><td></td><td>68</td><td></td><td></td><td></td><td></td></tr>
<tr><td colspan="2">园林工程测绘技术</td><td>3</td><td>68</td><td></td><td></td><td>68</td><td></td><td></td><td></td></tr>
<tr><td colspan="2">园林工程招投标与预决算</td><td>4</td><td>68</td><td></td><td></td><td></td><td>68</td><td></td><td></td></tr>
<tr><td colspan="2">计算机园林景观效果图制作</td><td>4</td><td>68</td><td></td><td></td><td>68</td><td></td><td></td><td></td></tr>
<tr><td rowspan="24">模块课程</td><td rowspan="24">工作岗位方向模块课程</td><td rowspan="8">模块1：园林景观设计与表现</td><td>中外园林史</td><td>3</td><td>51</td><td></td><td></td><td></td><td>51</td><td></td><td></td></tr>
<tr><td>园林景观方案设计</td><td>3</td><td>68</td><td></td><td></td><td></td><td>68</td><td></td><td></td></tr>
<tr><td>植物景观设计</td><td>3</td><td>68</td><td></td><td></td><td></td><td>68</td><td></td><td></td></tr>
<tr><td>园林硬质景观设计</td><td>3</td><td>68</td><td></td><td></td><td></td><td>68</td><td></td><td></td></tr>
<tr><td>园林景观设计综合</td><td>1</td><td>34</td><td></td><td></td><td></td><td>1 周</td><td></td><td></td></tr>
<tr><td>岗前综合实训</td><td>4</td><td>120</td><td></td><td></td><td></td><td></td><td>4 周</td><td></td></tr>
<tr><td>顶岗实习</td><td>16</td><td>480</td><td></td><td></td><td></td><td></td><td>4 周</td><td>12 周</td></tr>
<tr><td>毕业设计</td><td>4</td><td>120</td><td></td><td></td><td></td><td></td><td></td><td>4 周</td></tr>
<tr><td rowspan="8">模块2：园林工程施工与养护</td><td>园林硬质景观施工技术</td><td>3</td><td>68</td><td></td><td></td><td></td><td>68</td><td></td><td></td></tr>
<tr><td>园林工程种植施工与绿地养护</td><td>3</td><td>68</td><td></td><td></td><td></td><td>68</td><td></td><td></td></tr>
<tr><td>园林工程施工组织与管理</td><td>3</td><td>51</td><td></td><td></td><td></td><td>51</td><td></td><td></td></tr>
<tr><td>园林植物造型技艺</td><td>3</td><td>68</td><td></td><td></td><td></td><td>68</td><td></td><td></td></tr>
<tr><td>园林工程施工综合</td><td>1</td><td>34</td><td></td><td></td><td></td><td>1 周</td><td></td><td></td></tr>
<tr><td>岗前综合实训</td><td>4</td><td>120</td><td></td><td></td><td></td><td></td><td>4 周</td><td></td></tr>
<tr><td>顶岗实习</td><td>16</td><td>480</td><td></td><td></td><td></td><td></td><td>4 周</td><td>12 周</td></tr>
<tr><td>毕业设计</td><td>4</td><td>120</td><td></td><td></td><td></td><td></td><td></td><td>4 周</td></tr>
<tr><td rowspan="8">模块3：庭院景观营造与护理</td><td>中外园林史</td><td>3</td><td>51</td><td></td><td></td><td></td><td>51</td><td></td><td></td></tr>
<tr><td>庭院景观设计</td><td>3</td><td>68</td><td></td><td></td><td></td><td>68</td><td></td><td></td></tr>
<tr><td>庭院施工与养护</td><td>3</td><td>68</td><td></td><td></td><td></td><td>68</td><td></td><td></td></tr>
<tr><td>园林植物造型技艺</td><td>3</td><td>68</td><td></td><td></td><td></td><td>68</td><td></td><td></td></tr>
<tr><td>庭院景观营造综合</td><td>1</td><td>34</td><td></td><td></td><td></td><td>1 周</td><td></td><td></td></tr>
<tr><td>岗前综合实训</td><td>4</td><td>120</td><td></td><td></td><td></td><td></td><td>4 周</td><td></td></tr>
<tr><td>顶岗实习</td><td>16</td><td>480</td><td></td><td></td><td></td><td></td><td>4 周</td><td>12 周</td></tr>
<tr><td>毕业设计</td><td>4</td><td>120</td><td></td><td></td><td></td><td></td><td></td><td>4 周</td></tr>
</table>

（续表）

课程性质	课程类别	课程名称	学分	学时	第一学期	第二学期	第三学期	第四学期	第五学期	第六学期
任选	人文素质及通识选修课		详见《通识类选修课设置一览表》《人文素质类选修课设置一览表》							
	专业选修课程	专业应用文写作	2	34			34			
		园林艺术	2	34			34			
		景观与风水	2	34				34		
		摄影技术	2	34				34		
		插花艺术	3	51				51		
		盆景制作与销售	3	51				51		
		园林植物栽培技术	3	51				51		
	分类培养选修课（技师型）复合型	景观设计创新综合课程	2	34				34		
		工程造价创新综合课程	2	34				34		
		工程施工创新综合课程	2	34				34		
		工程施工管理综合课程	2	34				34		
		工程施工养护综合课程	2	34				34		
		工程测量创新综合课程	2	34				34		
		植物造型创新综合课程	2	34				34		
		会计等专业辅修课程（参见相关专业辅修课程）	2	34				34		

表 5-11 园林专业辅修专业课程设置

课程编号	课程名称	学分	学时	开课学期
182G01A	园林绘画	3	51	1
182N02A	观赏植物识别	4	68	2
181G03A	景观工程构造与材料	3	51	3
181G01A	园林设计基础	4	68	2
181G02A	CAD 园林工程图制作	3	51	2
181G04A	园林工程招投标与预决算	4	68	3
合计		21	357	

表 5-12 园林专业双专业课程设置

课程编号	课程名称	学分	学时	开课学期
182G01A	园林绘画	3	51	1
182G03A	园林工程制图与识图	4	68	1
182N02A	观赏植物识别	4	68	2
181G01A	园林设计基础	4	68	2
181G02A	CAD 园林工程图制作	3	51	2
181G03A	景观工程构造与材料	3	51	3
181G01D	园林工程测绘技术	3	68	3
181G09A	计算机园林景观效果图制作	4	68	3
187G01A	景观与风水	2	34	4
183G03B	园林景观方案设计	3	68	4
181G04A	园林工程招投标与预决算	4	68	4
183Y17B	园林种植施工与绿地养护	3	68	4
合计		40	731	

表 5-13　会计辅修专业课程设置

课程编号	课程名称	学分	学时	开课学期
252H04A	会计职业入门	6	102	1
252H18C	财经法规与职业道德(会计从业资格考证课程)	4	68	1
252H14C	初级会计实务	6	102	2
252H07C	中小企业理财	3	51	4
252H08B	纳税实务	4	85	3
251K04C	会计信息化实务	3	68	3
252H10B	成本会计实务	2	51	3
合计		28	527	

(二)分类培养具体措施

1. 组织保障与团队组建

(1)学院成立分类培养工作领导小组,小组成员由学院领导、所在专业负责人、相关人员及相关教师组成。

(2)实行主管(导师)制,分别由学院教师担任复合型、升本型、技师型主管,具体负责协调、管理工作。

园林专业分类培养主管由园林专业负责人担任,具体负责园林专业的分类培养及联络工作,同时由专业教师、教学秘书、辅导员、班主任等组成师资团队负责每一种类型的培养工作。

2. 校企合作

依托宁波城市园林产学研联盟,选择具有丰富实践经验的园林师傅作为卓越园林复合型、技师型校外导师,相关龙头企业作为实践基地。学生在杭州真知景观实训基地完成岗前综合实训任务后,组建精英班,继续进行精英教育与训练。

3. 经费保障及网络教学资源

(1)经费保障

学院专门从学生活动经费、“2+1”经费等划拨出一定的专门经费,作为学生分类培养经费,用于学生上课、开展教学活动、学生奖励、考证补助等,以保证分类培养的顺利实施。

(2)网络教学资源

利用学校信息化建设,加强职业资格证书理论考证题库建设,复合型、技师考证辅导平台建设等。

4. 进度安排

(1)宣传发动阶段

从第一学期新生始业教育开始宣传分类培养,向新生展示专业导图,用新生问卷调查等形式了解新生对未来三年的职业生涯规划等。结合学院团委社团活动,组建辅修兴趣小组、卓越技师模块兴趣小组、专升本兴趣小组等。在2013级的新生调查中50%左右的学生选择分类培养学习。

(2)启动阶段

第一学期开始实施分类培养，开设辅修专业课、卓越技师课、专升本辅导课等。从第二学期开始，组建师资团队，教师学生双向选择，组织学生模块预选修，根据分类原则学生选修辅修专业课、卓越技师综合课、专升本辅导课等，部分模块开始实施教学活动。

(3)实施阶段

从第三学期开始，全面开展多种教学活动，导师辅导学生专业技能，与学院先锋班结合训练学生综合素质。选修的学生中途淘汰与补充结合进行，到学期末各模块选修学生相对固定，不再变化。第四学期，根据学生意愿，学院开设专升本数学及英语辅导课，供专升本学生选修。

5. 考核办法

以一个年级毕业前各种类型完成情况作为考核标志：复合型以获得跨大类辅修专业证书作为考核标志；技师型以毕业前获得技师职业资格证书，参加省、国家技能比赛的成绩等作为标志；升本型以毕业前获得本专业专升本录取通知书作为考核标志。

6. 学生分类培养奖励政策

专业制定了分类培养专业人才培养方案等制度文件，专业实施了如下激励政策：

(1)学生辅修其他专业的课程学分认定为毕业其他选修学分，专业承担学生辅修专业教材费、书本费等费用，获得辅修专业证书奖励1000元人民币(下同)。

(2)在校期间，考取本专业更高等级的职业资格证书之一的，每生奖励500元，技师类证书、造价员、二级建造师奖励考证费的50%。

(3)在校期间，参加浙江省教育考试院组织的专升本入学考试的，每生补贴考试教材费，并资助100元；被本科院校录取的，再行奖励500元。

(4)在校期间自主创业的，学院“创业基金”提供1～2万元的无息贷款。已申领个体工商户营业执照或企业营业执照的，鉴定为自助创业的奖励2000元。

(5)在分类培养实施过程中取得显著成效的教师，在教师教学效果考核、职称评聘等工作中给予优先支持。

(6)其他学院认为应该奖励的情形，奖励金额由学院分类培养工作领导小组讨论决定。

四、复合型人才培养实施

园林技术专业十分重视复合型人才培养工作，每一届园林技术专业复合型教师团队由2～3名园林专业骨干教师组成，专业主任为团队主管。选修复合型的同学组成一个虚拟班级，设班主任1名，负责班级管理；课程指导教师1名，负责学生辅修课程选课、考核等工作。

（一）班级组建

在新生入学始业教育及军训期间，专业组织学生进行分类培养选择，由有意向参加复合型分类培养的学生组成一个班级，原则上每20～30名学生一个班，人数较多时可组成若干个班级。班级设班长1名，负责班级综合服务与管理工作。

（二）学生选课

班级组建完成后，复合型课程指导教师根据会计等专业辅修专业人才培养方案，在新生第一学期开学初帮助学生选修第一学期开设的课程，园林会计复合型学生第一学期选修“会计入门”“财经法规与职业道德”2门课程。从第二学期开始由学生自主选课。

（三）学生管理

专业在实施分类培养过程中实行动态管理制度，部分学生在学习的过程中感觉不适合某一种的分类类型，中途可以更改，复合型的学生已经获得的辅修课程学分作为选修课程计入学生的专业总学分，在第二学期其他学生也可以参加复合型人才培养，只要在毕业之前获得全部相关专业的辅修课程学分即可。

五、分类培养成效

专业实施分类培养，适应了学生个性成长需求，很好地贯彻了《国家中长期教育改革和发展规划纲要（2010—2020年）》中提出的“树立人人成才”的理念，较好地遵循/体现了学校提出的“分类培养、分层教学、尊重选择、多样成才”的人才培养指导思想，获得了明显成效。

（一）专业人才培养质量得到较大提升

据麦可思调查数据，专业实施分类培养以后，学生对母校的满意度提升了5个百分点，年平均达到87%以上，专业就业率、签约率等继续保持较高水平，就业质量得到明显提升，学生就业一年后岗位与专业相关度稳步提升，学生就业起薪4000元/月以上，学生就业幸福感较高。

（二）辅修专业证书获取率较高

从2014届学生开始专业每年毕业160人左右，获得会计辅修专业证书人数每年30人左右，获得建筑装饰工程技术专业辅修证书每年2人左右。

（三）复合型人才培养案例

王同学，宁波城市职业技术学院2014届园林技术专业学生，曾获得全国园林景观设计大赛二等奖，2014年获得会计辅修专业证书，并考取会计资格上岗证及初级会计职业资格证书。现任杭州某园林公司财务总监，年薪50万元。

第三节　国际化型人才培养案例

一、学校国际化人才培养概况

宁波城市职业技术学院的“国际化型”主要以中外合作办学项目培养国际化人才为主，并以学生毕业时获得中外合作双方的毕业证书或当年出国深造，或者在国外境外就业为标志。中外合作培养国际化型人才的创新实践，对推进区域职业教育的国际化、提升职业教育品质、培养具有国际视野的复合型高技能人才具有积极作用。

2010年起，学校获批了与美国西新墨西哥大学合作举办艺术设计专业和投资与理财专业两个中外合作办学项目，实施“2＋1”合作培养模式（两年在宁波城市职业技术学院学习，一年去美国学习），首批招生艺术设计和投资与理财两个专业共64名学生，但2016年起因控制人数规模等原因该合作项目已暂停招生。2011年学校与澳大利亚西悉尼TAFE学院，又成功申报了浙江省首个非独立法人中外合作办学机构——宁波TAFE学院。宁波TAFE学院招收4个五年一贯制中外合作专业，分别是：金融管理与实务、市场营销、报关与国际货运和艺术设计，目前在校生770人。此外，学校与澳大利亚西悉尼TAFE学院还举办了3个中外合作项目，分别是：中澳合作计算机应用技术、中澳合作会计专业以及中澳合作旅游专业。以上7个中外合作项目和专业共有在校生1300余人。就读中外合作专业的学生完成合作专业规定课程，取得相应学分，达到双方毕业要求的可获得宁波城市职业技术学院相关专业普通高等学校专科（高职）毕业证书和西悉尼TAFE学院相关专业的高级文凭证书。如：就读中外合作金融专业的学生，如果符合金融管理与实务专业人才培养方案毕业要求，就可获得中方的金融管理与实务专业普通高等学校五年一贯制专科（高职）毕业证书和澳方的会计专业高级文凭。双方所颁发文凭证书与他们颁发给本国学生的文凭证书完全一致。

与学校合作的澳方学校——澳大利亚西悉尼TAFE学院是澳大利亚新南威尔士州10所TAFE学院之一，是一所提供专业职业教育和开放式教育的高等教育院校。它集专业技能培养、学历提升为一体,可以提供从产业领域到技能水平的一系列澳大利亚行业认可的资格证书课程和学历课程。西悉尼 TAFE 学院成熟的职业教育体系和优质的教育质量为该校赢得了"澳大利亚大型培训机构 2010 年度奖"和"新南威尔士州大型培训机构 2010 年度奖"。西悉尼 TAFE 学院与学校合作的这些专业都具有较强的办学实力。该校的专业教师具有深厚的专业知识和扎实的技术技能,为澳大利亚培养了大量优质的国际化职业人才。学校目前选择这些专业进行与澳方合作,是因为双方在这些专业方面具有较强的办学实力和丰富的办学经验,无论在硬件还是软件建设上都具备较好的合作办学基础。

目前,学校中外合作专业和项目的建设成效显著,基本已形成"多模式、多层次、多区域"的办学格局。学校对于中外合作办学项目的建设定位为:中外合作办学应规模适度、结构合理、特色鲜明,争取在教育思想和办学理念上有新突破、在人才培养模式上有新探索、在课程体系和教学内容上有新改革、在双语教学方法和手段上有新变化、在师资队伍建设和管理水平上有新提高,以实现合作专业的人才培养成效和可持续发展。目前中外合作专业的毕业生中,毕业生获取双文凭的比例稳定在 97%以上,1/3 以上的学生实现了国内外专升本,继续攻读硕士学位。据浙江省教育厅公布的省内高职高专国际化排名,学校连续 4 年国际化总体水平位于浙江省高职院校前 3 名。

二、引入国外先进教学资源和理念,创新复合型+国际化人才培养模式

中外合作专业以"立足国际视野、培育国际化人才"为培养理念,致力于培养具有国际视野和全球意识,能熟练运用外语,具有良好的跨文化交流沟通的能力,了解国际交往礼仪和惯例,具备专业知识和技能,能尊重别国的意识形态、文化、价值观、风俗和宗教信仰的复合型人才。

围绕人才培养目标,学校积极营造氛围,搭建学生国际化学习成长平台。一是整体引进澳大利亚职业教育课程体系,以中方的高职课程为补充,形成完整的中外合作人才培养方案。既充分融入国外先进教育资源,又保证中外课程有机衔接和教学计划的整体性和连续性,构筑实践训练体系,着力培养学生的专业技能。二是实施全英文教学,引进澳方原版专业教材进行教学,如中澳合作计算机专业的"IT 项目质量管理""复杂 IT 项目计划与指导"等 6 门专业课程全部采用澳方原版教材;TAFE 英语课程和核心专业课都是全英文教授。三是澳方引进课程占所有合作项目专业课程的 1/3 以上,由澳方派来的专业教师任教、考核,其余课程由获得澳大利亚职业教育(TAFE40110)培训与评估四级证书的中方教师任教。所有英语课程和专业课程的教学都由中外两国教师共同授课,合作授课形式有面授和视频等多种方式。为强化英语学习能力,中澳项目也会聘请资深外籍教师或具有在以英语为官方语言的国家有留学背景的教师进行口语强化训练和全英文、中英文

双语授课，同时通过学生早自习、晚自修和第二课堂活动来强化学生的英语语言操练和运用，攻克学生英语语言关。四是通过课程包的引入，吸收澳方的教学理念、教学方式、教学内容和评价标准，改变学生的学习习惯与学习方法，提升思维品质，以实现培养复合型和国际化高技能人才的目标。

以中澳合作计算机专业的人才培养方案的制定与实施为例作具体说明。加强中外合作专业建设，目的是促进学校的专业、课程设置与宁波区域经济和社会发展的实际需要紧密结合，促进国际化人才培养模式、课程体系、教学内容、教学管理、教学方法和手段的整体改革和创新。如中澳合作计算机专业，中澳合作双方根据中澳合作专业的人才培养目标、澳方课程包或课程体系的内容与要求、中方专业课程体系的契合度和学生的学习行为特点，完善了“基础英语＋中方专业课程＋外方专业课程＋顶岗实习”中澳合作专业课程体系，从而实现中澳合作专业人才培养目标。同时，对澳方先进的教学理念、教学资源、教学材料、教学模式和教学方法、考评方式等兼收并蓄，并结合中方学生的智力水平、学习行为特点进行“本土化”改造，以提高专业教学的效率，保障中澳合作办学的质量。

中澳合作计算机专业培养具有开阔的国际视野和较强的跨文化沟通能力以及管理能力，能在外资背景企业、软件服务外包企事业单位从事计算机项目管理、计算机软件基本开发等方面的工作，并具有网络管理和系统集成的设计或者网站设计与管理方面能力的国际化高素质技术技能型人才，教学计划总学分为 119 学分，总学时为 2664 学时。其中通识平台课程为 44 学分，专业核心课程为 73 学分。总课程数为 39 门，其中澳方引进课程为 16 门，占 41.0％。专业核心课程共有 7 门，其中澳方引进课程为 4 门，占 57.1％；澳方教师执教的专业核心课程为 4 门，占教学计划专业核心课程总数的 66.7％；专业核心课程总学时为 499 学时，澳方教师执教的专业核心课程为 261 学时，占专业核心课程总学时的 52.3％。如表 5-14 所示。

表 5-14　计算机应用技术（中澳合作）专业课程设置及教学进程

<table>
<tr><th>课程性质</th><th>课程类别</th><th>课程编号</th><th colspan="2">课程名称</th><th>学分</th><th>学时</th><th>授课教师</th></tr>
<tr><td rowspan="9">必修</td><td rowspan="9">通识平台</td><td>070A01A</td><td colspan="2">思想道德修养与法律基础</td><td>3</td><td>51</td><td>中方</td></tr>
<tr><td>070A15B</td><td colspan="2">毛泽东思想和中国特色社会主义理论体系概论</td><td>3</td><td>51</td><td>中方</td></tr>
<tr><td>070A04D</td><td colspan="2">思想政治理论课实践教学</td><td>1</td><td>17</td><td>中方</td></tr>
<tr><td>070A03A</td><td colspan="2">形势与政策</td><td>1</td><td>17</td><td>中方</td></tr>
<tr><td>050A18A</td><td colspan="2">职业素质与职业发展</td><td>3</td><td>51</td><td>中方</td></tr>
<tr><td>050A20A</td><td colspan="2">大学生心理健康</td><td>1</td><td>17</td><td></td></tr>
<tr><td rowspan="2">020D01B-020D02C</td><td rowspan="2">体育</td><td>体育健康 1—2</td><td>2</td><td>68</td><td>中方</td></tr>
<tr><td>体质健康测试</td><td></td><td></td><td>中方</td></tr>
<tr><td>160A01A</td><td colspan="2">军训</td><td>2</td><td>32（2 周）</td><td>中方</td></tr>
</table>

（续表）

课程性质	课程类别	课程编号	课程名称	学分	学时	授课教师
必修	通识平台	281A01B-281A02B	英语口语 1—2	4	102	中方
		281A27B-281A28B	英语等级(III)1—2	6	136	澳方
		281A04B-281A05B	英语听力 1—2	6	153	中方
		281A09B-281A10B	英语阅读 1—2	12	289	中方
		小计		44	984	
	澳方专业课程	282J01A	Implement quality assurance processes for business solutions 企业业务质量管理应用	2.5	51	澳方
		282J02A	Manage IT project quality IT 项目质量管理	2.5	51	澳方
		282J03A	Manage innovation and continuous improvement ICT 企业的创新和改革应用	1	20	澳方
		282J04A	Identify and implement business innovation ICT 企业的业务改革管理	1	20	澳方
		282J05A	Plan and direct complex IT projects 复杂 IT 项目计划与指导	1.5	34	澳方
		282J06A	Integrate sustainability in ICT planning and design project ICT 项目计划和设计可持续性管理	2.5	51	澳方
		282J07A	Develop ICT strategic and action plans ICT 战略行动计划管理	1.5	34	澳方
		282J08A	Lead and manage team effectiveness 团队领导力和有效性管理	1.5	34	澳方
		282J09A	Interact with clients on a business level 企业客户管理	1.5	34	澳方
		282J10A	Manage copyright，ethics and privacy in an ICT environment ICT 项目的版权、伦理和隐私管理	1.5	34	澳方
		282J11A	Implement change-management processes 项目变更过程管理	1.5	34	澳方

(续表)

课程性质	课程类别		课程编号	课程名称	学分	学时	授课教师
必修	澳方专业课程		282J12A	Lead and manage organizational change 企业组织变革管理	2	40	澳方
			282J13A	Develop a knowledge management strategy 企业知识管理开发策略	1.5	34	澳方
			282J14A	Evaluate vendor products and equipment 供应商产品和设备评估管理	1	17	澳方
			282J15A	Develop contracts and manage contracted performance 企业合同管理	1.5	34	澳方
			282J16A	Develop technical requirements for business solutions 商业化在 IT 项目的应用	1.5	34	澳方
			小计		26	556	
	专业群平台		282J17A	数据库技术	2.5	51	中方
			282J18A	python 程序设计	3	68	中方
			282X44A	初级编程技能	4	68	中方
			小计		9.5	187	
	岗位群平台		281J04A—281J06A	计算机英语综合 1—3	7	170	中方
			281J01A	基础会计	3	68	中方
			281J02A	网络结构化布线与施工	4	102	中方
			282J19A	影视编辑与特效制作	2	51	中方
			小计		16	391	
必选	岗位工作方向模块课程	模块 1：网络技术与管理（网络工程方向）	283J01A	计算机网络技术	2	34	中方
			283J02A	网络工程	4	102	中方
			283J03A	C 语言程序设计	2.5	51	中方
			283J04A	单片机技术与应用	3	68	中方
			283J05A	物联网嵌入式系统应用	2.5	51	中方
			小计		14	306	
		模块 2：网站设计与开发（电子商务方向）	283J07A	电子商务技术与应用	4	85	中方
			283J08A	网络营销	3	51	中方
			283J09A	国际电子商务网站建设与管理	3	68	中方
			283J10A	Java 程序设计	4	102	中方
			小计		14	306	

（续表）

课程性质	课程类别		课程编号	课程名称	学分	学时	授课教师
任选	分类培养选修模块	技师型	287J01A	C#程序设计	3	68	中方
			287J02A	三维动画设计与制作	4	85	中方
			287J03A	虚拟现实设计与开发	6	119	中方
			281J03A	Web 前端开发	3	68	中方
		技师型	085P99B	大学语文(专升本辅导)	3	51	中方
			085P98A	高等数学(专升本辅导)	4	64	中方
			085S33A	专升本英语辅导	2	34	中方
		国际化型	287Y07A-287Y09A	国外专升硕课程	6	153	中方
选修课程小计					6	102	
必选	288X01A			顶岗实习	8	240	
合计					117.5	2664	

三、深化职业课程改革，凸显国际化人才职业技能和实践能力的培养

澳方 TAFE 的课程包的课程体系充分说明，国外职业教育强调实践，理论必须与实践密切结合。课程的目标就是技能标准的实现，采用什么样的方式有利于技能的获得就采用什么样的教学方式。因此，借鉴澳大利亚 TAFE 职业教育经验，中外合作专业深化职业课程改革，在国际化人才的培养过程中，凸显职业技能和实践能力的培养。中外合作专业的人才培养目标树立“以国际化为导向，以能力为本位”的指导思想，以国际合作为突破口，培养具有复合专业基础、开阔的国际视野、跨文化交际沟通能力与较强的实践操作技能的专门人才，以为宁波区域经济以及浙江省经济和社会发展提供有效服务为目标。

以宁波 TAFE 学院为例，宁波 TAFE 学院的人才培养实施课证融合，相关课程内容与澳方的证书考级相对应。如宁波 TAFE 学院开设的英语课程，学生一年英语课程学习后，参加 TAFE 英语二级考试，在第五学期结束后进行 TAFE 英语三级考试，取得 TAFE 英语三级证书后才能进入澳方专业课程学习，课程与证书相融合。同时，相关职业资格标准的要求融入专业课程学习和学生实践训练，如市场营销专业学生毕业时要取得营销师(三级)国家职业资格证书。

TAFE 课程的人才培养注重工学结合，在教学计划中强化实训课程和企业实践，如“ERP 沙盘模拟实训”课程安排在学生毕业综合实践时间进行教学，要求学生学以致用，以达到所学专业知识和岗位实践的有机结合。因此，课证融合、工学结合的人才培养强化了学生实践能力，提高了学生的就业竞争力。

同时通过中外教育交流与合作活动，创造多元的校园文化试点，提高教师和学生对不同文化的包容度，扩大师生的国际交友圈，提高学生从国际视野思考问题、

解决问题的能力。

四、对接国外课堂，实现“中澳两地、同质同步”教学

中外合作专业的澳方课程全部使用国外原版教材，采用全英文小班化教学，符合澳方能力测评要求，以实现“中澳两地、同质同步”的办学目标。

以中外合作专业的英语课程学习为例。学生通过三年的学习，最终要获得澳方本专业的高级证书，需考取澳方英语三级证书（或达到雅思 5.5 分英语语言水平），而澳方英语三级证书的获取以一年级语言课程考核为主，教考分离，若学生未通过任何一门一年级英语语言课程，则不能进入二年级专业学习阶段。所以在第一学年的英语课程学习过程中，训练好学生的语言能力、熟悉澳方的学习评价方式、培养综合的自学和自我管理能力非常重要。

在英语课程的实施过程中，首先充分分析了学校中外合作项目学生的整体学习经历、学习环境、学习目的、文化基础和英语程度，我们发现要实现全面提升学生的英语水平，通过或达到外方语言测试和要求，让学生更快地适应国外学习方式及要求，培养学生在掌握专业内容的基础上学会运用跨文化思维思考、解决专业问题，用英语表达思想、进行沟通，必须从根本上改变学生被动学习的现状，改变以往“满堂灌”的教学方法，采用多种教学方法从多方面拉动学生学习兴趣，形成良好学习习惯和提升学习策略。以下为教学过程中常采用的教学方式与方法：

首先，阶段性测评。中外合作办学实施的阶段性测评，能让学生获得成就感。在实际教学中，为了激发学生的学习动机，必须保持学生在学习上的成就感。学习成就感来自于学习成果。而阶段性的测评能及时把学生阶段性的学习成果直观地呈现给学生。所以，测评内容的难度要适当，使学生经过努力可以完成。另外测评形式也非常多样化，包括：学习计划的制定、口头汇报、阶段性学习总结、闭卷考试等。另外，教师也及时给予学生评价和反馈，给予学生适当的鼓励，以让学生更有计划地学习，更有目的性地学习。

其次，创设问题情境，激发学生思考意识。要培养学生自主学习的能力，就必须为学生营造自主学习的氛围。为了提高学生学习的积极性，我们在教学过程中引入了问题情景教学，即教师根据教学内容和要求，有目的地创设一定的问题情境，以问题的发现、探究和解决来激发学生的求知欲、创造欲和主体意识，培养学生的创新能力。

最后，通过多样化教学方式，凸显职业技能。中外合作项目课程采取各种灵活多样的教学方法和手段，通过课堂、工作现场、模拟工作场所、网络等诸多方式开展教学。学生在课堂内讨论发言的机会很多，教师的授课方式也灵活多样，以学员为中心，以实践为主旨，真正实现了以学生为主，以提高职业技能为中心的有效教学模式。

五、引入 TAFE 过程化评价体系，改革课程评价制度

学生评价体系是评价学生是否达到了预期学习目标的判断过程。根据中外合作项目的人才培养目标，中外合作项目的学生评价体系以学生的英语运用能力、职业能力和学习习惯及策略为预期目标。本评价体系既注重双语评价指标体系的构建又注意评价方法的改进，以构建多元化互动性评价模式，即评价主体具有互动性，评价形式及内容实现多元化。

在评价方式上，我们注重学习的过程性和评价形式的多样化，强调让学生参与评价，发挥评价促进学生在用英语学习专业课的兴趣以及提高专业能力方面的作用。评价形式注重过程性评价与总结性评价相结合，关注学生学习过程中的积累与提高以及学习目标的实现。

在学习评价中，综合考虑学生的平时表现(课堂讨论、个人作业、学习计划、小组探究项目、个人学习档案等)和考试成绩(阶段性测评和期末考试)，为每个学生建立学习过程档案。任课教师详细记录学生每个学期学习过程，包括每次测试成绩、作业、英语学习心得、每个阶段的口语录音、各种活动的小录像等。要求学生把整个学期的学习资料、学习笔记、作业等收集成册、活页装订，学生以学习小组为单位制定每周、每月学习计划表。计划表中要明确本月的主题月活动内容、LSP 和 group work 的主要内容、每门课程的主要内容及相对应的作业。任课教师对学习计划给予评价。

在成绩评定上，我们将课堂表现、平时作业和考试(阶段性测评和期末考试)结果按照 2∶3∶5 的比重进行综合性评价；至于评价主体，我们注重调动学生的主观能动性，让学生参与评价过程，使他们通过自评、同伴评价以及师生互动共评等活动，增强责任心、关注学习过程和学习结果，从而达到“学评一体”“以评促学”的目的，把评价活动贯穿于教学活动的始终。

六、构建国际化师资团队

中外合作专业的实施能有效提升教师的课程建设能力。在已开设的几个中外合作办学项目中，相关专业的二级学院均组织专业教师对中方负责课程进行了重新建设。要求授课教师积极参加各种形式的教师培训项目，努力提高自己的英语水平和专业业务水平，把国外合作方以人为本、注重学生个性发展、注重实践和应用的教学理念渗透到教学的各个环节，努力提高课程建设能力。

为加强中澳合作师资团队建设，澳方等合作院校也在语言和专业课阶段经常派教育专家来学校指导相关专业的课程建设，包括教学理念、教学方法、课程设计和教材编制。鼓励中外合作项目的专业教师开设双语课程甚至全英文授课，争取

每年开设一到两门双语课程,三年开设一门全英文课程,每年编译一到两本中外合作办学项目双语教材。鼓励在中方所授课程中融入西方教学的优点,中西结合,以创造出中外合作办学项目课程的特色。

而学校通过走出去、请进来等对外合作与交流活动,也培训了一支与国际教育水平接轨的师资队伍。只有提高师资队伍素质,才有可能真正提高专业和课程建设水平。学校的国际化师资队伍建设分为三类:专业教师培训、英语教师培训和管理人员培训。培训的方式多样,有通过中外合作项目进行的,也有通过各种交流活动进行的。在中外合作项目实施的前几年中,澳方每年培训 20 余名中方专业教师,使所有中方授课教师都能达到 TAFE 教师四级证书水平,为中方负责课程的教学质量提供保障。同时这种培训项目也向宁波市其他高职院校进行了推广。培训后的教师既成为学校专业建设的主力军,也通过把所学的教学理念、方法和所获得的教学资料与其他教师交流和分享,提高了他们所在教学团队整体教学和科研水平。同时学校也充分利用引进的外教资源,组织我院已有教学团队开展教学交流活动,共同研讨适合我院实际情况的教育教学方法,提升教学团队的综合实力,为国际化人才的培养提供强有力的支撑。

七、建立国际化人才可持续培养通道,提高学生选择的多样性

中外合作专业的学生有较宽广的继续升学通道。中外合作项目毕业的学生可选择就业或去澳洲继续修读。学生学完中澳合作专业教学计划中的规定课程,并达到中澳双方规定的最低毕业学分要求,同时获得一份职业能力证书,即可获得中澳双方颁发的毕业证书与文凭。证书和学分在英联邦国家通用,学生毕业后有双重选择:一是选择就业,学生学完高职课程后可以选择在国内外就业,获得中澳双方毕业证书的学生也可以选择到国内外贸或中外合资等外向型企业工作。二是选择去与澳大利亚西悉尼 TAFE 学院合作的大学继续修读本科、研究生课程,或申请赴澳大利亚、新西兰、英国以及瑞典等国家的部分高校就读本科课程。据对前几届毕业学生的不完全统计,有相当高比例的学生倾向于选择在外向型企业工作。

八、国际化培养教学质量监控体系建设

教学质量监控体系建设涉及多个方面,包括:中外合作的课程体系的构建、教学过程管理组织体系、教学团队的能力、学生语言能力、教学设施等多个方面。

首先,中外合作办学主体的多元化、运行模式的国际化要求强有力的组织保障。因此,在国际化人才培养的进程中,中澳合作双方共同成立了强有力的组织机构,以确保项目的有序推进。双方共同成立了联合管理委员会,负责中外合作办学的领导、组织和协调工作,以明确中外合作的业务范围、不同办学主体的权责及管

理委员会成员的主要权责等。中外合作办学项目通过成立联合管理委员会,明确中外合作双方的权责:中方主要负责提供教学、研究以及行政使用的建筑物和相关的基础设施;澳方负责课程安排、教材提供、教学制度建设、教学组织、教师委派和文凭发放等教学、管理方面的软件投入。同时,双方共同制定发展规划,每年定期召开研讨会;中澳双方教学和管理人员定期研讨教育教学中的问题,以确保项目的有序推进。

其次,要有一支以外方教师为主的高水平师资队伍,以确保教学质量。拥有一支以外方教师为主、中方教师为辅的高水平师资队伍,是确保中外合作专业国际化人才培养质量的关键。外方教师主要承担英语课程和专业课程的教学,同时要对中方教师进行培训与指导,以更新中方教师的教学理念,改进教学方法,提升教学能力,从而构建一支结构合理的国际化高质量师资队伍。中外合作专业的师资由中澳双方共同选定,核心课程由澳大利亚西悉尼 TAFE 学院派遣的教师任教,其余课程由获得澳大利亚职业教育(TAFE40110)培训与评估四级证书的中方教师任教。如会计专业,聘任 12 名澳方教师,负责 23 门专业核心课程和 4 门专业选修课程的教学,占教学计划课程总时数的 33.1%;澳方教师任教的 23 门专业核心课程,学时数占专业核心课程总学时的 86.5%。同时,按照中澳合作办学的章程要求,前三年澳方每年要为 10~15 名中方教师提供短期的专业教学或教学管理培训,使他们达到澳大利亚职业教育(TAFE40110)培训与评估四级证书要求的标准。目前,会计专业的 24 名中方教师,经过澳方培训,均已获得(TAFE40110)培训与评估四级证书。

再次,要构建相互衔接、有机融合的课程体系,确保人才培养目标的实现。构建相互衔接、有机整合的课程体系是提高中外合作五年一贯制办学质量的核心。因此,既不能完全照搬外方课程体系,也不能对课程进行简单的中外分工授课,而是要从专业人才培养目标出发,对中外课程、中高课程进行有机衔接和融合。宁波 TAFE 学院市场营销专业,通过对澳方课程的改造,形成了具有本土特色的基础课程、专业基础课程和与专业课程有机衔接的课程体系。澳方会派遣教师协助教学过程中各个项目的教学管理及质量监督,以确保澳方课程的教学质量,并会对所提供课程的教学设计、课程教学和评估体系的质量负责,使所有课程的教学质量符合澳方本地的质量评估要求,而中方课程的质量也通过学评教等方式,由学校教务处、教学委员会、教学督导委员会联合进行质量监控,保证所授课程的教学质量。

最后,因为全英文授课,加强学生语言能力的强化非常关键,要确保国际化人才的教学计划的有效实施。中外合作专业采用全英文教学,对学生的英语水平要求较高,学生入学需要有良好的英语基础,入学后第一年重点接受英语教育,通过外方要求的英语考核后方可进入专业课学习。学生通过 TAFE 英语三级测试,方可进入澳方的专业课程学习。因此,只有具有良好英语基础的生源,或经过语言强化学习达到语言要求的学生,才能适应专业课阶段的全英文学习,并确保教学计划的有效实施。以宁波TAFE学院为例，中澳合作班按照国外高校惯例实施“小班化”教学，每个班级学生限制在30名之内，这有利于提高师生课堂教学互动交流的概率和教与学的专注度，也有利于教学改革的实施。

为达到与国外接轨的教学环境，学校还构建了中澳合作专业教学专区，对教室和走廊进行国际化氛围营造，建成了外语视听中心、数字化网络型语言实验室、网络化多功能自主学习语言实训室和中澳合作专业实训室。同时英语教学团队和专业教学团队由中澳教师共同组成，中澳合作专业除了中方专业课程用汉语或双语授课以外，澳方专业课程都用英语授课。良好的国际化教学氛围和环境的营造，为国际化人才的培养提供了很好的教学与学习场所。

综上所述，学校以现有中外合作项目建设为基础，完善了多模式多层次的国际化人才的培养平台，推进了学校在人才培养、师资建设及学术研究等各领域的国际化进程。并且，学校充分利用了中外合作办学平台，在对引入的国外优质教育资源在课程开发、教学组织形式、教学监控和评价体系进行系统的分析研究的基础上，基于本校实情进行开发和改良，编写和开发了基于校本特色的培养方案、课程体系、教学资源包、教材、教学实施标准等教学材料，进行了深入的本土化国际化人才培养的教学探索与实践。

第四节　会计和应用英语专业升本型人才培养案例

升本型以学生升入高一级本科院校深造学习为目标，此型是学校现阶段分类培养模式效果最显著的类型之一。根据学校分类培养模式构建体系，首先从专业培养方案设计开始，设置课程，加强辅导，提高专升本率。本章主要介绍我校升本型人才培养的做法和取得的成效，其中专业人才培养方案以高职会计专业（普高三年制）和高职应用英语专业（普高三年制）人才培养方案为例。

一、会计专业高职专科人才培养方案(2016版)

(一)培养目标

培养顺应浙江地区经济发展，适应中小企业和商务中介财务会计工作需要，满足学生职业规划个体需要，分类培养，融学历提升、自主创业和灵活就业三位于一体的高素质技术技能型人才。就业面向主要以中小企业会计为主，商务中介和现代金融业为辅，初始岗位为出纳、代理记账和材料会计等，发展岗位为业务往来会计、成本会计和会计主管等。

本专业分类培养类型以升本型为主。

（二）培养规格

1. 知识要求

具有一定的社会人文基础知识；懂得中国特色社会主义理论体系的基本原理；基本掌握一门外语并具有综合应用能力；掌握管理学、经济学的基本理论、基本知识；掌握具有收集、加工、分析经济信息能力的计算机基本知识；掌握使用财务软件处理日常会计业务的电算化知识；掌握会计、审计、税收法律知识；了解国家的财政方针、财经政策和有关法规知识；掌握扎实的会计基础知识；掌握财务管理的理论知识；掌握财务分析的基本原理；掌握会计核算、会计报表的编制的原理和方法；掌握审计的原理和方法。

2. 能力要求

（1）具有快速、准确的计算能力和运算技巧，具备收集、加工、分析经济信息能力和应用有关计算机软件能力。

（2）具有一定的理论分析水平，具备综合分析的能力、职业判断的能力、财务管理的能力。

（3）具备熟练而规范的操作技能，熟悉企业业务流程、产品生产工艺，具备使用财务软件处理日常会计业务的能力。

（4）具备内外协调的能力，对内要具备与采购、生产、保管、销售以及科研等环节和部门的人员的组织、协调、沟通能力，对外具有协调和沟通能力（如处理与工商、税务、金融等部门之间的关系）。

（5）能独立完成“填制和审核凭证→设置和登记账簿→编制与报送会计报表”的工作，具备向决策层提供决策依据和生产经营的数据资料的能力。

3. 素质要求

具备应有的个人修养及道德素质；具有诚信、敬业的良好职业素质，责任心强，作风严谨，工作认真，有较强的人际沟通与协调能力；有良好的纪律性、团队合作以及开拓创新精神；能保守财务秘密；保持职业谨慎和维护职业声誉；有良好的口头及书面表达能力。

（三）专业核心知识和关键能力

1. 专业核心知识

使用财务软件处理日常会计业务的电算化知识；会计、审计、税收法律知识；国家的财政方针、财经政策和有关法规知识；扎实的会计基础知识；财务管理的理论知识；财务分析的基本原理；会计核算、会计报表的编制的原理和方法。

2. 专业关键能力

会计核算能力；使用财务软件处理日常会计业务的能力；科学理财能力；参与

企业财务预算、分析能力。

(四)能力及职业资格证书要求

在校期间至少考出一个职业资格证书(会计从业资格证书等会计专业领域相关证书)。

(五)毕业要求(含毕业最低学分、规定的职业资格证书等)

毕业最低学分为116学分。其中必修学分为82学分,占71%;选修学分为34学分,占29%。选修要求:模块课程中必须选修一个模块24学分,分类培养中必须选修一个模块至少6学分(国际化型4学分,需要任选其他课程2学分),通识选修课至少4学分。毕业前需取得一个职业资格证书(会计从业资格证书等会计专业相关证书)。

(六)各类课程学分学时表

辅修专业课程及总课程设置参见表5-15、表5-16和表5-17。

表5-15 辅修专业课程设置

课程编号	课程名称	学分	学时	开课学期
252H04A	会计职业入门	6	102	1
252H18C	财经法规与职业道德(会计从业资格考证课程)	4	68	1
252H14C	初级会计实务	6	102	2
252H07C	中小企业理财	3	51	4
252H08B	纳税实务	4	85	3
251K04C	会计信息化实务	3	68	3
252H10B	成本会计实务	2	51	3
合计		28	527	

表5-16 双专业课程设置

课程编号	课程名称	学分	学时	开课学期
252H04A	会计职业入门	6	102	1
252H18A	财经法规与职业道德(会计从业资格考证课程)	4	68	1
252H14C	初级会计实务	6	102	2
252H07C	中小企业理财	3	51	4
252H08B	纳税实务	4	85	3
251K04C	会计信息化实务	3	68	3
252H10B	成本会计实务	2	51	3
252H11B	出纳实务	2	34	4
252H12B	财务报表分析	2	34	4
合计		32	595	

表 5-17　专业课程设置及教学进程(2016 普高)

课程要求	课程类别		课程编号	课程名称	学分	学时	第一学期	第二学期	第三学期	第四学期	第五学期	第六学期
必修	通识平台		070A01A	思想道德修养与法律基础	3	51		51				
			070A15B	毛泽东思想和中国特色社会主义理论体系概论	3	51			51			
			070A04D	思想政治理论课实践教学	1	17		1 周				
			070A03A	形势与政策(1～3 学期)	1	17						
			050A18C	职业素质与职业发展	4	68	68					
			290A01A	公司制平台素质养成课程(1～4 学期)	2	34						
			190A03B	应用基础英语(1A)	4	85	85					
			190A03A/190A04A/190A17A	应用基础英语(2)/岗位基础英语/大学英语	4	68		68				
			020D01C-020D02C	体育健康 1—2	2	68	68					
			020D05A	体育俱乐部(第二课堂完成)	2	68						
				体质健康测试								
			030A06A	计算机应用	2	51	51					
			220A01A	应用文写作	2	34				34		
			050A20A	大学生心理健康教育	1	17	17					
			160A01A	军 训	2	60(2 周)						
			小计		33	689	289	136	51	34		
	专业群平台	职业基础	051A06A	经济应用数学(一)	2	34	34					
			252H02A	经济学应用	2	34		34				

(续表)

课程要求	课程类别		课程编号	课程名称	学分	学时	第一学期	第二学期	第三学期	第四学期	第五学期	第六学期
必修	岗位群平台	职业核心	252H07C	中小企业理财	3	51				51		
			252H08B	纳税实务	4	85			85			
			251K04C	会计信息化实务	3	68			68			
			252H10B	成本会计实务	2	51			51			
			252H11A	出纳实务	2	34				34		
			252H12B	财务报表分析	2	34				34		
			252H06C	会计核算技能	4	68			68			
		职业考证	252H04A	会计职业入门(课证融合课程)	6	102	102					
			252H18C	财经法规与职业道德(会计从业资格考证课程)	4	68	68					
			252H31B	会计电算化(会计从业资格考证课程)	2	34		34				
			252H13B	经济法基础(初级会计师考证课程)	3	51		51				
			252H14C	初级会计实务(初级会计师考证课程)	6	102		102				
		职业实践	252H29A	会计手工实训	1	30		1周				
			252H30B	纳税申报综合实训	1	30			1周			
			253K03A	会计综合实训	2	60				2周		
				小计	49	936	204	251	302	179		
选修之一	岗位工作方向模块课程	会计岗位模块	253K03A	岗前综合训练	4	120					4周	
			253K08A	岗位实践	16	480					12周	4周
			253K09A	专业综合能力实践(含毕业论文)	4	120						4周
		创业型(专业课以外由创业学院组织实施)	253K10A	创业沙盘实训	4	120						
			253K11A	创业实战	16	480						
			253K12A	创业综合实践	4	120						
				小计	24	720					480	240

（续表）

课程要求	课程类别		课程编号	课程名称	学分	学时	第一学期	第二学期	第三学期	第四学期	第五学期	第六学期
任选	分类培养选修模块（任选一模块）	升本型	252H18B	高等数学	3	68				68		
			252H19B	大学英语	3	68				68		
		技师型	252H37B	中级会计实务（会计师考证课程）	4	85				85		
			252H28B	中级财务管理（会计师考证课程）	2	51				51		
		创业创新型	由创业学院开课									
		国际化型		雅思英语 1（国交学院开设）	2	51			51			
				雅思英语 2（国交学院开课）	2	51				51		
		学科技能竞赛		供应链管理(1)(2)	3	68			34	34		
				ERP 沙盘(1)(2)	3	68			34	34		
			分类培养选修 （国际化型 4 学分，需要任选其他课程 2 学分）		至少6	136						
	通识选修课	按模块设置，包括：思政类、责任类、国学类、创业创新类、职业发展规划类、技能类、体艺类、心理健康类、体艺类、人文类、科学类、社团类等			至少4	68						
	第二、第三课堂活动	包括：自主学习、社会实践、社团活动、学科技能竞赛、考证考级、科技活动、创新创业实践活动等										
总计					116	2549	493	387	353	349	480	240

二、应用英语专业人才培养方案(2018版)

(一)培养目标

面向外经贸、跨境电商、国际物流、英语翻译和英语培训服务等岗位，培养具备扎实英语基础知识，掌握较强英语听、说、读、写、译等综合应用能力，具有良好职业道德、团队协作精神、适应能力和创新能力的高素质技术技能国际化应用型人才。

本专业分类培养以复合型、升本型和国际型为主。

(二)培养规格

本专业从素质、能力和知识要求三方面出发，围绕“英语运用能力、专业实践能力、通用职业能力”三方面能力，具体规定了每一方面应该要达到的目标与要求。

1.知识要求

(1)掌握英语语言基础知识，以及英语国家社会文化和跨文化沟通等基础知识。

(2)掌握外贸、跨境电商、国际物流、涉外语言培训和涉外翻译等涉外岗位的工作知识和业务技能。

(3)掌握涉外岗位工作相关的公共关系知识、计算机基础知识、二外基础知识和国际法规等知识。

2.能力要求

(1)英语运用能力(英语听、说、读、写、译的能力)

能听懂英语国家人士关于日常生活和社会生活的谈话以及题材熟悉的报道或讲座；

能与英语国家人士进行一般的日常会话和事务性讨论，语言基本得体；

能读懂难度中等的英语读物，掌握中心大意，抓住有关细节和要点，正确领会作者意图；

能根据作文题目、提纲或图表、数据等写作，文章内容切题，条理清楚，语言通顺；

能翻译难度一般的多题材的英语文章，并借助词典翻译难度中等以上的各类体裁的英语书面资料，并且能够胜任一般性的口译工作。

(2)专业实践能力(运用英语进行外贸实务操作、跨境电商操作、国际物流操作、翻译和涉外语言培训等工作的能力)

①外贸电商方向

能熟练运用英语独立完成进出口业务的贸易磋商、签约、履约等各个环节工作的跟进；

能撰写与缮制外贸业务中各种英文函电、单证；

能准确使用英语完成跟踪订单过程中与外商或工厂的沟通与协调工作，保证订单顺利执行；

能进行外贸单证实务操作以及单证制作、审核；

能熟练进行外贸订舱、出运工作；

能够熟练进行外贸货款操作及外贸后续工作；

能使用电子商务专业知识从事国际、国内网络营销、物流管理，具有维护和参与开发电子商务网站能力；

能熟练进行涉外电子商务第三方国际平台操作；

能运用网络营销的信息资源，提供网络市场信息咨询、技术信息咨询、决策信息咨询，具备市场调查能力。

②国际物流方向

能够熟练进行外贸业务操作；

能够进行物流信息的收集和处理，能够以英语作为交流语言完成国际物流营销策划的基础工作；

能运用国际物流方面的专业知识和操作技能，进行国际海运和国际航空运输承运业务基本操作；

能进行国际海运、国际航空运输等货代业务的基本操作；

能进行国际货物海运集装箱码头业务基本操作；

能够合理根据货物配送情况制定作业流程和路线，具备配送业务的基本操作和处理协调能力。

③实用翻译方向

能够承担一般性的非正式会谈或外宾日常生活的口译工作；

能够承担日常正式或非正式的外宾接待工作；

能够就一般难度的材料进行英汉互译，能借助工具书对有一定专业难度的材料进行笔译；

能承担应用较多的场合的专业翻译工作；

能根据文化礼仪常识和具体场合协助领导和外宾进行管理，及时处理工作中出现的有关问题。

能围绕教学目标并针对学生情况较为科学合理地选择教学内容，进行教学设计和教案撰写；

能较为流利地用英语组织课堂教学，能有针对性地采用艺术教育技能，营造生动活泼的课堂气氛；

能较为客观全面地进行教学评价及教学反思，并做出相应的反馈和调整；

能制作美观实用的英语课件及教具，会熟练运用现代化教学手段进行英语教学；

能细心观察、分析儿童课堂表现及行为，能理解儿童心理及语言发展状况；

能较为有效地进行师生及家校沟通，协调相关关系。

(3)通用职业能力(人际交往能力、计算机应用能力和跨文化沟通能力等)

通过不同途径获取信息的能力；

跨文化沟通能力；

具有初步运用计算机处理工作领域内的信息和技术交流能力；

具有对新知识、新技能的学习与运用能力；

具有职业创新意识和自主创业能力。

3. 素质要求

(1)具有爱国主义情怀，开阔的国际视野，正确的人生观、价值观和较强的法制观念，具有良好的道德行为习惯。

(2)有健康的体魄、健全的人格、坚强的意志、良好的心理素质和乐观的情绪。

(3)具有良好的职业素养和职业道德，爱岗敬业、诚实守信，具有从事本专业工作的耐心细致和积极主动等意识，能遵守相关的法律法规。

(4)具有良好的文化修养和跨文化交流意识，具备较强的团队协作精神，自主学习、创新能力和适应能力。

(三)专业核心能力培养表

专业核心能力培养参见表5-18。

表5-18 专业核心能力培养

序号	专业核心能力描述	支撑能力培养的理论(理实一体)课程及学时	支撑能力培养的实践课程及学时(周)	考核项目(任务)	核心能力达成度基本要求
01	英语综合应用能力	高级英语听力(34)，高级英语口语(34)，高级英语阅读(34)，高级英语写作(34)	商务翻译实务(34)，中级口译证书(51)	参加全国英语等级考试和翻译考试	鼓励通过学院规定的英语相关证书考试
02	熟练运用英语独立完成进出口业务操作的能力	国际贸易实务(34)，商务翻译实务(34)，BEC商务英语证书(51)	进出口业务操作(51)，岗前综合实训(4周)，顶岗实习(16周)，毕业设计(4周)	独立完成进出口业务操作至少一次	能够交易磋商，会订立外销合同，会业务跟单，会制作单据，会利润核算
03	熟练进行涉外电子商务第三方国际平台操作能力	国际贸易实务(34)，商务翻译实务(34)	跨境电商实务(34)，岗前综合实训(4周)，顶岗实习(16周)，毕业设计(4周)	独立成功开展涉外电商业务一次	会速卖通操作，会阿里国际站操作 会敦煌网操作

（续表）

序号	专业核心能力描述	支撑能力培养的理论（理实一体）课程及学时	支撑能力培养的实践课程及学时（周）	考核项目（任务）	核心能力达成度基本要求
04	熟练开展国际海运和国际航空运输承运业务的操作能力	国际贸易实务（34），国际物流实务（34）	国际货代业务操作（51），进出口业务操作（51），岗前综合实训（4 周），顶岗实习（16 周），毕业设计（4 周）	独立操作国际货代业务至少一单	会自拉自报业务操作，会整柜出口业务操作，会拼箱业务操作，会 NVOCC 操作，会空运操作
05	外贸商务活动中的翻译能力	基础英语翻译 1—2（68），英语笔译（34），英语口译（51）	商务翻译实务（34），中级口译证书（51），岗前综合实训（4 周），顶岗实习（16 周），毕业设计（4 周）	参与完成一次商贸活动翻译工作	中级口译、翻译相关证书

（四）专业核心课程与主要实践环节

1. 专业核心课程

专业核心课程及简介参见表 5-19。

表 5-19 专业核心课程简介

序号	课程名称	简要说明
1	高级英语口语	本课程以大量的英语综合口语交际训练为主，结合日常生活、涉外商务、外贸业务以及翻译过程中的具体情境，训练学生在特定情境和场合中较流利、得体地进行口头交流交际的能力，包括回应对方的交流内容、陈述自我观点，甚至参与辩论。达到能够进行连续 5 分钟以上较流利的陈述，以及能基本无障碍地跟英语本族语人士沟通的水平。
2	高级英语阅读	本课程重在培养学生利用英语作为语言工具获取自身生活娱乐和专业、工作等所需的信息的能力。课程通过对学生阅读技能和策略的培养，让学生掌握快速阅读与仔细阅读这两种不同的阅读方式，以及能够分析文章的篇章布局，使用不同的阅读技巧，体会不同文章体裁的语言特点。让学生通过阅读大量的英语中短篇小说、英语网络资讯、专业相关英语材料等，全面提高学生的英语综合阅读理解能力，最终达到以英语为工具获取专业所需信息的目的。
3	国际贸易实务	该课程是一门专门研究国际商品交换具体操作过程，具有涉外活动特点的实践性很强的课程。重点在于掌握国际贸易磋商函电书写，国际贸易合同条款订立与审核，根据不同贸易术语选择合适运输、保险、支付条款，掌握基本商品价格成本核算和国际贸易惯例、法律等。课程分为理论教学和实务模拟操作两大部分，既突出理论教学对实际业务指导的作用，又针对性地开展国际贸易各环节的操作应用，锻炼学生的动手能力，突出高职教学特色，以满足进出口业务相关岗位对国际贸易基础和技能的基本要求。

(续表)

序号	课程名称	简要说明
4	跨境电商实务	通过该课程掌握中英文基本的电子商务术语及相关知识；熟悉国际电子商务网站建设和管理、网上信息收集与处理、涉外电子商务等专业知识和专业技能；能熟练应用电子商务技术开展涉外电子营销活动；具有一定的网络营销策划与运作能力、一定的涉外商务谈判与商品网络推销能力；具备较强的从事网上商品交易与服务、网上金融汇兑等涉外电子商务活动的能力；同时培养学生具备一定的创新能力和商务策划能力。
5	商务翻译实务	该课程旨在通过项目化教学方法让学生掌握商务活动中所涉及的常见商务文本的文体特点、结构特点和语言特征及采用的不同翻译原则、翻译策略和方法，从而培养学生商务翻译的实用能力。利用情景化、项目化教学模式，使学生置身于真实的商务活动场景中，进行英语翻译实践，并且与工学相结合，把学生安排到外企和商务洽谈会的现场从事商务活动的英语翻译，有效地培养学生的英语翻译应用能力，克服以往翻译教学中理论和实践相脱节的问题。
6	进出口业务操作	进出口业务操作是一门专门训练学生进出口业务动手能力的课程。根据外贸岗位外语要求，通过双语讲解专业英语在特定专业环境中的应用，对进出口准备工作，进出口报价核算与发盘操作，进出口还价核算与还盘操作，接受与进出口签约操作，办理进口批件，催证审证与改证操作，签订内贸合同与备货生产操作，租船订舱操作，制单审单与收汇操作，开证操作，办理保险，接货工作，报关报检操作，进出口业务善后工作等工作环节的训练，使学生能全面掌握外贸进出口流程中各环节的工作任务。本课程注重实用性和应用性，学生在课程中能接触到实际的业务内容。

2. 主要实践环节及简介

(1)岗位认识实习：岗位认识实习主要通过学生听取讲座、报告、到未来岗位相关公司参观和实地学习等方式，让学生初步了解专业涉及的相关行业与岗位，获得相关的认知，为后续实践性课程打好基础，初步确立让学生把所学知识与具体工作实践相结合的思路，引导学生在今后的学习与实践过程中做好理论联系实际、学用结合，同时，通过让学生实地见习初步适应今后可能的具体工作环境，初步建立起尽快适应环境并融入实习岗位的心理准备。该环节体现工学结合、项目驱动的高职教育理念。

(2)岗前综合实训：本课程是安排学生到相应工作岗位实地学习、初步接触、熟悉岗位的过程，帮助学生明确岗位实习的要求、目标、任务等相关内容，认识自己的工作岗位，并填写实习报告，把自己的收获、感受、问题反映在实习报告中，从而让学生在以后的学习中目标更明确，在知识、能力和素质提高的各个方面更有针对性，是工学结合的教学理念的体现。本课程是学生学习过程中理论与实践对接的一门课程，可以帮助学生先行对工作环境和工作岗位有所熟悉和融入，为下一步的顶岗实习顺利开展奠定基础。

(3)顶岗实习:该课程设计以培养学生岗位实践能力为总体目标,基于校企合作、工学结合的实践教学平台,使学生在掌握基础知识和技能训练的前提下,在与职业方向对应的真实的工作环境和工作岗位上——主要包含外贸相关岗位、国际物流相关岗位、翻译岗位和语言培训相关岗位,由企业指导教师执导,训练相关岗位就业人员应具备的各项岗位技能和综合能力与素质,同时有针对性地收集与毕业设计有关的资料,达到人才培养的总体目标,为学生毕业后顺利就业上岗做好充分的准备。

(4)毕业设计:该课程要求学生综合运用顶岗实习中外贸相关岗位所学知识和所具备的实践工作技能,针对实际工作岗位中碰到的典型问题,有针对性地提出合理的解决方案。结合运用所学的语言知识和专业知识、技能完成毕业综合设计,以培养学生运用知识与技能解决实际工作问题的综合能力,从而全面提高学生职业素质和就业竞争力。

(五)能力及职业资格证书要求

鼓励学生在校期间考取大学英语四级以上等级证书、BEC 商务英语证书或英语中级口译证书等;鼓励学生达到双证的要求。

(六)毕业要求

学生毕业时必须修满 116 学分,其中必修课为 74 学分,选修课为 42 学分。

选修要求:岗位工作方向模块课程必须选修其中 32 学分以上课程;必须获得人文素质及通识选修课、专业选修课、分类培养选修课和第二、第三课堂活动课学分共 10 学分。

(七)各类课程学分学时表

总课程设置及辅修专业课程参见表 5-20、表 5-21 和表 5-22。

表 5-20 课程设置及教学进程

课程性质	课程类别	课程名称	学分	学时	第一学期	第二学期	第三学期	第四学期	第五学期	第六学期
必修	通识平台	思想道德修养与法律基础	3	51		51				
		毛泽东思想和中国特色社会主义理论体系概论	3	51	51					
		思想政治理论课实践教学	1	17		17(与社会实践相结合)				
		形势与政策	1	17	17(详见“职业素质与职业发展”课程设置一览)					
		职业素质与职业发展	3	51	51(详见“职业素质与职业发展”课程设置一览)					
		专业素质公司制平台养成	2	34	34 第二课堂完成					
		大学生心理健康	1	17		17				
		计算机应用	2	51		51				
		体育健康 1—2	2	68	34	34				
		体育俱乐部	2	68			68(第二课堂完成)			
		体质健康测试			每年					
		军训	2	60(2 周)	60(2 周)					
		大学语文	2	34	34					
			24	519						

（续表）

课程性质	课程类别	课程名称	学分	学时	第一学期	第二学期	第三学期	第四学期	第五学期	第六学期
必修	专业群平台	基础英语听力 1—2	4	102	51	51				
		基础英语口语 1—2	2	68	34	34				
		基础英语阅读 1—2	4	102	51	51				
		基础英语写作 1—2	4	68	34	34				
		基础英语翻译 1—2	4	68	34	34				
		中级英语听力	1	34			34			
		中级英语口语	1	34			34			
		中级英语阅读	2	34			34			
		中级英语写作	2	34			34			
		高级英语听力	1	34				34		
		高级英语口语	1	34				34		
		高级英语阅读	2	34				34		
		高级英语写作	2	34				34		
		二外（法语 1—2、日语 1—2、德语 1—2、西班牙语 1—2）	6	102		34	68			
			36	782						
	岗位群平台	跨境电商实务	2	34				34		
		国际贸易实务	2	34		34				
		商务翻译实务	2	34			34			
		国际物流实务	2	34			34			
		基础会计	2	34				34		
		雅思英语入门	2	34		34				
		跨文化交际	2	34	34					
		小计	14	238						

（续表）

课程性质	课程类别			课程名称	学分	学时	第一学期	第二学期	第三学期	第四学期	第五学期	第六学期
必选	模块课程	工作岗位方向模块	外贸电商模块	进出口业务操作	3	51			51			
				外贸网络营销实务	2	34				34		
				BEC 商务英语证书	3	51				51		
			国际物流模块	进出口业务操作	2	34			34			
				国际货代业务操作	3	51				51		
				BEC 商务英语证书	3	51				51		
			实用翻译模块	英语笔译	2	34			34			
				英语口译	3	51				51		
				中级口译证书	3	51				51		
				岗前综合实训	4	120					4 周	
				顶岗实习	16	480					12 周	4 周
				毕业设计	4	120						4 周
				小计	32	856	学生从以上三个工作岗位方向模块中任意选择一个模块，修完该模块所有课程；同时修完岗前综合实训、顶岗实习、毕业设计三门课程					
任意选修课	人文素质及通识选修课			专业应用文写作	2	34				34		
				通识类课程	2	34	学生至少选择一门相关选修课程，修完至少 2 个学分，详见《通识类选修课设置一览表》《人文素质类选修课设置一览表》					
				小计	4	68						

（续表）

课程性质	课程类别		课程名称	学分	学时	第一学期	第二学期	第三学期	第四学期	第五学期	第六学期
任意选修课	分类培养选修	专升本型	专升本英语辅导	2	32					32	
			大学语文（专升本辅导）	3	48					48	
		国际型	国外专升硕课程 1—3	6	153			51	51	51	
		复合型	外贸单证实务	3	51			51			
			外贸英语写作	2	34			34			
			商务谈判技巧	2	34				34		
			国际市场营销	2	34			34			
			英语课堂设计与实践	3	51				51		
			多媒体设计与制作	3	51				51		
			英语演讲与口才	3	51				51		
			国际贸易法律风险防范	3	51				51		
			英语口语竞赛提高课程	2	68	这四门选修课程为接轨相应学科竞赛以及语言特长的培育课程，学生必须为有相应特长学生，开课时间视具体情况而定					
			英语写作竞赛提高课程	2	68						
			二外（法语、日语、德语、西班牙语）提高课程	2	68						
			全国大学生英语竞赛提高课程	2	68						
			小计	6	102	学生从以上分类培养类型中选择一个类型；每一类型选择课程达到至少 6 学分和 102 课时以上					
	第二、第三课堂活动					包括：自主学习、社会实践、社团活动、学科技能竞赛、考证考级、科技活动、创新创业实践活动等					
			选修课程小计	10	170						
			合计	116	2565						

表 5-21　双专业课程设置

课程名称	学分	学时	开课学期
中级英语听力	1	34	3
中级英语口语	1	34	3
中级英语阅读	2	34	3
中级英语写作	2	34	3
高级英语听力	1	34	4
高级英语口语	1	34	4
高级英语阅读	2	34	4
高级英语写作	2	34	4
商务翻译实务	2	34	3
英语笔译	2	34	3
英语口译	3	51	4
中级口译证书	3	51	4
外贸单证实务	3	51	3
雅思英语入门	2	34	2
国际货代业务操作	3	51	4
进出口业务操作	3	51	3
国际贸易实务	2	34	2
跨境电商实务	2	34	4
国际贸易法律风险防范	3	51	4
合计	40	748	

表 5-22　辅修专业课程设置

课程名称	学分	学时	开课学期
高级英语口语	1	34	4
高级英语阅读	2	34	4
商务翻译实务	2	34	3
中级口译证书	3	51	4
雅思英语入门	2	34	2
国际货代业务操作	3	51	4
进出口业务操作	3	51	3
国际贸易实务	2	34	2
跨境电商实务	2	34	4
合计	20	357	

三、升本工作实践

升本型作为学校分类培养五大类型之一，其评价标准以学生毕业当年升入相关全日制普通本科院校继续深造为标志（以下简称“专升本”）。

专升本工作的组织，主要依据浙江省教育考试院每年关于做好选拔高职高专毕业生进入本科学习工作的通知精神。浙江省普通高校专升本选拔考试全省统一组织管理，面向浙江省各级各类全日制普通高校高职高专应届毕业生。选拔中英语不作为统一报考条件，但招生高校可根据专业学习需要明确考生英语 CET 三级或高等学校英语应用能力 A 级等具体要求，并在省统一向社会公布的招生计划中明确。学校不设单科成绩要求。文史、法学、教育、艺术类的考试科目为大学语文、英语；理工、经管、农学、医学类的考试科目为高等数学、英语。各科目满分均为 150 分。

因此学校按照省考试院统考科目来设置学校分类培养类型中升本型的课程体系及结构。在专业人才培养方案的通识平台中设置了大学语文、专业高等数学、应用英语，并在分类培养模块中设置了升本辅导提高课程。学生入校后接受分类指导，选择学习。具体做法如下：

（一）二级学院积极做好宣传动员工作

利用职业发展导图，以及新生入学前教育，要对分类培养方案、浙江省优秀高职毕业生升入本科生学习选拔办法等政策进行细致宣讲，为学生提早取得专升本报名资格做好准备，为其后续有针对性的选课打下基础，并初步统计出有升本意向的学生数，特别是针对英语、数学、语文基础好的学生，给予重点关注。

（二）二级学院做好学生第一学年的公共课选课和学习指导工作

二级学院做好有专升本意愿的学生的学习指导工作，如指导学生第一学期的公共课选大学语文，而非应用文写作，指导后续课程的选课。要让学生在第一学年努力通过英语 CET 三级或高等学校英语应用能力 A 级。第一学年的基础课学习很重要，为后续的辅导提高打基础，所以要在这一年内不断向学生提醒，通过英语等级考试和学好公共课的重要性。

（三）教务处积极开设专升本辅导课程

二级学院根据本学院的分类培养实施方案，根据学生的学习特长及未来就业取向，统计出有专升本意向的详细学生数，于第四学期开课计划制定前（第 6 周）报教务处。教务处将各学院统计的专升本学生数反馈给辅导课程开设学院（部），开课学院（部）根据学生数确定开课班级数，落实任课教师。每班上课人数以 50 人为佳，每周为 4 学时。学院通知学生于第四学期的第 16 周进行选课。

（四）组织一支高水平教学团队

组织一支高水平的专升本课程教学团队，着力研究考试大纲，了解考试动态，科学制定辅导课程大纲、确定合理的辅导内容。为提高学校的专升本辅导效率，学校每年组织三门课程的教研活动，并出版了自编辅导教材，课程有一支稳定的教学团队,并专注于研究,致力于提高学生的辅导效果。

(五)做好学生学习生活的保障工作

为学生提供专升本专用教室,在临近考试前专用教室延迟关门时间。参加升本的学生除由各班主任联络,关注关心其学习生活外,二级学院还组成专门的升本班,由经验丰富的导师团队关注学生的学习生活,及时了解学生学习的状况与需要解决的困难。

(六)做好学分顶替及奖励工作

学生第七学期至专升本统一考试结束期间,参加专升本培训者,经本人申请,学院同意,报教务处备案,可以顶替顶岗实践相应学分。对通过参加学校专升本辅导课程而被录取的学生,学校直接给予课程学分认定,每课程 2 学分,作为素质学分。

对于录取的学生,在毕业典礼之后召开分类培养表彰大会,学校给予每生 1000 元的特别成就奖励,此外学院还有配套奖励,以鼓励拟升本的学生,并进行经验分享。

四、专升本分类培养成效

2013 年学校提出了“分类培养、分层教学、尊重选择、多样成才”的教育理念,并全面开始实施了分类培养的人才培养新模式。2014 年下半年学校提出了具有全局性的三项重点工作,分类培养为其中之一。四年来在全校师生的共同努力下,分类培养工作对学生的成长成才已经产生了显著成效。专升本工作成效最明显。

一是近三年来毕业生参加省高职专升本报名人数不断增加,2016 届毕业生中有 769 人报名参加考试,占应届毕业生人数的 24.6%;2017 届毕业生中有 820 人报名参加考试,占应届毕业生人数的 26.6%;2018 届毕业生中有 1000 人报名参加考试,占毕业生人数的 32.8%;2019 届毕业生中有 1065 人报名参加考试,占毕业生人数的 36.76%。

二是学校每年专升本录取的学生不断增加,自 2014 届开始,近六届毕业生中升本录取的人数分别为 127 人、277 人、483 人、486 人、615 人、670 人,其比例占应届毕业生的比例从 2014 年的 4.8%逐年上升到 2019 年的 23.31%(见表 5-23),远超出全省平均 9%的比例,据省评估院统计,2016 年我校毕业生中专升本学生所占比例居浙江省高职院校第 1 名。由表中数据也可见,从 2016 届毕业生开始,学生升本比例大幅增长,2016 届毕业生为第一届通过分类培养而出的各类型人才,分类培养成效显著。

三是学校专升本录取的学生除数量不断增加外,升本“好质量”也趋稳。如

2017 届共有 486 名学生被录取，其中 161 名被一、二本院校录取，录取率为 96.4%，录取人数占毕业生总人数的 15.7%。特别是 2018 年在一、二本院校录取计划缩减的情况下，2018 届毕业生中有 615 名学生分别被浙江财经大学、浙江工商大学、浙江理工大学、浙江中医药大学、中国计量大学、杭州师范大学、中国美术学院、浙江海洋大学、温州大学、浙江农林大学等 45 家本科院校录取，其中有 176 人被一、二本院校录取，占录取人数的 28.62%；被独立院校录取的 350 人，占录取人数的 56.91%；被民办院校录取的 89 人，占录取人数的 14.47%。

同时，2018 届升本毕业生中更涌现出了“总分第一名”“单科满分”“专升本班级”“专升本寝室”等典型，其中 4 位学生高等数学单科满分；15 涉外文秘与翻译 2 班全班 43 人中有 29 人录取；据不完全统计还有 10 个“专升本寝室”，所有室友都被录取。专升本选拔考试也带动了学校学风，新生从一入校就开始规划自己的三年学习目标，学校也努力使学生人人成长成才。

2019 届毕业生中有 670 人被省内普通高校录取，在全省普通本科计划缩减的形势下，仍有 172 人进入普通本科，占录取人数的 25.7%；有 498 人进入独立或民办学院，占录取人数的 74.3%。

2014—2019 年学校专升本学生统计情况见表 5-23。2014—2019 年学校专升本学生占当年毕业生的比例变化如图 5-11 所示。

表 5-23 2014—2019 年专升本情况统计

届别	录取人数/人	录取人数占毕业生的比例/%
2014	127	4.85
2015	277	10.15
2016	483	15.4
2017	486	15.7
2018	615	20.15
2019	670	23.31

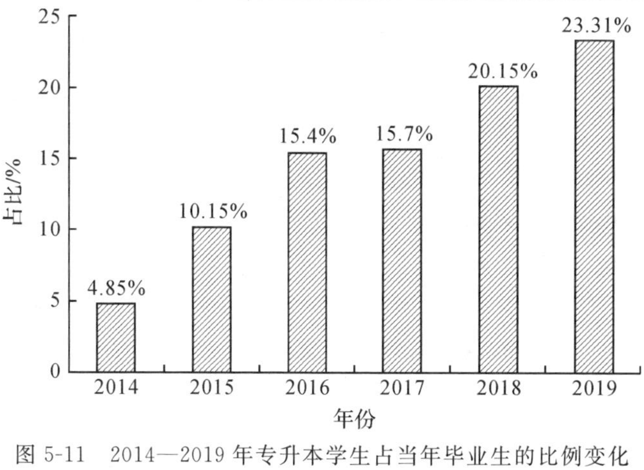

图 5-11 2014—2019 年专升本学生占当年毕业生的比例变化

第五节 创新创业型人才培养案例

一、学校创新创业型人才培养概况

宁波城市职业技术学院的"创新创业型"人才培养主要通过基于分类的递进式创新创业课程体系普及创新创业知识，激发学生创业意识和品质，提升学生创新创业意识和能力，培养具有一定创新创业精神和能力的高素质技术技能型人才。以学生参加创新创业大赛获奖或注册创业或创业就业为标志。

学校创业教育起步较早。2013年以来，学校始终以立德树人为根本任务，整合校内外多方资源，持续推进基于分类培养的分层分段衔接式创业课程体系构建与实践，成就了一批学生的出彩人生。我校是最早被确立为全国34所KAB大学生创业教育基地之一的学校。2015年成立实体运作的电商/创业学院，成为全省领先创立创业教育的高职院校之一，同年9月创立"U"创空间，面向南高教园区各高校提供全方位一站式的创业指导服务与孵化培训。自《国务院办公厅关于深化高等学校创新创业教育改革的实施意见》印发实施以来，宁波城市职业技术学院依托自身优势与特色，以党的十九大报告中"促进高校毕业生多渠道就业创业"为行动纲领，持续推进始于分类培养的多维立体培育"双创"人才的教育改革与实践。

学校的创新创业型人才培养，取得了丰硕的成果。浙江省评估院提供的数据显示，学校近三年来，毕业一年的学生平均创业率达5%，涌现出许多创业成功的典型，如：卢泽辉等多名创业学子入选国家、省、市各类大学生创业案例库；毛科杰成功创办宁波传祺缝纫科技有限公司，2018年营业额超6000万元人民币，创业带动就业人数百余人。学校的创新创业教育，也赢得了社会的认可，2016年学校荣获"全国高职院校创新创业示范校""全国涉林院校创新创业工作先进集体"；成为"KAB"大学生创业培训基地、"SIYB"指定培训机构、"大学生网络创业定点培训机构"、"鄞州区妇联女性创业培训基地"和"宁波市大学生创业培训示范基地"；并牵头成立了宁波城市创新创业研究所。学校的创业实践基地即"U创空间"，先后孵化出近70支学生创业团队，创建各类中小企业近百家，为社会提供相应的就业岗位。近三年，学生参加各级各类创新创业类竞赛屡屡获奖，从全国特等奖到省级奖项不等，省级以上获奖人数从年均5人次提升到13人次，在同类高职院校中处于领先水平。同时，学生获知识产权成果共计授权200项。学校的创新创业教育，引起了媒体的广泛关注，中国青年报、浙江教育报、东南商报、宁波网等媒体分别进行了专题报道。

二、创新创业型人才培养体系构建与实践

（一）构建“1234”创新创业教育人才培养体系

“1”是基于学校分类培养的创新创业型人才培养，“2”为分段衔接式，“3”是以公司制平台为载体的“三课堂”联动，“4”为四阶段分层递进，课程体系、“U创空间”、三课堂联动、指导服务等多维立体，为有志于创业的学生打造成长通衢，让每一个创新创业型的学生有人生出彩的机会。如图5-12所示。

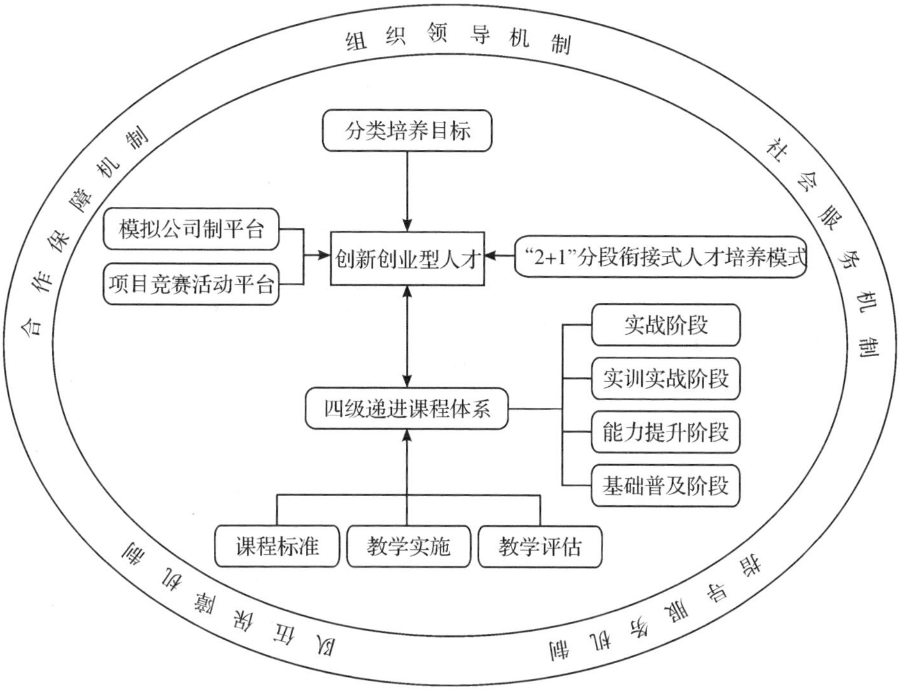

图5-12 多维立体构建创新创业教育人才培养体系

（二）以人才分类培养为基座，全专业遴选创新创业型方向

习近平总书记指出：“努力让每个人都有人生出彩的机会。”2013年以来，学校提出“素质引领、校企一体、分类培养”的人才培养理念，并得到了全面实施和系统推进，达成了“尊重选择、多样成才”的目标。2014年至今，分类培养一直是学校改革发展的三大重点工作之一。

2013年以来，根据学生的职业取向、生涯规划、个性特征等要素以及行业企业对人才的不同需求，明确专业的初始岗位、发展岗位，在分类培养类型中明确创业

型为提升型，以创新创业大赛获奖或注册创业或创业就业为标志，专门明确“创新创业型”人才培养目标，在全国率先启动“双创”人才培养行动。2015 年，从整体上对创新创业教育进行了顶层设计，在 2017 级人才培养方案中，进一步优化创新创业教育目标是：通过激发学生创业意识，培养创新创业知识和品质，提升学生创新创业意识和能力，培养具有一定创新创业精神和能力的高素质技术技能型人才。共有 17 个专业形成专创深度融合的创新创业型人才培养方案群，打造创新创业教育升级版。

（三）分层构建四阶段递进的创新创业教育课程体系

1. 以课程分层递进为主体，全过程融合创新创业教育

面向全校学生，构建了“创业意识—创业基础—创业实训—创业实战”分层递进的“金字塔型”四级课程体系和学习体系，将创新创业教育贯穿人才培养全过程，如图 5-13 所示。

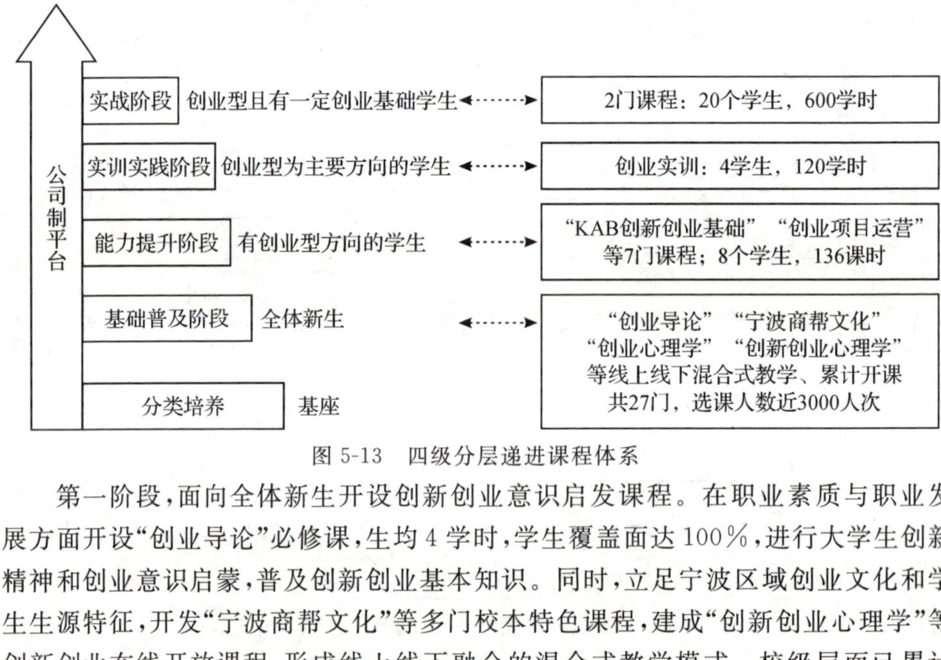

图 5-13　四级分层递进课程体系

第一阶段，面向全体新生开设创新创业意识启发课程。在职业素质与职业发展方面开设“创业导论”必修课，生均 4 学时，学生覆盖面达 100%，进行大学生创新精神和创业意识启蒙，普及创新创业基本知识。同时，立足宁波区域创业文化和学生生源特征，开发“宁波商帮文化”等多门校本特色课程，建成“创新创业心理学”等创新创业在线开放课程，形成线上线下融合的混合式教学模式。校级层面已累计开发 27 门创新创业类公选课程，选课学生超 3000 人次。

第二阶段，对于创新创业型有兴趣的学生，可进一步选择分类培养创新创业型模块课程。课程分学期开设“KAB 创新创业基础”“创业法律政策”“市场营销与冲突管理”“新创企业财务管理”“新创企业人力资源管理”“专业＋创业教育”等 6 门创业能力提升课程，每门课程 1 学分，102 学时。另外，对于参加“互联网＋”创新创业大赛的学生，利用周末时间，开设创新创业大赛集训营，计 34 学时，2 学分；与宁波市人才培训中心合作，开设“网络创业”“8＋X 模拟公司”实训，每个实训计 40

学时，每一个培训项目，都对应2学分。

第三阶段，对于毕业后以创业作为就业取向的学生，组织“2＋1”创业班进行创业强化教育。创业班主要从参加第二阶段学习的学生中选拔，同时参考是否有家族企业背景、是否有创业项目、是否获得各类创新创业大赛奖项、是否有专利发明等因素，最后通过专家面试筛选组成创业班。在教学安排上，主要包括三个环节。第一步：先进行创业实训，通过模拟创业过程，让学生掌握创业所有环节的运作方法，提高学生的创业基本素质与创业能力，在此基础上设计个人创业方案，撰写创业计划书。第二步：创业实战，学生工商注册成立实体企业，在学校“U创空间”进行创业实践。第三步，创业综合实践，在创业实战基础上，总结原创业计划中的成功经验，改正其中的不足，对原创业计划作进一步的论证，完善、修订创业计划书并进行创业路演（结合大学生创新创业大赛开展）。参加“2＋1”创业教育的学生，通过学分转换达到毕业学分要求：创业实训置换岗前综合实训、创业实战置换顶岗实习、创业综合实践置换毕业设计。学校为创业班学生配备校外企业家和校内创业导师两支师资团队，对学生的公司运营、资金引入、项目孵化进行全方位一对一辅导，同时创业班学生按在校生自主创业享受学校资金资助。

第四阶段，面向创新创业型且已有一定创业基础的学生，开设创业综合实战课程。对有一定创业基础的创新创业型学生进行创业综合实战培训，共2门课程，20学分，600学时。创业学生在产学研联盟、“U创空间”等校内外孵化平台里开展创业实战，创业实战与业绩鉴定为毕业实习成绩。

2. 积极推进创新创业教学改革和信息化课程建设

按照不同的授课对象和内容，积极开展启发式、混合式教学方法改革，改革考核内容和方式，探索实施非标准答案课程考核改革，稳固建立创新创业类课程质量保证体系。推进创新创业教育信息化建设，已建成“企业形象VI”“营销组合策划”等10门创业类在线课程，并入选宁波市慕课联盟课程，选课人数达2万多人。形成融必修课、必选课、选修课、在线课程、案例库、校本教材等为一体的创新创业教育课程链。2016年“初次创业选择什么企业形式”获首届浙江省创新创业课程微课大赛一等奖。

（四）以分段衔接式培养为重点，全范围孵化创业项目

以学校“平台＋模块”分层教学课程体系为基础，以创业学院为落脚点，采用“2＋1”分段衔接式培养创新创业人才。如图5-14所示。

第五学期开始，全校范围内筛选已有一定创业基础的创新创业型学生，入驻“U创空间”或专业学院的实践基地进行创业实战。该部分学生原专业班级学籍均不变，创业学院负责完成最后一年的创新创业型实践课程教学：商业计划书顶替毕业综合实践设计说明书，营业额为顶岗实习课程学分。创新创业型学生修满全部学分后，获专业学院毕业证书和创业学院结业证书。

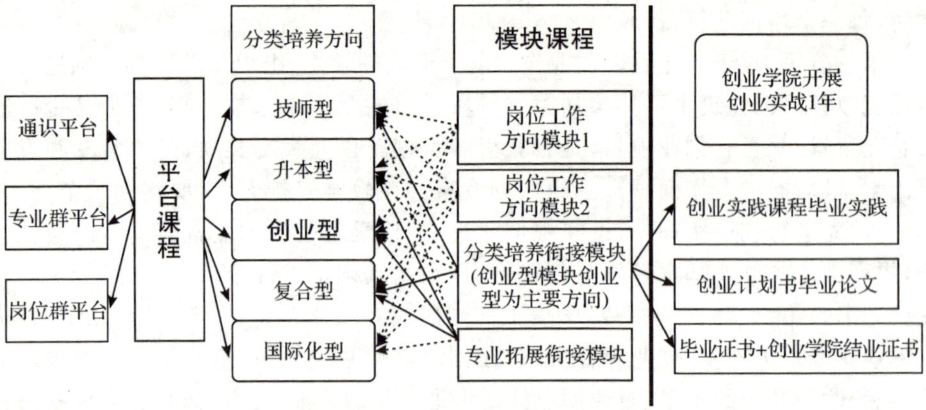

图 5-14 “平台+模块”“2+1”分段衔接创新创业型人才培养模式

(五)以模拟公司制教育为平台,全方位渗透“双创”素养

创新资源深化专业素质模拟公司制平台。以责任教育为引领,将第一课堂、以公司制平台为主要形式的第二课堂和以创业实践为主要形式的第三课堂串联起来。第二课堂中,每个专业学院结合专业群特点搭建模拟总公司,各班级组建模拟分公司、设定相应工作岗位进行轮岗训练。2010 年开始,学校各个专业学院陆续形成了各具专业特色的模拟公司制平台。通过“一院一公司”创业教育实践平台,培养“准职业人”,学校曾两次荣获全国高校校园文化建设成果优秀奖。

第三课堂中,以赛促学构建项目竞赛活动平台。成立大学生创业俱乐部等社团组织,建立以班级创新特色活动项目为载体的大学生创新创业基层团队,以“U 创大讲堂”“U 创沙龙”等为载体搭建大学生创业交流平台,完善创新创业项目孵化机制和学科技能竞赛体系,形成“导、学、训、创、赛”五位一体的学科技能竞赛体系,至 2018 年 8 月,共获得大学生创业类竞赛省级三等奖以上各类奖项 30 项。

(六)校企协同,共建校政企研“双创”实践体系

根据人才培养目标,依托“U 创空间”孵化基地,建立“智创在线”等实践教学信息化平台,在校内实验实训室向全体学生开放共享的基础上,先后与宁波市海曙区政府合作建立“宁波海曙电商产业园”,与东钱湖管委会共建“东钱湖创意 211 实践基地”,与宁波市旅游局共建“金牌导师工作室”等校外实践教学基地。把创业教育课程开到创新创业型公司现场的同时,也让有成熟创业想法和项目的创新创业型学生有机会入驻各类创业实践基地。目前,已与 300 余家企业实行了紧密的校企合作,成立了 9 个产学研联盟和首家宁波现代服务业职教集团,努力构建“一院一园”的“双创”实战教学基地。

(七)以研究培训为助力,形成产学研创深度融合

1. 以研引创,深化创新创业教育教学改革

学校以项目实训、各类竞赛、素质拓展、实践孵化等为载体开展创新创业研究

与教学改革，实现课内实训向课外实践的有机延伸。近几年来，共立项创新创业类课题近 60 项，其中省部级以上 2 项，研究经费达 50 多万元，发表论文近 30 篇。

2. 创业培训，服务社会创新创业需求

学校大学生创业培训基地提供的培训、服务、指导、孵化已培训自主创业的合格学员 400 多名，其中孵化网络创业者近 300 名，实体创业团队 108 家，其中 2016 年以来在我校报备经工商注册创业的有 30 多家，带动了近百人就业。2017 年被评为宁波市创业培训示范基地单位。2018 年，学校“U 创空间”创业企业营业毛收入近 900 万元。

三、创新创业型人才培养体系保障措施

（一）多方联动，构筑创新创业合作保障机制

1. 高度重视创新创业教育教学改革工作

2015 年 6 月，学校成立了以校长为组长，分管校领导任副组长、相关部门负责人和二级学院领导参加的创新创业教育工作领导小组；专门印发了《宁波城市职业技术学院进一步深化创新创业人才培养工作实施方案》，特别是在学校的“十三五”事业发展规划等纲领性文件中，将创新创业工作列入学校发展的重要内容之一。学校“十三五”规划，要求做好创新创业教育顶层设计，合理设计创新创业教育课程，实施创新创业训练计划，培养具有一定创新精神、创业意识和创业能力的学生。积极拓展与地方政府孵化园、创业园等的资源合作，建立和完善校内外创新创业实践教育基地。聘请有创业经验的人才担任创业导师，加强创新创业导师队伍建设。组建学生创新创业基金，鼓励学生参与创新创业竞赛，加强学生创新创业项目孵化支持。加强创新创业政策宣传，搭建交流平台，营造创新创业文化氛围。

2. 建立多部门联动的创新创业教育管理机制

2015 年，组建了处级建制、实体运作的电商/创业学院，整合创业教育平台；同年成立创业学院理事会、教育指导委员会；2017 年 3 月，创业学院与招生就业指导中心合署办公，全面负责全校学生的创新创业工作；创新创业教育工作领导小组定期研究相关工作，形成了创业学院、教务、团委、计财等多部门齐抓共管、定期会商的工作机制。

3. 完善管理制度

根据教育部颁布的《普通高等学校学生管理规定》，完善各项管理制度，出台和实施了《宁波城市职业技术学院关于分类培养模式的试行办法》《宁波城市职业技术学院关于进一步推进创新创业人才培养工作的实施意见》等近 20 个制度和办法，鼓励扶持学生创新创业。

4. 实施学分转换制

实施学分转换制，设立创新创业学分（必修），实行创新学分奖励制度。学生在

学校期间在各级各类创新创业竞赛、专利、论文、创新实践等方面取得的成果，通过申请和认定后可获得相应的创新学分。优先支持参与创新创业的学生转入相关专业学习。继续实行弹性学制，设立创新创业奖学金，用于表彰优秀创新创业的学生。为有意愿有创业潜质的学生制定培养计划，建立创业档案近百份。

学校在二级学院教学业绩考核中，在开设创新类相关课程数量和质量、创新成果转化、学生创新创业成效等方面有明确要求，对创新创业教育结果进行综合评估，对二级学院创新创业教育质量和教育过程进行管理和监控。

5. 多渠道确立经费保障机制

学校依托产学研平台，积极与社会组织、公益团体、企事业单位和个人设立的大学生创业风险基金合作，探索在电子商务产业基金方面的合作，设立创业基金；制定《大学生创新创业资助办法》，设立三个不同等级的创业资助，规范扶持资金的使用和管理；2015 年设立创新创业奖学金、创新素质奖学金和创新创业竞赛奖励。2015 年 10 月，学校出资 20 万元成为宁波市在校大学生创业担保贷款第二批试点高校，最高贷款额度可达 10 万元，就业管理服务机构全额贴息，并制定《大学生创业贷款管理办法》全方位为创业大学生提供资金支持与融投资服务。

6. 多方位提供条件保障

2015 年 9 月，学校创立“U 创空间”，占地面积为 2000 平方米，面向南高教园区各高校提供全方位一站式的创业指导服务孵化培训。“U 创空间”可以同时容纳 80 个创业团队，400 余人同时办公，分为创业孵化区、创意设计（产业转化）区、接待洽谈区（U 咖）、培训会议区、项目路演区等区域，各职能区域配备办公家具等基本设施，提供水、电、互联网等配套服务以及引进中介机构开展专业服务，利用丰富的科研教育资源，对所有符合要求的学员，提供免费的创业培训，切实做好大学生创业培训工作。基地面向全体在校学生及毕业 5 年内大学生开放，充分发挥高校人才优势，与多所高校和科技孵化器合作，已构建了一个集创业“培训、服务、指导、孵化”为一体的开放性、服务性创业平台。

校内所有科技创新资源全天候向学生开放。学校每年投入一定经费用于校内实验实训基地建设，根据课程教学内容或实践训练的需要，允许利用第二课堂时间开展教学、实训或者实行弹性教学时间。全校在实训场地使用、实验实训耗材等方面给予充分支持，做到全校资源共享。

7. 建立高质量的校内外创业导师团队

学校高度重视创业导师队伍建设，不断选送教师外出参加创业导师培训。根据《创业导师工作条例》，在从校内聘请有培训经历或相关资质的专业教师担任创业指导教师的基础上，聘请了近 30 名企业家、创业成功人士、专家学者等具有丰富实践经验的校外创新创业导师，组建“智囊团”。学校将指导学生开展创新创业工作或参与相关竞赛纳入服务工作量，作为教师年度考核的必备条件。广大创业导师以研引创，提高服务学生创新创业的能力。通过项目实训、各类竞赛、素质拓展、实践孵化载体，开展创新创业研究与教学改革，实现课内实训向课外实践的有机延伸。近几年来，创新创业类相关立项课题和发表论文逐年增长。

8. 以线上线下为融合，开辟“双创”教育指导服务体系

线下成立创业服务中心，提供全程全方位指导服务。成立创新创业服务中心，为学生提供项目论证、注册登记、财务管理、法律咨询、专利代理、物业管理等专业服务与国家政策、市场动向等信息，以及导师指导、项目对接、知识产权交易、投融资对接等一条龙服务，无偿提供办公所需的场地、水电、网络等延伸服务。2015 年 9 月以来，创业服务大厅为全校近师生提供优质的创业指导服务。

线上开发就业创业信息化平台。以信息化平台为载体，面向全体学生，在信息、政策、项目和资金等方面开展常态化的创业咨询、指导服务与交流活动，普及创业意识；面向创新创业型学生，提供升级模块的创业教育课程菜单与竞赛指导，提升创业能力；面向创业团队，配备专兼职相结合的专业指导教师，建立信息服务档案，提供全程精准的创业培训与实践指导，强化创业成果与对接；面向导师团队，开展定期的创业技能提升、培训与交流服务，师生共创共优。

三、创新创业型人才培养在学校专业人才培养方案中的设置

学校人才培养方案创新创业型课程设置情况见表 5-24。

表 5-24　创新创业型课程设置

序号	课程类型	课程名称	学时	课程性质	授课对象	开课时间	开课学院	课程内容简介	备注
1	意识启蒙课程	创业导论	4	必修	全校学生	第 1 或第 2 学期	创业学院	大学生创新精神培养与创业意识启发	融入“职业素养与职业发展”中的相应模块，各二级学院配合实施
2	创业基础课程	KAB 创业基础	17	选修		第 3 学期	创业学院	Know About Business（KAB）了解企业和创业的基本知识和技能	创业学院组织与实施
		创业营销与冲突管理	17				创业学院	市场调研、目标市场选择、产品开发促销、渠道设置、客户谈判与冲突管理等	商学院配合实施
		创业法律政策	17					大学生创业政策解读、公司运营过程中的常见法律问题	思政部配合实施

(续表)

序号	课程类型	课程名称	学时	课程性质	授课对象	开课时间	开课学院	课程内容简介	备注
2	创业基础课程	新创企业人力资源管理	17	选修	全校学生	第4学期	创业学院	人才规划、薪酬福利、人员招聘、绩效管理、培训开发、劳动关系等	商学院配合实施
		新创企业财务管理	17					基本理论、会计基础、财务预算、成本核算等	财金学院配合实施
		专业＋创业教育	17				各学院	各个二级学院根据专业定位以及企业行业的发展自行设置创业教育特色内容	各二级学院组织与实施，创业学院认定
3	创业实践课程	创业实训	120	必选	“2＋1”创业班学生	第5学期前4周	创业学院	创业项目分析、盈利模式、营销策略、资金规划、开业准备等	创业学院组织与实施
		创业实战（顶岗实习）	480			第5学期后16周	创业学院	大学生依托各类创业实践平台开展创业活动	学生经工商注册进行创业实践，由创业学院组织与实施
		创业综合实践（毕业设计）	120			第6学期	创业学院	市场调研，产品规划，市场分析，营销策略，资金规划，创业计划撰写与路演	经创业实战阶段完善后，顶替毕业设计，成绩根据参赛等级确定，由创业学院组织与实施

以创新创业型为主要分类培养的专业，可在专业方向模块中设置“创新创业型模块”。以电子商务专业为例，该专业分类培养以技师型和创新创业型为主，在课程设置的必选模块中设置了“创新创业型模块”。

第六章　分类培养工作实践探索与反思

2014 年 6 月，习近平总书记对职业教育工作做了重要批示，指出："职业教育是国民教育体系和人力资源开发的重要组成部分，是广大青年打开通往成功成才大门的重要途径，肩负着培养多样化人才、传承技术技能、促进就业创业的重要职责"，"要努力让每个人都有人生出彩的机会"。同时，在社会对人才需求多元化、学生发展需求多样化和高校招生录取模式多元、高职扩招等新趋势下，高职院校在人才培养目标、培养模式和培养方案方面仍存在统一性过多、多样化不足等问题，为此，切实转变教育思想观念，树立人人都能成长成才的教育理念，探索培养多样化人才的模式和途径已成为高职院校紧迫的形势和任务。

本书从对高职院校、学生、用人单位等方面的调研和分析出发，揭示我国高职院校人才培养中存在的问题，结合当前国家、社会、市场、学生对职业教育多样化人才培养的需求，以"人的全面发展理论""孔子的因材施教教育思想""多元智能理论"和"选择理论"为理论基础，充分贯彻落实习近平总书记重要批示精神，树立正确人才观，构建出高职院校分类培养多样成才的人才培养模式及其解决路径，探索以人为本、因材施教新途径，努力让每个人都有人生出彩的机会，全面提高人才培养质量，促进我国高等职业教育健康有效发展。

本书是在全国教育科学"十二五"规划 2013 年教育部重点课题"高职院校分类培养模式的实证研究"引领下，对"分类培养多样成才"模式的研究，从当前国家、社会、市场对职业教育多样化人才培养的需求及问题出发，提出了"基本＋提升"型的高职教育分类人才培养目标，即在培养高素质技术技能型人才这一基本型人才培养目标基础上，按照专业所面向的职业岗位群和培养目标、规格，根据学生的职业生涯发展目标、个性特长、学习态度、学习能力等，提出了技师型、升本型、创新创业型、复合型、国际化型等提升型分类培养目标及其标准，同时构建了基于"分类培养、分层教学、尊重选择、多样成才"的分类培养多样成才的培养模式及其发展路径，并充分发挥"平台＋模块"课程结构体系的优势，积极创造条件，在尽可能大的范围内给予学生选择专业、岗位工作方向、课程模块以及学习进程的自主权，注重学生个性发展，制定并实施了与分类培养多样成才相适应的培养方案、课程体系、评价标准、管理制度以及内部质量保证体系等，探索出了一条适合高职院校分类培养多样成才的有效实施途径，促使学生成长成才，取得了明显成效。

课题组通过 5 年多的理论探索和实践验证，取得了丰富的理论成果和显著的实践成效。理论成果方面探索出了一条适合高职院校分类培养多样成才的有效实施途径，完成了3个省部级课题、3个市级课题；发表了26篇系列论文，其中核心期刊7篇；相关成果获浙江省教学成果奖1项，宁波市教学成果奖一等奖1项，全国高职院校教学改革优秀案例一等奖1项。实践成效方面：实证研究学校——宁波城市职业技术学院学生的培养质量比实践前得到显著提高，目前达到分类培养目标的毕业生超过毕业生总数的65%，毕业生中升本型比例连续3年位列全省院校前列；根据省教育厅公布，连续4年国际化总体水平位于省高职院校前3名；据省评估院发布的毕业生职业发展状况显示，2017年有8项核心指标高于全省平均水平，就业质量综合指标高职院校位列第9；据“聚焦职教”报道，学校2017届毕业生月薪水平位于全国高职院校第97名，2018届毕业生月薪达4243元；从教育部公布的“2019年全国职业院校技能大赛获奖名单”中可知，学校以获奖总数15的成绩位列全国高职院校第110名，浙江省高职院校第6名，比前几年有快速的提升。全校创新创业型、技师型、国际化型、复合型、升本型的培养涌现出很多优秀案例。

第一节　分类培养多样成才实施成效

一、多样成才成效显著

学校按照“分类培养、分层教学、尊重选择、多样成才”的人才培养模式，以高素质技术技能型人才培养为基础，开展技师型、升本型、创新创业型、复合型、国际化型五种提升型人才培养，以满足学生的多样化发展以及用人单位对人才的不同需求，促进学生全面发展。新生一入学就在老师的指导下，根据专业所面向的职业岗位群和培养目标、规格，以及个人的职业生涯发展目标、个性特长、学习能力等来选择成才路径，让学生在技师型、升本型、创新创业型、复合型、国际化型五种提升型人才培养“套餐”中自主选择。近三届毕业生中，升本型平均为17%、复合型平均为15%、国际化型平均为10%、创新创业型平均为3%以上，80%以上的学生获得了高级工以上职业资格证书，达到这五种提升型分类培养目标的毕业生超过毕业生总数的65%。

升本类型成效明显。2015年报考专升本上线考生人数较2014年翻了2.3倍，上线率为74%，上线学生达到全校2015届毕业生总数的10%。2016年，学校应届毕业生参加浙江省高职专升本考试录取人数占毕业生总数的15.2%，比2015年提高了5个百分点以上。2016届和2017届毕业生中升本录取的人数分别为483人和486人，占总毕业生人数的比例平均达15.6%。2018届、2019届毕业生专升本考试录取人数占毕业生总数的 20.15%、23.31%。据第三方统计，2016 年学校专升本比例为浙江省高职院校第一，此后始终稳定在浙江省前列。

此外，一大批学生获取了网络工程师、助理会计师、园林技师等高水平等级证书，技师型人才质量提升明显；开设了会计等 18 个辅修专业，一大批学生成为复合型人才；每年有一批学生获得中外合作的双文凭毕业证书，国际化型人才培养成效初显。据统计，学校目前复合型比例已达 15%，国际化型比例达 10.56%。据浙江省公布的国际化排名，学校连续 4 年国际化总体水平位于浙江省高职院校前 3 名。

二、教学创新成果显现

通过分类培养分层教学，近几年选修课及小班化教学的比例大幅提高。开设各提升型分类培养课程 328 门次，计 8870 学时，参与学生 3633 人。选修课学分占总学分的 44.0%，小班化学时占总学时的 69.4%，分类分层课程学时占总学时的 44.7%，近三年均超过省教育厅的相关指标要求。

为了满足分类培养和分层教学的需求，突破时间和物理空间的局限，满足学生多种学习方式的需求，为学生提供多样化的选择，促进学生个性化学习，营造“以学为中心”的教学生态，系统地研究和探索了基于互联网技术开展的教学形态创新应用，创新应用成果不断显现。已建成 58 门在线课程、50 门混合式课程；已有 30 门在线课程在爱课程、清华大学学堂在线、省市课程共享平台开课运行，选课超 25 万人次，涌现出一批“一门课万人选”的在线课程，入选全国精品在线开放课程 5 门（全国高职院校第一）、认定省级精品在线开放课程 4 门、立项省级精品在线开放课程 12 门、认定市级精品在线课程 18 门；培养了一批信息化教学名师，教师教学信息化应用能力提升显著，在全国职业院校技能大赛教学能力比赛（原信息化教学大赛）中获奖 16 项，位居全省第一、全国领先；先后被推选为省、市高校在线开放课程共享联盟副理事长单位，成为“浙江省高职院校教师信息化教学发展中心”，获得教育部“在线教育基金教育信息化优秀项目”，入选教育部职成教司首批“职业院校数字校园建设实验校”典型案例和中国高等教育学会“信息技术与教学深度融合”优秀案例，顺利成为全国首批职业院校数字校园建设实验校。

三、培养质量明显提升

（一）学生就业质量排名居前

据统计，近三届毕业生平均就业率达 98%，用人单位对毕业生的满意度均在 90%以上，毕业生毕业半年后平均薪酬达 3640 元，均远远高于全省平均水平。省评估院 2017 年发布的毕业生职业发展状况调查显示，学校有 8 项核心指标值高于全省平均水平，就业质量综合指标在高职院校中位列第9。据“聚焦职教”报道，学校2017届毕业生月薪达3824元，位于全国高职院校第97名，2018届毕业生月薪达4243元，提升明显。

（二）学生技能水平显著提高

学科与职业技能竞赛是推进人才培养模式创新的重要手段，是提升职教学生技能水平、培育工匠精神、促进校内外实训基地的建设和“双师型”教师的培养、促进校企合作的重要途径，也是分类培养中“技师型”人才培养的重要途径。近三学年通过分类培养的实施，获得国家级奖项年平均超过8项，其中特等或一等奖年均1项，突破以往零的基础，省级奖年平均达100项，学生技能水平显著提高（见表6-1）。

表6-1 近三年学生技能竞赛获奖情况 （单位：项）

学年	国家级			省级		
	一等奖	二等奖	三等奖	一等奖	二等奖	三等奖
2016	2	1	2	9	28	46
2017	0	2	3	11	46	49
2018	1	7	8	16	39	60

四、教学管理制度日趋完善

为保障“分类培养、分层教学、尊重选择、多样成才”这一培养理念的有效实施，出台了一系列教学文件予以保障，2014年以来共发布了《宁波城市职业技术学院关于修订高职专科人才培养方案的指导性意见》《宁波城市职业技术学院关于分类培养模式的实施意见》《宁波城市职业技术学院关于分类培养工作方案》等17个教学文件。

（1）宁波城市职业技术学院十三五期间教学创新行动计划；

（2）宁波城市职业技术学院关于修订高职专科人才培养方案的指导性意见（2013年、2017年）；

（3）宁波城市职业技术学院关于分类培养模式的实施意见；

（4）宁波城市职业技术学院关于分类培养工作方案的通知；

（5）宁波城市职业技术学院学分制管理办法；

（6）宁波城市职业技术学院校企合作人才培养平台管理办法；

（7）宁波城市职业技术学院关于辅修专业和双专业实施办法；

（8）宁波城市职业技术学院技能竞赛管理办法；

（9）宁波城市职业技术学院学生奖学金评定办法；

（10）宁波城市职业技术学院关于进一步加强学生学业指导与管理实施办法；

（11）宁波城市职业技术学院教学效果评估办法；

（12）宁波城市职业技术学院教学形态信息化创新应用工作方案；

(13)宁波城市职业技术学院课堂教学创新行动计划实施办法；

(14)宁波城市职业技术学院在线开放课程管理办法(试行)；

(15)宁波城市职业技术学院教学成果奖评审与奖励办法(修订)；

(16)宁波城市职业技术学院教育部现代学徒制试点工作管理办法；

(17)宁波城市职业技术学院关于修订2019年高职专科人才培养方案的指导性意见。

五、企业、学生高度认可

为更好地了解用人单位和学生对分类培养工作的认可度，笔者于2016年对录用学生的主要企业及600余名在校生进行了问卷调查，问卷调查结果统计表明，分类培养工作已经得到了学生和用人单位的高度认可。

■用人单位有关调查数据统计如下：

●最受欢迎的毕业生类型是具有知识复合的复合型人才

贵单位最希望培养的毕业生是属于哪一类型的？升本、考取高级别的职业资格证书、创业、出国留学、辅修另一个专业成为复合型人才，或毕业后直接就业[单选题]。

选项	小计/家	占比/%
技师型(指高级别的职业技能等级证书)	4	18.18
复合型	11	50.00
创新创业型	2	9.09
升本型	1	4.55
国际化型	1	4.55
直接就业	3	13.63
其他	0	0

●86%的用人单位对学校的分类培养表示了解

贵单位是否了解我院近期在分类培养多样成才的人才培养模式方面的改革(即根据专业性质、学生的发展需求及其职业取向、生涯规划、个性特征、兴趣爱好、学习能力等综合因素，对学生进行“技师型、复合型、创新创业型、升本型、国际化型”等类型的提升目标进行选择培养，以进一步培养优秀杰出人才)[单选题]。

选项	小计/家	占比/%
非常了解	10	45.45
了解	9	40.91
不了解	3	13.64

●95.45%的用人单位对学校这一培养方式认同,说明此培养方式已经得到用人单位的高度认可

您对学校这一培养方式的认同程度[单选题]。

选项	小计/家	占比/%
很好	21	95.45
一般	1	4.55
没帮助	0	0

●用人单位对学校毕业生满意度达75.45%

贵单位对我院毕业生的评价状况[单选题]:

选项	小计/家	占比/%
很满意	8	36.36
满意	13	59.09
一般	1	4.55
不满意	0	0

■面向学生调查结果分析如下:

针对分类培养理念的推广效果,课题组设计了10道题目,对广大在校学生及刚毕业的当届学生进行了问卷调查,题目设计主要涉及学生对分类培养概念的了解、自己的发展方向、对本理念的认同,以及对分类培养过程中一些管理方面的满意度。调查采用网上"问卷星"的形式,通过微信等媒体宣传发动学生参与。本次调查共收到608份有效回卷,我们就设计的题目做了分析,结果统计如下:

●参与调查的学生就读年级

当前参与问卷调查的以大一、大二学生为主,占总参与人数的73.36%,大三和已毕业学生占参与人数的26.64%。这可能与在校生更多关注学业有关。

选项	小计/人	占比/%
大一	243	39.97
大二	203	33.39
其他	162	26.64

●对"分类培养、分层教学、尊重选择、多样成才"培养理念的了解程度

样本中有91.28%的学生知道这一教学改革新理念,其中有6.09%的学生非常了解。说明近两年在宣传层面做得比较到位。

选项	小计/人	占比/%
非常了解	37	6.09
了解	218	35.86
一般	300	49.34
不了解	53	8.72

有87.83%的学生肯定所在学院向自己介绍过这一培养理念,有96.71%的学

生对这一培养方式持认同态度，特别是有29.44%的学生认为这一培养理念非常好，75.33%的学生认为是好事情。

所在的学院有无介绍过这一培养理念统计

选项	小计/人	占比/%
有	534	87.83
没有	74	12.17

对这一培养方式认同程度统计

选项	小计/人	占比/%
很好	179	29.44
好	279	45.89
一般	130	21.38
没帮助	20	3.29

●学生毕业时的发展方向——升本、考取高级别的职业资格证书、创业、出国留学、辅修另一个专业成为复合型人才，或毕业后直接就业调查统计

在本次统计中，这一点是课题组最想了解的一点，608份样本中，选择技师型的占11.18%，复合型的占6.58%，创新创业型的占10.86%，升本型的占42.6%，国际化型的占4.93%，直接就业的占23.85%。由此可以看出，大部分学生倾向于学历提高。

选项	小计/人	占比/%
技师型	68	11.18
复合型	40	6.58
创新创业型	66	10.86
升本型	259	42.6
国际化型	30	4.93
直接就业	145	23.85

●配套管理情况调查统计

每一项新的改革，都需要有配套的管理制度跟进，在推进分类培养改革理念的同时，学校也配套出台了一系列文件，如人才培养方案中课程的设置调整，同时选课和学分认定为学生自由选择提供了保障。

课程设置方面有66.12%的学生认为学校人才培养方案和课程设置好，特别是有21.38%的学生认为很好。另有5.26%的学生也提出希望在某些方面能再改进。说明学生对此有思考。

所在专业的人才培养方案和课程设置统计

选项	小计/人	占比/%
很好	130	21.38
好	272	44.74
一般	174	28.62
希望在以后予以改进	32	5.26

选课和学分认定方面样本统计发现，有95.89%的学生对学校的选课和学分制度认可，其中有62.83%的学生认为好及以上。也有4.11%的学生认为还需要不断改进管理。由此可见，学校在配套的管理方面整体还是令学生人满意的。

选项	小计/人	占比/%
很好	122	20.07
好	260	42.76
一般	201	33.06
希望在以后予以改进	25	4.11

六、社会影响不断扩大

随着理论成果的积累和实践成效的显现，高职院校分类培养模式的影响力也不断扩大，取得了良好赞誉。一是涌现出了很多优秀的案例，先后获得2018年宁波市第十一届高等学校教学成果奖一等奖、2017年高职院校教学改革优秀案例一等奖、2016年全国高职创新创业示范院校称号等。二是引起媒体的广泛关注，浙江教育报于2018年7月4日以“成就出彩点亮人生”为题予以全面报道，宁波日报、东南商报、宁波网等媒体多次对学校的分类培养模式进行了报道。三是成果负责人在国家教育行政学院第50期院校长培训班、浙江省高职研究会、宁波市高等教育论坛等省内外交流会上进行经验分享和交流，成果得到广泛认可和高度评价（见表6-2）。

表6-2　相关媒体报道

序号	报道标题	报道媒体	时间
1	宁波城市职业技术学院实现专升本报考和录取双提升	宁波教科网	2015年6月26日
2	宁波城市职院践行“导、学、训、创、赛”高技能人才培养机制	宁波教科网	2015年6月29日
3	责任彰显品质创新引领发展——宁波城市职院着力高素质技术技能型人才培养侧记	浙江教育报	2015年7月10日
4	分类培养　工学交替——宁波探索职教多样化人才培养模式	东南商报	2015年9月26日
5	宁波城市职业技术学院推进“互联网＋”创新创业	浙江省教育厅网站	2015年11月10日
6	宁波城市职业技术学院三举措助推就业工作	浙江省教育厅网站	2016年5月25日
7	宁波城市职院15%毕业生专升本赴本科院校深造	宁波教科网	2016年6月7日
8	宁波城市职业技术学院以终为始养成新生三大习惯	浙江省教育厅网站	2016年9月28日
9	开放多元的宁波职教更具国际范儿	东南商报	2016年10月15日

（续表）

序号	报道标题	报道媒体	时间
10	学业成果才是毕业季的闪亮“主角”	中国文明网	2017年6月19日
11	出彩，以城院的名义——宁波城市职业技术学院学生专业技能炼成记	宁波晚报	2017年6月25日
12	2016年学校专升本比例已达17.1%，居浙江省高职院校第一	挑大学	2017年8月2日
13	2017全国高职院校技能大赛奖项数量学校排名并列第30，浙江并列第10	搜狐	2017年8月24日
14	学校2017届毕业生月薪达3824元，位于全国高职院校第97名	聚焦职教	2018年4月26日
15	未毕业先立业，同学变同事——城职院一学生创办互联网企业日销3000单	宁波日报	2018年7月2日
16	成就出彩　点亮人生——宁波城市职业技术学院分类培养五年回望	浙江教育报	2018年7月4日
17	不拘一格育人才——宁波城市职业技术学院分类培养模式为学生私人定制培养“套餐”	宁波晚报	2018年7月20日

第二节　分类培养多样成才实践反思

结合“分类培养、多样成才”的理论研究成果，以及基于宁波城市职业技术学院的实践和成效，根据最近《国务院关于印发国家职业教育改革实施方案的通知》（国发〔2019〕4号）《教育部关于职业院校专业人才培养方案制定与实施工作的指导意见》（教职成〔2019〕13号）等文件精神和要求，学校针对理论研究和实践操作中所遇到的“人才培养目标设置”“课程体系构建”“书证融通”“创新创业型人才培养”和“保障体系构建”等问题进行反思，并从“实施分类培养模式是高职院校人才培养改革与创新的必然趋势”“建立具有特色的分类培养课程体系是实施分类培养多养成才的关键”“有效推进分类分层教学是因材施教的重要途径”“完善学分制等教学管理制度是分类培养模式有效实施的重要环节”和“建立和完善保障体系是分类培养模式取得成效的重要保障”等方面进行展望，为在更大范围内的推广应用提供借鉴，以及希望更多的学者就“分类培养、多样成才”开展了更有针对性和更深入的探讨。

一、分类培养多样成才实践反思

（一）如何科学合理设置各专业分类培养目标？

《国家职业教育改革实施方案》已经明确指出：职业教育与普通教育是两种不同教育类型，具有同等重要地位。因此，当前人们对职业教育是一种类型而不是层次已经普遍达成共识。高职院校应该培养“基本＋提升”型的人才，在培养面向生产、建设、管理、服务第一线的德智体美劳全面发展的高素质技术技能人才为高职教育基本型人才培养的基础上，按照专业所面向的职业岗位群和培养目标、规格，根据学生的职业生涯发展目标、个性特长、学习态度、学习能力等，设置技师型、升本型、创新创业型、复合型、国际化型等提升型分类培养目标，以培养优秀杰出人才。但是，在深入实施分类培养时，不可能每个专业提升型人才的培养均面面俱到，在各专业的培养目标和岗位工作方向分析到位基础上，设置哪些提升型分类培养的类型，是升本型、创新创业型、复合型还是技师型、国际化型，如何科学合理制定各类型分类培养目标的目标和标准，这些都是有效实施分类培养模式的前提。

（二）如何更好地构建分类培养分层教学的课程体系？

分类培养目标已经确立，分类培养的目标标准已经建立，但是如何保证分类培养目标的实现？因此一个科学合理、有效可行的分类培养课程体系的构建至关重要，这是分类培养分层教学人才培养实施的灵魂。如果通识教育中分层教育课程设置不到位，分类培养模块课程衔接不到位，专业选修课和任意选修课程开设数量不够，就难以满足复合型人才培养需要。如何做到与国家专业教学标准、课程标准、顶岗实习标准、实训教学条件建设标准等有效对接，并据此制定科学合理的具有校本特色的各专业教学标准、各课程教学标准、各专业顶岗实习标准、各专业实训基地建设标准等，如何进行教学内容和课程体系的改革，如何不断提升专业、课程建设质量等，这些都会影响分类培养目标的有效实施。

（三）如何有效实施课证融通？

本课题中，我们把技师型的培养标准设定为获得行业领域高度认可的高等级职业证书，一般要求获得技师及以上等级或相应职业等级证书，但是，近几年来，我国对职业资格证书进行了大规模的清理。2013 年以来，国务院分 7 批取消了 434 项各种不合理的职业资格许可和认定事项，2016 年 12 月，人社部公示了 151 项国家职业资格目录清单，分为准入类和水平类，在这一新的形势下，如何鼓励学生获得高等级职业资格证书，或培养掌握高技能学生，是对技师型人才培养的新的挑战。

最近，《国家职业教育改革实施方案》（以下简称“职教 20 条”）已经明确提出：

从2019年开始，在职业院校、应用型本科高校启动“学历证书＋若干职业技能等级证书”制度试点（以下称“1＋X”证书制度试点）工作。这一政策的实施，将很好地弥补上述的这一问题，同时构建一种全新的职业技能等级标准，为培养复合型的技术技能人才开拓了一条新的途径。根据“职教20条”：“各类职业技能等级证书具有同等效力，持有证书人员享受同等待遇。院校内实施的职业技能等级证书分为初级、中级、高级，是职业技能水平的凭证，反映职业活动和个人职业生涯发展所需要的综合能力。”为更好地实施“1＋X”证书制度试点工作，在分类培养工作中，各职业院校不仅要积极参与实施“1＋X”证书制度试点，更主要的是要注重书证融通，将职业技能等级标准有关内容及要求有机融入相关专业的培养方案，渗透进各专业课程内容和教学过程。

因此，在新的“1＋X”证书制度试点形势下，如何有效实施书证融通培养复合型技术技能人才是当前人才培养改革和实施过程中的新课题。

（四）在国家大众创业万众创新战略背景下如何更好地培养创新创业型人才？

习近平总书记指出：“创新是社会进步的灵魂，创业是推动经济社会发展、改善民生的重要途径。”李克强总理在2015年政府工作报告中，明确将“大众创业、万众创新”作为经济增长的新引擎，国务院颁布了《关于大力推进大众创业万众创新若干政策措施的意见》等政策措施，作为高职院校，培养创新创业型人才是贯彻实施国家“双创”战略的重要任务，但在分类培养中，如何培养具有创新创业意识和能力的“双创”人才，如何构建创新创业课程体系，如何搭建创新创业平台，对学生进行创新创业指导、孵化和训练，这些都是本课题值得探讨的内容。

（五）如何建立有效的分类培养模式保障体系？

为保障分类培养模式的有效实施，需加强对学生的职业生涯和职业发展指导，需加强对学生的专业认识和了解，从新生入学教育到专业指导，再到就业指导和服务，实现全程育人、全过程育人、全员育人；需努力构建和完善学分制的教学管理制度，为学生在分类培养的提升型类型选择、岗位工作方向选择、分层课程学习选择、辅修专业选择学习等方面积极创造条件，以调动和提高学生学习的积极性；需建立一支双师双能的师资队伍提高教学质量；需建立有效的人才培养质量诊断与改进制度，以及建立与分类培养相适应的学生奖学金制度和教师的考核评价制度等，以保障分类培养的质量，但这些环节如何推进，如何实施，也是值得继续探讨的内容。

二、分类培养多样成才实践建议

（一）实施分类培养模式是高职院校人才培养改革与创新的必然趋势

职业教育是面向人人的教育，肩负着培养多样化人才、传承技术技能、促进就业创业的重要职责，要努力让每个人都有人生出彩的机会。我们的高职院校要从当前国家、社会、市场、学生、院校等多方位需求出发，树立和构建分类培养、分层教学、尊重选择、多样成才的人才培养新理念、新模式，满足学生的多样化发展以及用人单位对不同人才规格的需求，促进学生全面发展，努力使人人都能成长成才，因此，实施分类培养多样成才应是当前高职院校人才培养改革和创新的必然趋势。但是，目前高职院校对这方面的研究还不多，建议分类培养多样成才的研究与实践与高职优质院校建设、人才培养模式改革、学生的成长成才、教学工作诊断与改进制度等相结合，探索出一条我国现代职教体系中合适高职院校发展和合适学生发展的模式和路径。

（二）建立具有特色的分类培养课程体系是实施分类培养多样成才的关键

在实施分类培养多样成才过程中，构建科学合理的课程体系至关重要，这是分类培养目标实现的核心环节，因此在课程体系构建中，要全面贯彻党的教育方针，坚持正确的政治方向，德育为先，把立德树人作为根本任务，坚持不懈培育和弘扬社会主义核心价值观，引导学生做社会主义核心价值观的坚定信仰者、积极传播者、模范践行者。注重人文通识教育，加强学生的人文素养。构建基于分类培养的“平台＋模块”课程结构体系，形成由通识教育平台、专业群平台、岗位群平台、岗位工作方向模块、专业选修课程或分类培养衔接模块选修课程群和通识选修课组成的课程体系。各专业应为其他专业学生专门设置辅修专业（课程）和辅修双专业课程培养方案，同时鼓励各专业根据行业企业用人需求，跨专业大类设置相关课程，强化人才培养的复合性，以满足复合型人才培养的需要。

（三）有效推进分类分层教学是因材施教的重要途径

充分发挥“平台＋模块”课程结构体系的作用，在通识教育平台、专业群平台、岗位群平台、岗位工作方向模块、分类衔接模块、专业选修课程等层面进行分类分层教学，尤其通识教育平台中的基础必修课程，如英语、数学、计算机等，可根据学生入学的基础成绩或专业要求，打破自然班，重组教学班进行分层教学和培养，实施因材施教，注重学生个性发展。

（四）完善学分制等教学管理制度是分类培养模式有效实施的重要环节

学分制是一种以学生取得的学分数作为衡量和计算学生学习量的教学管理制度，其最优特点就是选课制、弹性学制和学分积累制，由于分类培养分层教学最大的特征要求就是因材施教、尊重选择，在提升型分类培养类型选择、岗位工作方向选择、分层教学课程选择、选修课选择、教师选择等方面给予学生充分的选择空间和自主选择权，而学分制恰好能对分类培养分层教学的实施起到有效的制度保障作用。而当前全国实施完全学分制的高职院校不多，因此，为有效保障分类培养模式的实施，建立和完善学分制教学管理制度是重要环节，能为学生的选择学习创造更好的条件，同时注重学生的主体性和学生选择能力的培养，提高自主学习的能力，使分类培养的目标得以有效实现。

（五）建立和完善保障体系是分类培养模式取得成效的重要保障

一个好的改革措施必须要有一套与之相适应的配套措施予以保障。第一，要加强学生的职业发展指导，构建全员育人的机制。全面实施导师制，加强学生的职业发展指导，同时，开发和使用学生职业发展导图，并在新生入学教育、专业教育、专业及专业方向分流、课程选修时为学生的分类分层选择和多样成才提供及时的指导和帮助。第二，要完善激励与考核机制。开展小班化教学，保障分类培养的教学效果，同时，在教学工作量、课程系数等方面给予一定的政策支持，并对在分类培养实施过程中取得显著成效的教师，在其教师教学效果考核、职称评聘、教学奖励等方面给以倾斜。对于获得辅修专业证书与高等级职业资格证书、专升本就读、出国深造以及在创新创业方面取得突出成绩的学生给予一定的奖学金奖励，以调动学生分类培养学习的积极性。第三，要建立教学质量诊断与改进制度，在专业建设标准、课程标准、教师职教能力测评、课程考核标准、教师教学效果评价、教学工作状态数据采集分析和反馈、第三方教学质量评价、就业质量评价等方面建立有效的诊断与改进制度，保障分类培养的实施。

参考文献

[1]2018年全国教育事业发展基本情况年度发布[EB/OL]. https://www.tech.net.cn/web/articleview.aspx? id=20190226102416646&cata_id=N002.

[2] Noll R G. Challenges to Research Universities [M]. Washington D. C.: Brookings Institution Press, 1988:202.

[3]陈明.工业工程人才培养模式国际化的理论与实践研究[D].武汉:华中科技大学,2005.

[4]陈鹏.职业教育学术课程与职业课程整合研究的回顾与前瞻[J].职业技术教育,2014(1):32-37.

[5]陈夏蕊.宁波城市职院:课堂教学推行"准入制"[N].浙江教育报,2015-05-13(2).

[6]程培埕.高职国贸专业建设的问题、原因及对策——基于麦可思调查数据的分析[J].无锡商业职业技术学院学报,2013(3):64-66.

[7]丁金昌.高职教育技术型人才培养问题和路径选择[J].中国高教研究,2014(7).

[8]丁金昌.高职院校需求导向问题和改革路径[J].教育研究,2014(3).

[9]董敏敏."分层要求法"在高职课堂教学中的运用[J].课程教育研究,2015(16).

[10]段鹏飞,刘泓侠.马克思主义"人的全面发展"理论在我国的实践和创新[J].陕西青年职业学院学报,2009(1):3-9.

[11]方丽.协同创新视域下的高校人才培养模式的重构与选择[J].江苏高教,2014(2):107-109.

[12]傅祖栋,邬静波.不拘一格育人才——宁波城市职业技术学院分类培养模式为学生私人定制培养"套餐"[N].宁波晚报,2018-07-20(A20).

[13]高静.高职院校英语分层教学研究与实施[J].内蒙古师范大学学报(教育科学版),2015(12):121-122.

[14]葛道凯.适合的教育[N].江苏教育报,2017-07-21(1).

[15]葛道凯.遵循教育规律,实现人人出彩[N].中国教育报,2017-08-05(4).

[16]郭艳清,王青.高职英语分类教学改革的理据与路径[J].淮北师范大学学报(哲学社会科学版),2011(4):172-175.

[17]国务院关于印发国家职业教育改革实施方案的通知(国发〔2019〕4号)[EB/OL].

https://www.tech.net.cn/web/articleview.aspx?id=20190213164812352&cata_id=N002.

[18]黑龙江大学.实施分类培养 改革人才培养模式 全面提高人才培养质量[EB/OL]. http://www.moe.edu.cn/publicfiles/husiness/htmlfiles/moe/s6339/201203/132728.hlml.

[19]黄昆仑,李建军,杨兴.把握新常态推进新发展[N].解放军报,2014-09-30(7).

[20]黄小燕.高职院校公共英语分层教学实践及对策研究[J].湖北函授大学学报,2016(20):130-131,163.

[21]姜大源.职业教育立法的跨界思考——基于德国经验的反思[J].教育发展研究,2011(19):32-35.

[22]蒋鸣雷.注重课程考核 提高职业教育教学质量[J].中国现代教育装备,2010(22):20-21.

[23]蒋玉琴.高职公共英语分级教学实证调查与分析[J].职教通讯,2012(9):41-43.

[24]金孝胜,王君丽.高职院校"一课双师"机制创新研究[J].当代职业教育,2012(10):8-10.

[25]柯应根.大学英语分级教学改革历程及问题研究[J].江苏高教,2016(4):67-70.

[26]孔夏萌.高校职业生涯教育课程研究[D].成都:西南大学,2013.

[27]劳育聪.电商平台速卖通收年费 小卖家直呼吃不消[N].东南商报,2015-12-09(5).

[28]李克强.政府工作报告[N].光明日报,2015-03-17(2).

[29]李伟容.高职英语分级教学研究的调查与思考[J].广西民族师范学院学报,2010(4):97-99.

[30]李燕.大学英语分类分级教学模式探究[J].长春理工大学学报,2010(11):152-153.

[31]廖仁光.合作学习模式的运用及考试成绩的评定[J].图书情报导刊,2007,17(7):249-250.

[32]刘代友,廖策全.高职院校分类分层人才培养创新研究[M].成都:西南交通大学出版社,2018.

[33]刘黛琳,张剑宇.高职高专公共英语教学现状调查与改革思路[J].中国外语,2009(6):77-83.

[34]刘红燕.重构高职院校课程框架体系的范式与功能分析[J].高等工程教育研究,2014(2):156-161.

[35]刘燕.高职院校"分类培养"教学改革探析[J].教育教学研究,2012(5):96-97.

[36]罗宾斯,贾奇.组织行为学[M].孙健敏,李原,黄小勇,译.北京:中国人民大学

出版社,2008:257-268.

[37]吕伟才.加强实践教学体系建设,提高测绘工程实践教学质量[J].北京测绘,2008(4):74-77.

[38]潘菊素,祝志勇.基于分类培养的高职课程体系的构建与实施[J].中国职业技术教育,2016(11):17-25.

[39]亓凤琴,滕建玲.梯级教学模式与高职公共英语教学[J].中国职业技术教育,2006(34):38-39.

[40]邵春玲.大学生创业教育的思考[J].经济与社会发展,2008(6):145-147.

[41]邵建东.高职院校教学团队建设的误区及对策[J].中国高教研究,2013(4):99-101.

[42]邵一鸣.会计专业"延伸式"人才培养模式的研究与实践[J].职教通讯,2013(1).

[43]邵长征,吴海霞.孔子因材施教思想对体育教学的启示[J].中国学校体育,2014(4):51-55.

[44]沈苏林.高等职业院校教师转型问题分析及对策研究[J].职教论坛,2011(28):70-74.

[45]沈玉平.浅析高职创业教育的现状与策略[J].文教资料,2013(4):81-82.

[46]宋国利,盖功琪,苏冬妹.开放式实验教学模式的研究与实践[J].实验室研究与探索,2010(2):72-74.

[47]孙从众."互联网+"背景下高职院校跨境电商人才"三位一体"培养模式探索——以宁波地区跨境贸易电子商务发展情况为例[J].湖北成人教育学院学报,2015(6):14-18.

[48]孙从众.跨境电商背景下高职英语专业模块课程教学模式探索[J].职教通讯,2015(30):8-10.

[49]索凯峰,盛玮.校企合作育人困境分析:基于组织社会学的阐释[J].高等教育管理,2014(1):54-58.

[50]谭菊华.大学生就业视野下高等教育人才培养模式改革探索[J].江西师范大学学报(哲学社会科学版),2014(4):127-132.

[51]唐毅谦,陈琳,王钟箐,等.构建分类培养体系培养高素质应用型人才——以成都学院为例[J].中国大学教学,2010(1):34-36.

[52]田建荣.高考多元录取与大学教学管理制度亟待衔接[J],中国高等教育,2014(18).

[53]田夏.我国创业教育的理论研究现状与展望——基于CSSCI来源期刊论文(2004—2013年)的计量与分析[J].黑龙江高教研究,2014(11):91-94.

[54]仝丙昌,吴树罡.高职院校"分类培养"模式的实践探索[J].中国职业技术教育,2005(8):23.

[55]王明霞.课程有效性——高职课程改革的重点[J].职业技术,2016(2):10-15.
[56]王琴.高职学生职业生涯规划分段式教育模式的实践与探索[J].就业方略,2015.
[57]王青,王小宁.基于需求分析的高职英语分类教学模式探究[J].合肥工业大学学报(社会科学版),2011(4):118-123.
[58]王坦.合作学习——原理与策略[M].北京:学苑出版社,2001.
[59]王燕.高职英语分级教学的实际教学效果研究[J].当代教育论坛,2007(2):106-107.
[60]王英丽.高职院校实施创业教育的必要性和可行性研究[J].产业与科技论坛,2012(15):118-119.
[61]吴慧萍.高职财务外包公司制综合实践培养体系改革研究[J].当代职业教育,2012(3).
[62]吴金旺,郭福春.信息技术环境下财经类高职院校课堂教学创新体系探索[J].高等工程教育研究,2016(4):151-154.
[63]吴进.国内高职院校"分层教学"实践研究综述[J].中国市场,2015(32):191-193.
[64]向前进,曹佩升.高职英语需求状况及教学体系改革与发展研究[J].中国外语,2009(2):11-19.
[65]肖智清,周劲松.高等职业院校"分类培养"教学改革实施策略[J].中国高教研究,2004(6):59-60.
[66]谢峰,胡志金,汪海涛.加强高校人才培养的内部动力建设[J].教育研究,2014(6):155-158.
[67]谢子荧.高职大学生职业生涯教育体系建设研究[D].长春:吉林农业大学,2011.
[68]徐士芳,李祥春.分层分类教学模式探析[J].晋中学院学报,2007(1):112-115.
[69]薛二勇.协同创新与高校创新人才培养政策分析[J].中国高教研究,2012(12):26-31.
[70]薛红.高职英语分级教学利弊分析[J].辽宁省交通高等专科学校学报,2011(2):66-68.
[71]杨杰辉.研究生诉讼法实施双师同堂协同教学探索[J].宁波大学学报(教育科学版),2015(1):86-90.
[72]姚刚.职业院校实施分层教学的必要性探究[J].时代教育,2015(11):270.
[73]叶澜.新编教育学教程[M].上海:华东师范大学出版社,1991.
[74]于建明.点面结合的课改课程考核评价体系[J].内江科技,2010(2):8.
[75]俞永均.宁波跨境电商换挡加速[N].宁波日报,2016-05-16(1).

[76]张鸽.高校创新创业教育及课程研究以陕西省高校为例[D].西安:西安电子科技大学,2012:9.

[77]张军侠,潘菊素.高职院校分类培养多样成才问题及解决路径[J].中国高教研究,2015(4):99-102.

[78]张明兰,刘玉君,马星宇.地方本科院校大学英语动态分类教学模式探究——以淮阴工学院为例[J].安阳工学院学报,2017(1):114-117,120.

[79]张秀清.高职英语分级教学模式探析[J].长春理工大学学报(高教版),2009(4):93-94.

[80]张雁平.高职院校教学创新的推进策略与实施路径[J].中国高教研究,2016(4):101-104

[81]张志俊.合作学习有效策略在高职院校任务驱动教学中的运用[J].广州番禺职业技术学院学报,2010,9(3):36-39.

[82]张作为.高职电子商务人才"X+1"协同创新培养模式研究[J].职业技术教育,2015(26):8-12.

[83]浙江省教育厅关于积极推进高校建设创业学院的意见[EB/OL].[2015-11-10].http://www.zjedu.gov.cn/news/144098633313254525.html.

[84]郑庆芳.高职英语分层教学有效性的实证研究[J].辽宁教育行政学院学报,2010(11):82-83.

[85]周劲松.基于专业群的高职"平台+模块+方向"课程体系开发[J].职业技术教育,2013(8):23-26.

[86]壮国桢.错位与对接:高职教育人才培养的现实困境与突围路径[J].中国职业技术教育,2017(24).

[87]卓英莲.大学的追求与目标——职业生涯规划主题班会设计方案[J].湖北函授大学学报,2015.

后　记

2013 年，全国教育科学“十二五”规划教育部重点课题“高职院校分类培养模式的实证研究”立项，从此，我们以宁波城市职业技术学院为实证案例，围绕高职院校分类培养多样成才问题边研究边实践，积累了多年的实践经验，取得了明显的成效，已经成为该校的办学特色，学生的培养质量得到了社会的高度认同。课题研究成果获 2017 年度浙江省教育科学研究优秀成果奖，教学成果获 2017—2018 年度宁波市高等教育教学突出成果一等奖。回顾这么多年的研究与实践探索，把这些理论研究和实践成果固化下来，通过出版的方式为兄弟学校提供借鉴和参考，一直是我们的愿望。在《高职院校分类培养多样成才的探索与实践》即将付印之际，全体作者均感到无比欣慰。

本书共分六章，第一章为“绪论”，由潘菊素撰写；第二章为“高职院校分类培养多样成才模式研究及构建”，由张军侠撰写；第三章为“高职院校分类培养多样成才的创新实践”，由张军侠、赵黎明撰写；第四章为“分类培养多样成才的理论和实践研究”，由祝志勇编辑，部分内容汇集了学校教师关于分类培养方面的研究成果，并已注明相应的作者；第五章为“分类培养多样成才实践案例”，其中第一节由潘世华撰写，第二节由胡仲义撰写，第三节由丁俏蕾撰写，第四节由张军侠、祝志勇撰写，第五节由刘文霞撰写；第六章为“分类培养工作实践探索与反思”，由刘锐撰写。全书由潘菊素、祝志勇统稿。所有参编人员均来自宁波城市职业技术学院。全书得到宁波城市职业技术学院周国明书记和史习明校长的全程指导，得到宁波城市职业技术学院科技处的大力支持，得到学校有关师生的支持和帮助，在此，谨向参加本书编写和实践的全体教师、学生表示衷心的感谢！

由于作者水平有限，书中难免存在一些错漏或不当之处，恭请各位专家、学者、同行以及广大读者批评指正！

作者

2019 年 8 月于宁波

图书在版编目(CIP)数据

高职院校分类培养多样成才的探索与实践/潘菊素，张军侠著. —杭州:浙江大学出版社，2020.7

ISBN 978-7-308-20174-2

Ⅰ.①高… Ⅱ.①潘… ②张… Ⅲ.①高等职业教育—人才培养—研究—中国 Ⅳ.①G718.5

中国版本图书馆 CIP 数据核字(2020)第 069122 号

高职院校分类培养多样成才的探索与实践

潘菊素 张军侠 著

责任编辑 石国华

责任校对 杨利军 许晓蝶

封面设计 周 灵

出版发行 浙江大学出版社

(杭州市天目山路 148 号 邮政编码 310007)

(网址：http://www.zjupress.com)

排　　版 杭州星云光电图文制作有限公司

印　　刷 杭州高腾印务有限公司

开　　本 710mm×1000mm 1/16

印　　张 14.75

字　　数 300 千

版 印 次 2020 年 7 月第 1 版 2020 年 7 月第 1 次印刷

书　　号 ISBN 978-7-308-20174-2

定　　价 58.00 元
